The Healing Anointing

by Kenneth E. Hagin

The Healing Anointing
by Kenneth E. Hagin

ⓒ 1997 RHEMA Bible Church
AKA Kenneth Hagin Ministries, Inc.
P. O. Box 50126 Tulsa, OK 74150-0126 U.S.A.
All Rights Reserved.

2007 / Korean by Word of Faith Company, Korea.
Translated and published by permission
Printed in Korea.

치유의 기름부음

발행일 2007년 1월 31일 1판 1쇄 발행
　　　　2018년 9월 5일 1판 4쇄 발행

지은이 케네스 해긴
옮긴이 김진호
발행인 최순애
발행처 믿음의말씀사
2000. 8. 14 등록 제 68호
우) 16934 경기도 용인시 기흥구 신정로 301번길 59
Tel. 031) 8005-5483/5493 Fax. 031) 8005-5485
http://faithbook.kr

ISBN 89-90836-23-9 03230
값 13,000원

본 저작물의 한국어판 저작권은 케네스 해긴 목사님을 통해 FAITH LIBRARY와의 독점 협약으로 '믿음의 말씀사' 가 소유합니다. 저작권법에 의해 한국 내에서 보호를 받는 저작물이므로 무단 전재와 복제를 금합니다.

치유의 기름부음

케네스 해긴 지음 | 김진호 옮김

믿음의말씀사

목차

역자 서문 _ 6

01 기름부음의 양상 _ 11
02 기름부음을 통한 치유 _ 51
03 치유의 흐름으로 들어가라! _ 79
04 당신도 당신이 필요한 것을
    직접 하나님께 얻을 수 있습니다 _ 123
05 기름부음 받은 말씀을 통한 치유 _ 159
06 치유의 기름부음으로 하는 사역 _ 191
07 더 강한 치유의 기름부음 _ 233
08 치유의 기름부음의 결과들 _ 253
09 당신이 치유를 받을 수 있는 방법 _ 287

| 역자 서문 |

　1986년 털사에 있는 오랄 로버츠 신학대학원에 첫 학기를 다니면서 "신유Divine Healing"라는 과목을 수강했습니다. 지난 반세기 동안 세계적인 신유 전도 집회를 인도했던 사람이 세운 신학대학원에 왔으니 제일 먼저 듣고 싶은 과목이었는데 기회가 온 것입니다. 학장으로 있던 분이 가르쳤는데 그분은 공부만 했지 실제로 신유 집회는 물론 신유의 경험이 없다보니 실제적인 가르침이 부족하다고 느꼈던 것 같습니다. 그래서 매주 한 번 당시에 유명한 사역자 한 사람을 초청하여 특강을 듣게 한 후 학생들의 질문을 받는 형식의 수업이 있었습니다.
　하루는 비키 재미슨Vickie Jamison이란 여자 사역자가 와서 특강을 마친 후 질문을 받았습니다. 그 때 한 학생이 당신은 신유의 은사를 받고 신유 사역에 쓰임받고 있는데 그 기름부음과 은사를 받기 위한 비결이 무엇인지 가르쳐 달라고 했습니다. 그 여자 사역자는 "기름부음 가까이 있으십시오!"라는 한 마디를 했습니다. 이어서 그분은 자신의 간증을 했습니다. 그분은 오랫동안 케네스 해긴 목사님의 집회에 독창하는 가수로, 목사님이 설교하시기 직전 찬송을 한 곡 부르던 소위 복음

성가 가수로서 섬겼었다고 말했습니다. 그분은 오랫동안 해긴 목사님의 집회에 참석하면서 목사님의 설교도 많이 듣고 사역하는 것도 많이 보았습니다. 한 번은 어떤 호텔에서 집회를 하게 되었는데 시간이 되어도 목사님이 도착하지 않자 목사님이 올 때를 기다리면서 자기가 노래를 몇 곡 더 불렀는데 바로 그 시간 여기저기서 참석한 환자들이 자신의 병이 나았다고 증거하기 시작했다고 합니다. 그날 성령님께서는 이제부터 너는 독립하여 이런 치유 사역을 시작하라고 말씀하셨고 그 이후로 아름다운 사역을 하게 되었다는 것입니다.

물론 "기름부음 가까이 있어라!"라는 이 사역자의 말은 기름부음이 넘치는 주의 종 가까이에서 보고 듣고 배우는 것을 말하는 것일 수도 있고, 또 집회에 계속 참석하면서 말씀을 듣고 믿음이 자라는 것일 수도 있고, 사역의 현장에서 하나님이 병자들을 고치시는 실제적 상황을 목격하면서 믿음과 사랑과 기름부음이 저절로 그 사역자의 영에 차고 넘치는 것을 말하는 것일 수도 있습니다.

저는 이 세 가지 모두가 중요하다고 생각합니다. 무엇보다도 하나님이 쓰시는 사람을 통해 우리는 모델을 볼 수 있습니다. 제자들은 예수님을 모델로 보았습니다. 백 번 듣는 것이 한 번 보는 것만 못하다는 옛말이 있지 않습니까? 그러므로 좋은 멘토, 즉 영적 스승을 만나 그분을 잘 따르며 관찰하고 배우는 것보다 더 좋은 훈련학교는 없는 것입니다. 두 번째로 말씀의 기름부음입니다. 하나님의 말씀은 그 자체가 성령의 감동으로 쓰여진 것이기 때문에 말씀을 성령의 감동으로 먹고 믿고 실천하면 하나님의 영이 그 말씀대로 확증하여 주시는 것입니다. 세 번째는 섬기는 삶의 현장에서 말씀을 실천하는 것입니다. 오랄 로버츠 목사님은 자신의 신유 집회의 성공 비결을 묻는 사람들에게 늘 이렇게 대답하셨다고 합니다. "나는 특별한 사람이 아닙니다. 나는 병든 사람들을 가장 많이 고친 목사일지 모르지만 당신들이 꼭 알아야 할 것은 내게 기도 받고 병이 낫지 않은 사람도 가장 많을 것이라는 사실입니다. 나는 단지 가장 많은 환자들에게 손을 얹어 병 고침 받기를 기도한 사람일 뿐입니다."

참으로 우리가 깨달아야 할 단순한 진리가 여기 있습니다. 그리스도인들은 말 뜻 그대로 "기름부음을 받은 사람들"입니다. 나사렛 예수에게 성령으로 기름부으셨던 하나님께서 이제는 예수 그리스도의 대속으로 말미암아 우리에게 기름부으시고 우리를 성전으로 삼아서 우리 안에 살겠다고 약속하셨습니다. 우리는 기름부음을 사모하며 하나님을 사랑하고 영혼을 사랑하는 믿음의 사람들과 교제하며 배워야 합니다. 하나님의 말씀을 낮은 소리로 읊조리며 지속적으로 우리의 영을 먹이고 우리의 생각을 성경의 진리를 따라 변화시켜야 합니다. 마지막으로 우리는 방언으로 기도함으로써 우리의 지극히 거룩한 믿음 위에 자신 즉 자신의 영을 강건하게 세워야 합니다. 그렇게 함으로써 우리는 말씀대로 성령이 자유롭게 역사하는 하나님의 사람으로 영혼을 구원하고 병든 자를 고치는데 하나님이 쓰시는 그리스도의 몸의 역할을 할 수 있습니다. 예수님처럼 아버지 하나님과 동행하는 삶과 그분의 사역을 사모하는 모든 그리스도인들에게 해긴 목사님이 평생 배우고 설교한 것의 일부를 기록한 이 책이 큰 도움이 되기를 기도합니다.

2007년 1월 10일
탄천이 보이는 나의 "골방"에서

김진호 목사
그리스도의 대사들 서울 / 용인교회 담임
예수선교 사관학교장

01
기름부음의 양상

사 10:27
그날에 그의 무거운 짐이 네 어깨에서 떠나고 그의 멍에가 네 목에서 벗어지되 기름진 까닭에 멍에가 부러지리라(The yoke shall be destroyed because of the anointing)

눅 4:14-19
14 예수께서 성령의 능력으로 갈릴리에 돌아가시니 그 소문이 사방에 퍼졌고
15 친히 그 여러 회당에서 가르치시매 뭇 사람에게 칭송을 받으시더라
16 예수께서 그 자라나신 곳 나사렛에 이르사 안식일에 늘 하시던 대로 회당에 들어가사 성경을 읽으려고 서시매
17 선지자 이사야의 글을 드리거늘 책을 펴서 이렇게 기록된 데를 찾으시니 곧
18 주의 성령이 내게 임하셨으니 이는 가난한 자에게 복음을 전하게 하시려고 내게 기름을 부으시고 나를 보내사 포로 된 자에게 자유를, 눈 먼 자에게 다시 보게 함을 전파하며 눌린 자를 자유롭게 하고
19 주의 은혜의 해를 전파하게 하려 하심이라 하였더라

나는 사역을 해 오면서 기름부음의 여러 가지 면에 대하여

말하곤 하였습니다. 주님은 종종 내가 설교하기 전 강단에 앉아 있을 때 나에게 어떤 말씀을 주시곤 하셨습니다. 나는 항상 주님이 말씀하시는 것을 받아 적으려고 종이와 펜을 성경 사이에 가지고 다닙니다. (주님이 말씀하시는 것을 적어 놓지 않으면 잊어버릴 수가 있습니다.)

한번은 내가 설교하기 전 강단에 앉아서 기다리고 있었는데 주님이 내게 말씀하셨습니다. "기름부음에 대하여 더 많은 공부를 하여라." 주님께 순종하기 위하여 나는 그 주제에 대하여 더 많이 공부하기 시작하였습니다. 그 이후로 나는 기름부음에 대하여 자주 설교하게 되었고 신선한 계시도 받았습니다. 찰스 스펄전은 어떤 목사라도 적어도 50번 쯤 설교를 해야 정말 설교다운 설교를 할 수 있다고 말한 적이 있습니다!

나는 정말 스펄전이 한 말이 무슨 말인지 정확히 압니다! 예를 들어서 나는 믿음에 대하여 60년간 가르쳐 왔습니다. 반세기가 넘는 기간입니다. 나는 믿음에 대하여 오랫동안 가르쳐 왔지만 가르칠 때마다 거의 매번 새로운 계시를 얻습니다. 다른 말로 하면 내가 전에 보지 못하던 것을 보게 된다는 말입니다.

우리가 모든 것을 아는 단계에는 이를 수 없습니다. 만일 그렇게 된다면 우리는 하나님께서 아는 것만큼 안다는 것이며 그것은 가능한 일이 아닙니다! 그래서 하나님의 말씀으로 인하여 감사하고 기름부음을 주셔서 가르쳐 주시는 것에 대하여 감사합니다. 하나님의 말씀을 공부할 특권을 주신 것에 대하여 감사합니다.

기름부음의 정의
The Anointing Defined

아래의 성경 구절에서 '성령'과 '기름부음 받은 자'라는 말이 기름부음과 관련되어 사용되는 것에 주목하시기 바랍니다.

> 눅 4:18-19
> 18 주의 성령이 내게 임하셨으니 이는 가난한 자에게 복음을 전하게 하시려고 내게 기름을 부으시고 나를 보내사 포로 된 자에게 자유를, 눈 먼 자에게 다시 보게 함을 전파하며 눌린 자를 자유롭게 하고
> 19 주의 은혜의 해를 전파하게 하려 하심이라 하였더라

이제 사도행전 10장 38절을 보고 '주의 영', '기름부음', '성령', '능력'이 모두 비슷한 뜻으로 사용된 것에 주목하기 바랍니다.

> 행 10:38
> 하나님이 나사렛 예수에게 성령과 능력을 기름 붓듯 하셨으매 그가 두루 다니시며 선한 일을 행하시고 마귀에게 눌린 모든 사람을 고치셨으니 이는 하나님이 함께 하셨음이라

기름부음은 개인적일 수도 있고 단체적일 수도 있습니다.[1] 개인적인 기름부음에 대하여 우리는 하나님이 개인에게 사역을 위하여 기름부으시는 것을 알 수 있습니다. 하나님이 우리를 부르시는 사역에는 여러 가지가 있습니다. 사도, 선지자,

복음 전도자, 목사와 교사 등의 사역이 있습니다. 예수님은 이 다섯 가지 사역을 다 하셨으므로 이 모든 사역의 기름부음이 다 있었습니다.

예수님에게는 한량없는 기름부음이 있었습니다(요 3:34). 그리스도의 몸에 속한 사람들에게는 제한적인 기름부음이 있습니다. 다른 말로 하면 한 개인에게는 그가 부르심을 받은 사역에 한하여서만 기름부음이 있는 것입니다.

나는 내가 여러 교회에서 부흥사로서 사역하는 기간 중에 여러 번 사람들이 목사들에게 와서 도움을 받던 것이 생각납니다. 내가 사역을 시작한 지 꽤 오래 지난 후였습니다. 내가 옆방에 있는 동안 한 목사님이 어떤 사람과 상담하는 것을 들었습니다. '이 목사님은 아주 젊은 사람이고 그는 내가 사역을 한 것의 십분의 일도 하지 않았는데 어떻게 저런 질문에 대답할 수 있을까?' 하고 생각했습니다.

그러나 내가 그곳에 앉아서 그 목사님이 말하는 것을 들었을 때, 그 입에서 나오는 말은 은혜와 지혜가 충만하였습니다. 어떻게 그럴 수 있을까요? 왜냐하면 그는 그 사역을 위한 기름부음, 즉 목사로서의 기름부음이 있었기 때문입니다.

내가 한 교회에서 집회를 하고 있는 동안 어떤 사람이 목사님에게 도움을 구하러 왔습니다. 그 사람이 목사님에게 자신의 문제를 이야기했을 때, 나는 '이 목사님이 저것을 어떻게 다룰 것인가? 그는 어떻게 할 것인가?' 하고 생각했습니다.

그 목사님이 그 사람에게 말하는 것을 들었을 때 나는 그만

울고 말았습니다. 그 목사님이 그 사람에게 사역할 때 내게는 없는 기름부음이 있었습니다. 그에게는 목사 혹은 목자의 기름부음이 있었습니다. 나는 그런 기름부음이 없었습니다. 그것은 나의 소명이 아닙니다.

많은 사람들이 소명을 받지 않은 곳에서 사역을 하기 때문에 제대로 하지 못하는 경우가 많습니다. 그들은 맞지 않는 사역을 하려고 합니다. 그래서 그들에게는 그것에 대한 기름부음이 없는 것입니다. 이것은 동그란 구멍에 네모난 것을 끼우려는 것과 같습니다. 이것은 될 수 없는 것입니다.

기름부음의 목적: 사람을 자유하게 함
The Purpose of the Anointing: To Set People Free

오중 사역에는 각각의 사역에 따른 기름부음이 있습니다. 그리고 우리는 예수 그리스도께서 다섯 가지 사역을 다 할 수 있는 기름부음이 있었던 것을 알고 있습니다. 왜냐하면 예수님은 한량없는 기름부음을 받았기 때문입니다. 우리는 누가복음 4장 18, 19절에서 예수님이 기름부음을 받은 것을 읽었습니다. 성경은 예수님이 설교와 치유를 위한 기름부음을 받았다고 말하고 있습니다.

또 사도행전 10장 38절은 "하나님이 나사렛 예수에게 성령과 능력을 기름 붓듯 하셨으매 그가 두루 다니시며 선한 일을 행하시고 마귀에게 눌린 모든 사람을 고치셨으니 이는 하나님이 함께 하셨음이라"라고 썼는데 이곳에서 우리는 다시 치유의 기름부음을 볼 수 있습니다.

또 이사야 10장 27절에서 멍에를 부러뜨리고 부수는 것은 기름부음이라는 것을 알 수 있습니다. 예수님이 성령과 능력으로 기름부음을 받았으므로 이사야서의 성경 구절은 질병의 멍에를 말하는 것일 수 있습니다. 질병은 사람에게 멍에와 같습니다. 질병은 사람을 속박합니다.

예수님이 누가복음 4장 18절에서 이렇게 말씀하시는 것을 주목하십시오. "주의 성령이 내게 임하셨으니 내게 기름을 부으시고 나를 보내사 포로된 자들에게 자유를…" 이것은 하나 이상의 뜻을 가지고 있습니다.

어떤 사람들은 영적인 포로가 된 사람들이 있습니다. 또한 당신이 육신으로 아파본 적이 있다면 사람들이 질병으로 말미암아 육신적인 포로가 될 수 있다는 것을 알 것입니다. 사람들은 질병과 연약함에 포로가 될 수 있습니다. 그러나 하나님께 감사합니다. 하나님께는 해방deliverance이 있습니다!

예수님의 사역
The Ministry of Jesus

예수님의 사역은 치유에만 한정되어 있지 않았습니다. 우리는 예수님이 요한복음 14장 12절에서 "내가 진실로 진실로 너희에게 이르노니 나를 믿는 자는 내가 하는 일[들](복수형)

을 그도 할 것이요 또한 이보다 큰 일도 하리니 이는 내가 아버지께로 감이라"라고 하셨습니다. 그렇기 때문에 예수님의 사역은 치유에만 한정되어 있지 않았습니다. 그러나 이 책이 쓰인 목적 때문에 여기서는 치유에 대해서만 이야기하려고 합니다.

예수님과 같은 일을 하려면 – 예수님이 하신 일과 같은 일 – 우리는 예수님이 일하셨던 것과 같은 방법으로 해야 합니다. 다시 말하면 우리는 예수님과 같은 방법을 사용하여야 한다는 말입니다. 그러므로 우리가 하나님의 말씀을 공부하는 것과 하나님의 영의 역사하심에 대한 것을 배우는 것은 대단히 중요한 것입니다.

왜냐고요? 우리는 우리 자신의 육체적 혹은 어떤 개인적인 능력을 가지고 사람을 치유하는 것이 아니기 때문입니다. 이러한 일들은 자연적인 관점에서 이룰 수 있는 것이 아닙니다. 그러나 하나님께 감사합니다. 우리를 통해 성령님께서 이러한 일을 하십니다.

> 슥 4:6
> 그가 내게 대답하여 이르되 여호와께서 스룹바벨에게 하신 말씀이 이러하니라 만군의 여호와께서 말씀하시되 이는 힘으로 되지 아니하며 능력으로 되지 아니하고 오직 나의 영으로 되느니라

우리는 대개 '힘'이나 '능력'이라는 것을 하나님의 영과 관련하여 생각합니다. 사도행전 10장 38절은 "하나님이 나사렛

예수에게 성령과 능력을 기름 붓듯 하셨으매 그가 두루 다니시며 선한 일을 행하시고 마귀에게 눌린 모든 사람을 고치셨으니 이는 하나님이 함께 하셨음이라"라고 말씀합니다. '능력', '기름부어진', '기름부음'이라는 말들은 여기서 모두 비슷한 말입니다.

스가랴 4장 6절은 "그가 내게 대답하여 이르되 여호와께서 스룹바벨에게 하신 말씀이 이러하니라 만군의 여호와께서 말씀하시되 이는 힘으로 되지 아니하며 능력으로 되지 아니하고 오직 나의 영으로 되느니라"라고 말씀합니다. 그러나 여기서 '힘'과 '능력'은 하나님의 영과 관련되지 않았습니다. 내 성경의 관주에는 "힘으로 되지 아니하며"를 "군대로 되지 아니하며"라고 쓰였습니다.

다른 말로 하면, 이 구절에서 "군인으로나 능력으로 되지 아니하며"라는 말씀은 군인의 힘으로나 능력으로 승리가 오는 것이 아니라 하나님의 영으로 승리한다는 것입니다!

그리고 우리는 하나님의 영이나 기름부음에 관한 다른 구약의 구절을 볼 수 있습니다. "그날에 그의 무거운 짐이 네 어깨에서 떠나고 그의 멍에가 네 목에서 벗어지되 기름진 까닭에 멍에가 부러지리라"(사 10:27).

질병과 연약함의 멍에, 혹은 어떤 다른 속박이라도 기름부음으로 부서질 수 있습니다! 우리는 이렇게도 말합니다. "기름부음이 멍에를 부서뜨린다!"

우리는 이 책에서 치유의 기름부음에 대하여, 그리고 어떻게 이것이 질병의 멍에를 부서뜨리는지에 대하여 말하려고 합니다. 그리고 내가 이미 언급한 것과 같이 치유의 기름부음에 대한 지식적인 연구에 걸맞게 우리는 예수님의 사역을 먼저 이야기해야 하겠습니다.

우리는 기름부음이 어떻게 역사하는지 이해해야 합니다. 예를 들어서 무엇이 기름부음을 역사하게 할까요? 그것은 항상 역사할까요? 무엇이 기름부음이 역사하는 것을 방해할까요? 우리는 이 책에서 주 예수 그리스도의 사역을 조심스럽게 연구하면서 이 질문들에 답하려고 합니다. 왜냐하면 예수님은 기름부음 아래 사역하셨기 때문입니다.

> 눅 4:18-19
> 18 주의 성령이 내게 임하셨으니 이는 가난한 자에게 복음을 전하게 하시려고 내게 기름을 부으시고 나를 보내사 포로 된 자에게 자유를, 눈 먼 자에게 다시 보게 함을 전파하며 눌린 자를 자유롭게 하고
> 19 주의 은혜의 해를 전파하게 하려 하심이라 하였더라

예수님은 "주의 성령이 내게 임하셨으니 … 내게 기름을 부으시고"라고 말씀하셨습니다. 이 구절에 의하면 주님은 두 가지 중요한 일을 하게 하시려고 예수님에게 기름을 부으셨습니다. 그것은 복음 전파와 치유입니다.

물론 우리는 예수님이 복음을 선포하시는 것 뿐 아니라 가르치는 것에도 기름부음을 받았다는 것을 압니다. 그래서 우리는

"하나님은 예수님께 선포하고 가르치는 것과 치유를 위하여 기름부음을 주셨습니다"라고 말할 수 있습니다.

물론, 주 예수 그리스도의 사역을 말할 때 많은 사람들이 이렇게 말합니다. "네, 그러나 예수님은 하나님의 아들이었습니다. 그러므로 예수님이 기름부음을 받으신 것입니다."

그러나 그런 사람들은 인간으로서의 예수님은 동전의 한 면이며 사역자로서의 예수님은 다른 한 면이었다는 것을 깨닫지 못합니다.

예수님은 사역하기 위하여 기름부음이 필요하였습니다
Jesus Had To Be Anointed To Minister

물론 예수님은 하나님의 아들이셨습니다. 그러나 예수님은 하나님의 아들로서 사역을 하신 것이 아닙니다. 예수님은 성령의 기름부음을 받은 한 사람으로 사역을 하셨던 것입니다! 예수님이 사람으로서가 아니라 하나님의 아들로서 이 땅에서 사역하신 것이라면, 그분은 기름부음이 필요 없었을 것입니다. 그러나 성경은 예수님이 이 땅에서 사역을 하도록 기름부음을 받았다고 분명히 말하고 있습니다.

> 눅 4:18
> 주의 성령이 내게 임하셨으니 이는 가난한 자에게 복음을 전하게 하시려고 내게 기름을 부으시고 나를 보내사 포로 된 자에게 자유를, 눈 먼 자에게 다시 보게 함을 전파하며 눌린 자를 자유롭게 하고

행 10:38
하나님이 나사렛 예수에게 성령과 능력을 기름 붓듯 하셨으매 그가 두루 다니시며 선한 일을 행하시고 마귀에게 눌린 모든 사람을 고치셨으니 이는 하나님이 함께 하셨음이라

만일 당신이 성경을 깊게 공부한 적이 전혀 없다 해도 이 성경 구절에서 예수님이 사역을 위하여 하나님으로부터 기름부음을 받았다는 것을 볼 수 있을 것입니다. 예수님은 하나님의 아들로서 사역하신 것이 아닙니다. 예수님은 하나님으로부터 기름부음을 받은 사람으로서 사역하셨습니다. 다시 말해, 예수님은 사역하기 위하여 기름부음을 받으셔야만 했던 것입니다.

당신이 조금이라도 생각을 해 보았다면 그것을 알 수 있었을 것입니다. 많은 경우에 우리의 문제는 바로 생각하는 사람들이 별로 없다는 것입니다. 많은 사람들이 잠시 멈추어 서서 생각하는 대신 그냥 말해진 대로 혹은 그들의 교회의 전통을 따라 가고 있습니다.

누가복음 4장 18절에서 예수님은 이사야서를 읽으면서 "주의 성령이 내게 임하셨으니 이는 가난한 자에게 복음을 전하게 하시려고 내게 기름을 부으시고 나를 보내사 치유하시려고…"라고 말씀하셨습니다.

예수님은 읽기를 마친 후 책을 덮어 그 일하는 사람에게 돌려주었습니다. 그리고 앉아서 사람들을 가르쳤습니다. 예수님은 "이 글이 오늘날 너희 귀에 응하였느니라"라고 말씀하셨습니다.

우리는 누가복음 4장의 이 구절들에서 어떤 진리들을 볼 수 있습니다. 우리가 볼 수 있는 것 중 하나는 만일 예수님이 하나님의 아들로서 사역을 하셨다면 – 육신으로 나타나신 하나님이었다면 – 그분은 기름부음을 받을 필요가 없었을 것입니다. 만일 예수님이 육신으로 나타나신 하나님이셨다면 하나님에게 어떤 기름부음이 필요하였겠습니까? 누가 하나님에게 기름을 부을 수 있겠습니까!

빌립보서 2장이 이것에 대해 좀 더 명확히 설명해 줍니다.

> 빌 2:6-8
> 6 그는 근본 하나님의 본체시나 하나님과 동등됨을 취할 것으로 여기지 아니하시고
> 7 오히려 자기를 비워 종의 형체를 가지사 사람들과 같이 되셨고
> 8 사람의 모양으로 나타나사 자기를 낮추시고 죽기까지 복종하셨으니 곧 십자가에 죽으심이라

킹 제임스 번역본에서는 7절이 우리가 이해하기 쉽지 않게 가려져 있는 듯 합니다. "오히려 자기를 비워 종의 형체를 가지사 사람들과 같이 되셨고"라고 했습니다.

우리는 "그는 자기를 비워"라고 표현한 것을 온전히 이해하기 어렵습니다. 다른 번역본은 예수님은 이 땅에 오실 때 그의 놀라운 능력과 영광을 벗어 버리고 보통 사람이 되었다고 표현하고 있습니다.

예수님은 하나님의 아들이셨지만 보통 사람이 되었다는 것

입니다. 다른 말로 하면, 예수님은 이 땅에 오실 때 그분의 놀라운 능력과 영광을 벗어 놓았다는 것입니다. 어떻게 그렇게 하셨을까요? 나는 모릅니다. 성경은 그가 그렇게 하셨다고 분명히 기록하고 있으므로 나는 그냥 그것을 믿습니다.

예수님이 이 땅에서 사역하는 동안 하나님의 아들로서 사역하지 않았다고 보는 이유가 이것입니다. 예를 들어서, 예수님은 스물한 살이었을 때도 하나님의 아들이었고 특별히 하나님으로부터 기름부음을 받았던 서른 살 때에도 마찬가지로 하나님의 아들이었습니다. 그러나 성경에는 예수님이 하나님으로부터 기름부음을 받기 전에 특별히 어떤 사람을 치유했다는 언급이 어디에도 없습니다(눅 3:22, 요 2:11).

예수님은 서른 살이었을 때와 마찬가지로 스물다섯 살 때에도 똑같이 하나님의 아들이었습니다. 그러나 예수님이 스물다섯 살 때에는 어떤 기적도 행하지 않으셨고 어떤 사람도 치유하지 않으셨습니다.

예수님은 하나님으로부터 특별한 기름부음을 받기 전에도 동일한 하나님의 아들이었습니다. 그러나 기름부음을 받을 때까지 아무도 치유하지 못했고 하나님으로부터 기름부음을 받을 때까지 어떤 기적도 행하지 못했던 것입니다. 어떻게 그것을 알 수 있냐고요? 왜냐하면 성경이 그렇게 말하고 있기 때문입니다!

막 1:9-11
9 그때에 예수께서 갈릴리 나사렛으로부터 와서 요단강에서 요한에게 세례를 받으시고

10 곧 물에서 올라오실새 하늘이 갈라짐과 성령이 비둘기 같이 자기에게 내려오심을 보시더니
11 하늘로부터 소리가 나기를 너는 내 사랑하는 아들이라 내가 너를 기뻐하노라 하시니라

그것이 예수님이 치유와 기적들을 위해 기름부음을 받은 때입니다. 성령이 비둘기 같이 그분에게 내려 왔습니다. 그런 후에 하나님의 말씀은 예수님이 어머니와 함께 결혼식에 참석하기 위해 갈릴리 가나로 갔다고 말합니다. 그때가 예수님이 물을 포도주로 변하게 하신 때입니다. 성경은 "예수께서 이 처음 표적을 갈릴리 가나에서 행하여 자기의 영광을 드러내시니 그의 제자들이 그를 믿게 되었다"라고 말합니다(요 2:11). 그러므로 예수님은 병을 고치시고 기적을 행하시기 전에 기름부음을 받으셨어야만 했다는 것을 알 수 있습니다.

예수님이 사역하시기 전에 기름부음을 받아야만 했던 이유는 예수님께서 하나님의 아들로서의 능력과 영광을 벗어 놓으셨기 때문입니다(빌 2:7, 8).

예수님은 하나님의 아들이셨습니다. 그러나 능력에 있어서는 그는 보통 인간으로 사역하셨습니다. 예수님이 하나님의 아들로서 사역하신 것이 아닙니다. 사역하기 위해서 예수님은 기름부음을 받으셔야만 했습니다.

아직도 당신은 사람들이 "예수님의 사역을 통해 많은 사람들이 병 고침을 받았지요. 예수님은 하나님의 아들이셨으니까요!"라고 말하는 것을 듣습니다. 그러나 사람들이 그렇게 말할

때 사실 그들은 예수님 외에는 아무도 사람들의 병을 고치는 사역을 할 수 없다고 말하고 있는 것입니다. 그들은 예수님이 하나님의 아들이었기 때문에 사람들의 병을 고칠 수 있었다고 말하고 있는 것입니다. 그러나 그것은 진리가 아닙니다.

우리도 예수님이 한 일을 해야 합니다
We Should Do The Works of Jesus

사람들은 사역에 있어서 예수님을 특별한 위치에 두고 있습니다. 사람으로서는 물론, 예수님은 하나님의 아들이었기 때문에 특별한 위치에 있습니다. 그러나 사역에서는, 예수님은 특별한 계급에 있지 않습니다. 왜냐고요? 요한복음 14장 12절에서 예수님은 "내가 진실로 진실로 너희에게 이르노니 나를 믿는 자는 내가 하는 일을 그도 할 것이요 또한 그보다 큰 일도 하리니 이는 내가 아버지께로 감이라"고 말씀하셨습니다.

만일 예수님의 사역이 특별한 계급으로서 한 것이라면 예수님이 틀린 것을 말씀하신 것이 됩니다. 왜냐하면 예수님 자신이 "내가 하는 일을 그도 할 것이요 또한 그보다 큰 일도 하리니…"라고 말씀하셨기 때문입니다. 그러므로 예수님은 예수님의 일과 사역을 특별한 계급에 두지 않았습니다.

우리는 기름부음이란 주제에 대하여 하나님의 말씀에서 철저하게 공부하지 못했습니다. 우리는 종교적으로 세뇌를 당했었고 그래서 우리는 '예수님은 하나님의 아들이다. 그러니까 그분은 치유를 하실 수 있었지. 그러나 나는 치유의 사역을 할 수 없어' 라고 생각해왔습니다.

물론, 우리가 그렇게 생각하기 때문에 우리의 생각과 믿음에서 그것을 놓쳐온 것입니다. 그렇다면 예수님의 사역에 있어서의 기름부음을 잘 점검해 보고 오늘날 기름부음이 어떻게 역사하는지 알아봅시다. 그러면 우리가 어떻게 치유 안으로 들어갈 수 있는지 이해하게 될 것이고 이것으로 인하여 많은 사람들이 축복받고 도움을 받을 수 있게 될 것입니다.

눅 4:18
주의 성령이 내게 임하셨으니 이는 가난한 자에게 복음을 전하게 하시려고 내게 기름을 부으시고 나를 보내사 포로 된 자에게 자유를, 눈 먼 자에게 다시 보게 함을 전파하며 눌린 자를 자유롭게 하고

행 10:38
하나님이 나사렛 예수에게 성령과 능력을 기름 붓듯 하셨으매 그가 두루 다니시며 선한 일을 행하시고 마귀에게 눌린 모든 사람을 고치셨으니 이는 하나님이 함께 하셨음이라

많은 경우에 우리는 위의 성경 구절들을 읽고 기름부음이 어떻게 역사해야 하는지에 대한 우리의 의견을 우리의 생각으로 만듭니다. 그러나 치유의 기름부음이 어떻게 역사하는가와 어떻게 활동하는가 하는 것은 단순히 사복음서로 가서 예수님의 사역에서 치유의 기름부음이 어떻게 역사하였는지를 알아보는 방법으로만 알 수 있습니다.

예수님의 사역에 있던 기름부음을 설명하는 또 다른 성경 구절을 보겠습니다.

> 막 5:25-30
> 25 열두 해를 혈루증으로 앓아 온 한 여자가 있어
> 26 많은 의사에게 많은 괴로움을 받았고 가진 것도 다 허비하였으되 아무 효험이 없고 도리어 더 중하여졌던 차에
> 27 예수의 소문을 듣고 무리 가운데 끼어 뒤로 와서 그의 옷에 손을 대니
> 28 이는 내가 그의 옷에만 손을 대어도 구원을 받으리라 생각함일러라
> 29 이에 그의 혈루 근원이 곧 마르매 병이 나은 줄을 몸에 깨달으니라
> 30 예수께서 그 능력(virtue)이 자기에게서 나간 줄을 곧 스스로 아시고 무리 가운데서 돌이켜 말씀하시되 누가 내 옷에 손을 대었느냐 하시니

30절에 '덕virtue'이란 말은 오해하기 쉬운 말입니다. 예수님은 '덕'으로 기름부음을 받지 않았습니다. 예수님은 능력으로 기름부음을 받았습니다.

대부분의 참조 성경에서는 '덕'이라는 말 옆에 작은 글자나 숫자를 볼 수 있습니다. 그리고 그 설명은 대개 '능력'이나 '두나미스dunamis'라고 적혀 있습니다. 다른 말로 하면, 신약전서를 통하여 '두나미스'라는 헬라어는 능력이라고 번역되기도 합니다. '두나미스'라는 말은 영어의 '다이너마이트'라는 말이 나온 원어입니다. (역자주: 킹 제임스 성경에는 30절에 '능력'이라는 말 대신에 '덕virtue'으로 번역되었으므로 설명하고 있음)

당신은 다른 성경을 읽음으로 마가복음 5장 30절에 나오는 '덕'이라는 말이 능력이나 기름부음을 말하고 있음을 알 수 있습니다. 우리는 그중 한 성경 구절에서 "주의 성령이 내게 임하셨으니 이는 가난한 자에게 복음을 전하게 하시려고 내게 기름을 부으시고"(눅 4:18)라고 말한 것을 이미 읽었습니다.

당신은 베드로가 사도행전 10장 38절에서 "하나님이 나사렛 예수에게 성령과 능력을 기름 붓듯 하셨으매 그가 두루 다니시며 선한 일을 행하시고"라고 말한 것을 기억하실 것입니다.

이 구절에서 '능력'이라는 말을 살펴보십시오. 그리고 마가복음 5장 30절에서 예수님이 그 덕virtue 혹은 능력이 그분에게서 나가는 즉시 아셨던 것에 대하여 주목하기 바랍니다. 그 능력은 무엇이었습니까? 이것은 예수님께서 기름부음을 받았던 그 능력이었던 것입니다. 그가 하나님의 아들이기 때문에 있었던 능력이 아닙니다.

> 막 5:30
> 예수께서 그 능력이 자기에게서 나간 줄을 곧 스스로 아시고 무리 가운데서 돌이켜 말씀하시되 누가 내 옷에 손을 대었느냐 하시니

하나님께서 예수님에게 사역할 수 있는 능력으로 기름부어 주셨습니다. 예수님이 어떤 사역을 하셨습니까? 그중 하나가 치유 사역인 것을 우리는 알 수 있습니다.

마태복음 14장으로 가서 다른 치유의 기름부음의 역사를 보겠습니다.

마 14:34-36
34 그들이 건너가 게네사렛 땅에 이르니
35 그 곳 사람들이 예수이신 줄을 알고 그 근방에 두루 통지하여 모든 병든 자를 예수께 데리고 와서
36 다만 예수의 옷자락에라도 손을 대게 하시기를 간구하니 손을 대는 자는 다 나음을 얻으니라

비록 치유의 기름부음은 이 성경 구절에 특별히 언급되어 있지 않았지만 이것은 마가복음 5장에서 혈루병을 앓던 여인이 치유받았던 것과 같은 방법으로 즉, 예수님의 옷자락을 만짐으로 질병이 치유받은 것을 암시하고 있습니다.

마가복음 5장 30절에서 혈루병을 앓던 여인이 예수님의 옷을 만졌을 때 예수님으로부터 능력이 나갔다고 말합니다. 그러므로 우리는 마태복음 14장 36절에서 게네사렛 땅에서 예수님의 옷을 만질 때 치유의 능력 또는 그 기름부음으로 인해 병든 자들이 나은 것으로 결론지을 수 있습니다.

역사하는 것은 기름부음입니다!
The Anointing Makes the Difference!

마가복음 5장은 혈루병을 앓던 여인이 예수님의 옷을 만졌을 때 예수님에게서 치유의 능력이 나갔다고 말하고 있습니다. 당신은 예수님께서 "누가 내 옷을 만졌느냐?"라고 말한 것을 기억하실 것입니다. 예수님의 옷이 뭐가 그렇게 특별해서

여인이 치유를 받은 것일까요? 기름부음이 있었던 것입니다!

그러면 치유의 기름부음이 옷을 통하여 병든 사람에게 흘러 들어간 예를 들어 보겠습니다.

> 행 19:11-12
> 11 하나님이 바울의 손으로 놀라운 능력을 행하게 하시니
> 12 심지어 사람들이 바울의 몸에서 손수건이나 앞치마를 가져다가 병든 사람에게 얹으면 그 병이 떠나고 악귀도 나가더라

'기름부음', '성령', 혹은 '능력'이라는 단어들이 위 구절에서 사용되지 않았지만 당신은 기름부음-성령 혹은 하나님의 능력-이 나타난 것을 알 수 있습니다. 왜냐고요? 그냥 보통 손수건이나 앞치마 헝겊 조각들은 사람들에게서 악령들이 떠나가게 할 수 없기 때문입니다. 만일 이런 일이 가능했다면 옷을 입은 사람들에게 귀신이 들어갈 수 없었을 것입니다! 그러나 우리는 많은 사람들이 귀신이나 악령이 들려있는 것을 알 수 있습니다.

그리고 만약 헝겊 조각이 사람에게서 병을 낫게 한다면 우리 가운데는 아무도 병든 자가 없을 것입니다. 왜냐하면 어떤 사람이든지 그의 주머니에 손수건만 가지면, 셔츠나 드레스나 아니면 어떤 헝겊만 가지고 있으면 병이 나을 테니까요.

그러나 헝겊이 사람을 치유하는 것이 아닙니다. 헝겊이 귀신을 사람에게서 떠나게 하지 못합니다. 사도행전 19장 11, 12절에서 이 손수건과 앞치마는 병과 악한 영을 사람으로부터 떠나게

하는 무엇인가 특별한 것이 있었습니다. 그것이 무엇입니까? 그것은 하나님이었습니다! 그것은 기름부음이었습니다!

하나님은 바울의 손을 통해 특별한 기적을 일으켰습니다. 우리는 사도행전 10장 38절에서 언급한 예수님의 사역을 읽어봄으로써 어떻게 이런 기적들이 일어났는지 이해해 봅시다.

> 행 10:38
> 하나님이 나사렛 예수에게 성령과 능력을 기름 붓듯 하셨으매 그가 두루 다니시며 선한 일을 행하시고 마귀에게 눌린 모든 사람을 고치셨으니 이는 하나님이 함께 하셨음이라

> 행 19:11
> 하나님이 바울의 손으로 놀라운 능력을 행하게 하시니

하나님은 바울의 손을 통하여 예수님이 "마귀에게 눌린 모든 사람을" 치유할 때 사용하셨던 것처럼 – 기름부음을 통하여 – 특별한 기적이 일어나게 하셨습니다!

사도행전 10장 38절과 사도행전 19장 11절의 주어는 하나님이십니다. 하나님은 나사렛 예수에게 기름을 부으셨습니다. 그리고 하나님은 바울의 손을 통하여 특별한 기적들을 일으키셨습니다. 우리는 두 가지 다른 사역, 예수님의 사역과 사도 바울의 사역에 대하여 말하고 있습니다. 그러나 이 두 사역에서 역사하신 분은 하나님이십니다. 하나님께서 주 예수 그리스도에게 치유할 수 있도록 기름을 부으셨고 사도 바울을 통해서도 기적을 일으키셨습니다.

어떤 사람은 이렇게 말합니다. "물론 예수님은 치유의 기름 부음을 받았지요! 예수님은 하나님의 아들이셨으니까 말입니다!" 그러나 성경은, 예수님은 하나님의 아들이셨지만 그분은 그의 놀라운 능력과 영광을 내려놓고 사람이 되셨다고 하였습니다(빌 2:6, 7). 그리고 성경은 하나님께서 예수님에게 기름 부으셨다고 말합니다.

사도행전 19장 11절에서 하나님이 기름부음을 통하여 바울의 손으로 특별한 기적을 일으키신 것을 주목하십시오. 그리고 성경은 "심지어 사람들이 바울의 몸에서 손수건이나 앞치마를 가져다가 병든 사람에게 얹으면…"(12절)이라고 말합니다. 바울의 손은 바울의 몸의 일부입니다. 그렇지 않습니까? 분명히 바울이 그의 손을 이 헝겊들에 얹거나 또는 다른 방법으로 만졌고 바울에게 있던 기름부음이 이 헝겊들에 전이되어서 이렇게 놀라운 결과를 이루게 된 것입니다. 그 헝겊에 전해진 그 능력이 아픈 사람의 몸에 전달된 것입니다. 그 능력이 전달될 때 병과 악령들은 떠났던 것입니다!

이 사람들은 바울을 만짐으로 병의 치유를 받은 것이 아닙니다. 그들은 바울의 몸에 대었던 앞치마나 손수건을 만짐으로 병이 치유되었습니다. 바울이 그 손수건이나 헝겊에 손을 얹었을 때 그 헝겊들은 바울의 기름부음을 흡수하였습니다. 그리고 그 헝겊들로부터 그 능력이 나가서 사람들을 치유한 것입니다.

예수님의 사역에서도 아픈 사람이 그분의 옷을 만졌을 때 같은 일이 일어났습니다. 예수님의 옷은 예수님에게 부어진 기름부음과 같은 기름부음을 흡수하였습니다. 그래서 아픈 사람이 그 기름부음에 닿았을 때 그 병들이 치유되었던 것입니다!

그러므로 우리는 성경이 하나님께서 바울의 손을 통하여 특별한 기적을 일으켰다고 말하고 있으므로, 하나님께서 예수님에게 기름부음을 주신 것 같이 바울에게도 기름부음을 주셨다는 옳은 결론을 내릴 수 있습니다.

우리는 또 이와 같은 결론도 내릴 수 있습니다. 예수님의 옷과 바울의 손수건은 이 능력 혹은 기름부음으로 완전히 젖어 있었다는 것입니다!

우리가 이미 다 살펴본 예수님의 사역에서의 치유의 경우들을 주목해서 보십시오. 사실은 아픈 사람이 예수님을 만진 것이 아닙니다. 그들은 예수님의 옷자락이나 그분의 옷을 만졌습니다. 그러나 그들은 그 기름부음으로 인하여 완전한 치유를 받았습니다. 기름부음은 전달되어질 수 있는 것인데 이러한 기름부음의 특성에 대해 나중에 더 다룰 것입니다. 그러나 지금은 여러분이 마태복음 14장 36절에서 기름부음으로 치유를 받은 것을 살펴보기 원합니다. 그러면 누가 예수님에게 기름부으셨습니까? 하나님께서 부으셨습니다!

마 14:36
다만 예수의 옷자락에라도 손을 대게 하시기를 간구하니 손을 대는 자는 다 나음을 얻으니라 그리고 당신은 예수님 자신이 기적을 행한다거나 혹은 그 자신의 능력으로 한다고 주장하지 않은 것에 대해 생각해 보셨습니까? 예수님은 이렇게 말씀하셨습니다. "내 안에 아버지가 계셔서 아버지께서 역사하신다."

> 요 14:10
> 내가 아버지 안에 거하고 아버지는 내 안에 계신 것을 네가 믿지 아니하느냐 내가 너희에게 이르는 말은 스스로 하는 것이 아니라 아버지께서 내 안에 계셔서 그의 일을 하시는 것이라

다른 말로 하면, 예수님은 '내가 하는 것이 아니요, 내 안에 계신 아버지께서 일하신다' 라고 말씀하시는 것입니다. 성경은 사도행전 10장 38절에서 어떻게 아버지 하나님께서 일하시는지 말해 주고 있습니다. "하나님이 나사렛 예수에게 성령과 능력으로 기름 붓듯 하셨으매"

아버지는 그렇게 역사하십니다. 기름부음으로 역사하십니다! 그러므로 예수님의 옷을 통해서든지 바울의 손수건을 통해서든지 역사하게 하는 것은 기름부음입니다!

기름부음의 특성들
Characteristics of the Anointing

우리는 이미 사도행전 10장 38절과 19장 11절의 유사점에 대해 살펴보았습니다. 이제 또 다른 유사점을 자세히 살펴봅시다.

행 10:38
하나님이 나사렛 예수에게 성령과 능력을 기름 붓듯 하셨으매 그가 두루 다니시며 선한 일을 행하시고 마귀에게 눌린 모든 사람을 고치셨으니 이는 하나님이 함께 하셨음이라

행 19:11-12
11 하나님이 바울의 손으로 놀라운 능력을 행하게 하시니
12 심지어 사람들이 바울의 몸에서 손수건이나 앞치마를 가져다가 병든 사람에게 얹으면 그 병이 떠나고 악귀도 나가더라

이 두 구절을 분석해 보면 한 절은 "하나님이…기름 붓듯 하셨으매"로 시작하고 다른 절은 "하나님이…행하게 하시니"라고 시작하고 있습니다.
하나님께서 기름부으시고 하나님께서 행하게 하신 것입니다. 두 절에서 일을 한 것은 누구지요? 하나님이십니다!
이 두 절의 비슷한 점은 그것만이 아닙니다. 우리는 바울의 몸에서 가져온 손수건이나 앞치마와, 예수님의 옷에서 또 하나의 비슷한 점을 발견할 수 있습니다. 두 경우 다 기름부음은 헝겊을 통하여 전달되었습니다.

마 14:35-36
35 그 곳 사람들이 예수이신 줄을 알고 그 근방에 두루 통지하여 모든 병든 자를 예수께 데리고 와서
36 다만 예수의 옷자락에라도 손을 대게 하시기를 간구하니 손을 대는 자는 다 나음을 얻으니라

우리는 마태복음 14장에서 사람들이 예수님의 옷자락에라도 손을 대게 하기를 원하였던 것을 볼 수 있습니다. 그들은 예수님을 만진 것이 아니라, 그분의 옷자락을 만졌고 그들은 치유받았던 것입니다!

마가복음에서 우리는 혈루병 앓던 여인에 대하여 "예수의 소문을 듣고 무리 가운데 끼어 뒤로 와서 그의 옷에 손을 대니"(막 5:27)라고 쓴 것을 읽을 수 있습니다. 그렇다면 예수님의 옷은 예수님 자신이 기름부음을 받은 것과 같은 기름부음, 혹은 능력으로 채워져 있었던 것이 분명합니다.

이와 같이 바울이 손을 얹었던 헝겊들도 바울이 받았던 하나님의 치유의 기름부음과 귀신으로부터 자유하게 하는 능력의 기름부음으로 채워져 있었습니다.

그렇다면 하나님의 치유의 능력이 어떤 물질, 즉 헝겊에 흡수될 수 있다고 볼 수 있습니다. 그리고 그런 치유의 능력이나 기름부음은 아픈 사람의 몸에 침투하거나 전이될 수 있습니다.

기름부음은 전이될 수 있다
The Anointing Is Transmittable

그래서 우리는 기름부음이 전이된다는 것을 알았습니다. 그러면 어떻게 기름부음이 전이되는지에 대하여 살펴보겠습니다. 하나님이 예수님을 기름부으신 그 기름부음이 예수님의 옷에 흡수되었습니다. 게네사렛 땅에 많은 사람들이 그분의 옷자락만이라도 만지려고 하였던 것을 읽었습니다. 예수님이 아니라 그의 옷을 만지려고 한 것입니다.

그리고 성경은 예수님을 만진 자마다 온전한 치유를 받았다고 말하고 있습니다(마 14:36). 그러므로 우리는 예수님 자신뿐만 아니라 예수님의 옷도 그 능력으로 충만했던 것을 알 수 있습니다. 그리고 우리는 그 능력이 특별한 물질에 스며들어 가서 전이될 수 있다는 것도 알 수 있습니다.

기름부음의 법칙
Laws That Govern the Anointing

사도행전 19장 12절은 사람들이 바울의 몸으로부터 손수건이나 앞치마를 가져다가 아픈 사람에게 주었다고 했습니다. 왜 사람들이 헝겊 대신 돌멩이를 가져오지 않았을까요? 왜 그들이 헝겊을 가져왔을까요? 그들이 조그만 돌멩이들을 가져와서 바울에게 기름부음을 달라고 할 수도 있었습니다!

존 G. 레이크 목사님은 이런 면에서 매우 흥미로운 말씀을 하셨습니다. 그는 하나님으로부터 크게 기름부음을 받았고 하나님의 영으로 크게 쓰임을 받은 분이었습니다. 레이크 목사님은 자연적인 영역에서는 전기가 하나님의 능력이고 영적인 영역에서는 성령의 능력이 하나님의 능력이라고 말했습니다.

다른 말로 하면, 자연적인 영역에서는 전기가 능력입니다. 그러나 모든 종류의 금속이 다 전기가 통하는 것은 아닙니다. 어떤 특별한 금속만 전기가 통합니다. 전기가 활동하기 위해서는 어떤 법칙이 지켜져야만 합니다. 전기는 특별한 조건에서만 한 곳에서 다른 곳으로 전달되는 것입니다. 만일 그 조건이 만족되지 않으면 전기는 통하거나 전달될 수 없습니다.

그와 마찬가지로 영적인 영역에서도 하나님의 놀라운 능력이 있습니다. 그것이 바로 기름부음입니다. 그러나 분명한 것은 모든 종류의 물질에 기름부음이 전달되는 것은 아닙니다. 그러나 헝겊이 하나님의 능력을 전달한다는 것은 분명합니다. 왜냐하면 우리는 예수님의 옷이 그 능력을 충분히 흡수하여서 그분의 옷을 만지는 사람은 모두 병이 나았다는 것을 성경에서 볼 수 있기 때문입니다.

성경 구절들에서 여러분은 하나님의 치유 능력이 전기가 전달되는 것과 마찬가지로 전달될 수 있다는 것과, 자연에서 전기가 어떤 법칙으로 다스려지는 것과 마찬가지로 기름부음도 어떤 법칙으로 다스려진다는 것을 알게 되었습니다.

다른 말로 하면 특별한 조건이 만족되면 하나님의 능력도 전달된다는 말인데, 어떤 특별한 물질만 하나님의 능력을 흡수하고 전달하기 때문입니다. 반대로, 하나님의 치유의 능력을 흡수하고 전달할 수 없는 물질도 있습니다. (그것에 대해서는 나중에 더 다루겠습니다.)

사도행전 19장 11절과 12절에서 바울의 몸으로부터 아픈 사람에게 가져온 손수건과 앞치마는 그 능력을 흡수했던 것이 분명합니다. 하나님의 능력이 바울을 통하여 그 헝겊들로 흘러나와 그것을 기름부음으로 적셨던 것입니다. 그리고 그 헝겊들이 아픈 사람 위에 놓여질 때 그 능력은 그들의 몸에 전달되고 전이되었습니다. 기름부음 혹은 그 능력이 그들의 몸을 충전하였으므로 질병이 떠나고 악령들도 그들로부터 나갔던 것입니다(12절).

현대 사람들은 성경에서 특별히 기름부은 헝겊들을 아픈 사람에게 가져오는 것은 미신이라고 말합니다. 그러나 그렇지 않습니다. 이것은 성경적 사실입니다. 이런 일은 성경이 말해 주는 그대로 일어났습니다.

성경은 하나님의 절대 틀림이 없는 말씀입니다. 시편 기자를 통하여 하나님은 그의 말씀에 대하여 말씀하십니다. "여호와여 주의 말씀은 영원히 하늘에 굳게 섰사오며"(시 119:89). 그리고 하나님의 말씀이 그렇다고 하면 나는 그대로 믿습니다. 그러면 그대로 됩니다. 모든 것의 해결입니다! 할렐루야!

하나님의 기름부음의 겉옷
The Mantle of God's Anointing

성경에는 하나님의 능력과 또 그 능력이 전달되는 법칙에 대한 아주 흥미로운 사건이 있습니다.

왕상 19:16, 19
16 너는 또 님시의 아들 예후에게 기름을 부어 이스라엘의 왕이 되게 하고 또 아벨므홀라 사밧의 아들 엘리사에게 기름을 부어 너를 대신하여 선지자가 되게 하라
19 엘리야가 거기서 떠나 사밧의 아들 엘리사를 만나니 그가 열두 겨릿소를 앞세우고 밭을 가는데 자기는 열두째 겨릿소와 함께 있더라 엘리야가 그리로 건너가서 겉옷을 그의 위에 던졌더니

기름부음에는 선지자 사역을 하기 위한 기름부음도 있습니다. 왕과 같은 사역을 하기 위해 부어지는 기름부음도 있습니다.

엘리야는 하나님께서 왕이나 선지자로 부른 사람들에게 기름을 부었습니다. 그리고 그 기름은 성령님을 상징하는 것이었습니다. 그리고 하나님이 엘리야에게 어떤 사람에게 기름을 부으라고 하실 때 그것은 그 기름부음을 받은 사람에게 성령이 임하여서 왕이나 다른 특별한 사역을 할 수 있는 능력이 주어지는 것을 의미하는 것이었습니다.

19절에 엘리야가 엘리사에게 겉옷을 던진 것은 엘리야 대신에 엘리사가 선지자 자리에 설 수 있도록 성령님이 그에게 임하신다는 것을 뜻합니다.

엘리야가 엘리사에게 겉옷을 던진 후에 엘리사는 엘리야를 따랐습니다.

왕하 2:1-8
1 여호와께서 회오리 바람으로 엘리야를 하늘로 올리고자 하실 때에 엘리야가 엘리사와 더불어 길갈에서 나가더니

2 엘리야가 엘리사에게 이르되 청하건대 너는 여기 머물라 여호와께서 나를 벧엘로 보내시느니라 하니 엘리사가 이르되 여호와께서 살아 계심과 당신의 영혼이 살아 있음을 두고 맹세하노니 내가 당신을 떠나지 아니하겠나이다 하는지라 이에 두 사람이 벧엘로 내려가니
3 벧엘에 있는 선지자의 제자들이 엘리사에게로 나아와 그에게 이르되 여호와께서 오늘 당신의 선생을 당신의 머리 위로 데려가실 줄을 아시나이까 하니 이르되 나도 또한 아노니 너희는 잠잠하라 하니라
4 엘리야가 그에게 이르되 엘리사야 청하건대 너는 여기 머물라 여호와께서 나를 여리고로 보내시느니라 엘리사가 이르되 여호와께서 살아 계심과 당신의 영혼이 살아 있음을 두고 맹세하노니 내가 당신을 떠나지 아니하겠나이다 하니라 그들이 여리고에 이르매
5 여리고에 있는 선지자의 제자들이 엘리사에게 나아와 이르되 여호와께서 오늘 당신의 선생을 당신의 머리 위로 데려가실 줄을 아시나이까 하니 엘리사가 이르되 나도 아노니 너희는 잠잠하라
6 엘리야가 또 엘리사에게 이르되 청하건대 너는 여기 머물라 여호와께서 나를 요단으로 보내시느니라 하니 그가 이르되 여호와께서 살아 계심과 당신의 영혼이 살아 있음을 두고 맹세하노니 내가 당신을 떠나지 아니하겠나이다 하는지라 이에 두 사람이 가니라
7 선지자의 제자 오십 명이 가서 멀리 서서 바라보매 그 두 사람이 요단 가에 서 있더니
8 엘리야가 겉옷을 가지고 말아 물을 치매 물이 이리 저리 갈라지고 두 사람이 마른 땅 위로 건너더라

우리는 여기서 깊이 있는 성경 공부를 하지는 않겠습니다. 그러나 과거에 나는 겉옷에 대해 깊이 있게 공부를 했습니다. 구약에서 자주 쓰는 '겉옷'이라는 말은 겉에 느슨하게 걸쳐 입는 옷을 말합니다.

8절에서 엘리야가 그의 겉옷을 가지고 말아서 물을 친 것을 주의하여 보셨습니까? 다른 말로 하면 겉옷이란 그냥 바깥에 걸치는 옷이었습니다. 때로는 옷을 다 입고 그 위에 걸치는 꼭 끼지 않는 망토 같은 것이었습니다. 그렇기 때문에 엘리야가 엘리사에게 겉옷을 던질 수 있었던 것입니다(왕상 1:19). 이것은 헐렁하게 걸치는 겉옷이었습니다.

내 개인적인 경험으로는, 사역하는 도중 여러 번 갑자기 겉옷이나 기름부음이 내게 임하는 것을 의식하곤 하였습니다. 이것은 마치 어떤 사람이 나의 어깨에 코트를 던지는 것 같았습니다. 나는 그 겉옷을 내 몸 전체로 느낄 수 있었습니다. 어떤 사람이 내 뒤로 다가와서 내 어깨에 코트를 걸쳐준다면 제가 느낄 수 있겠지요? 기름부음 아래 사역하던 경우 대부분 그와 똑같은 것을 느꼈습니다. 나는 그 겉옷을 내 온몸으로 느낄 수 있었습니다.

그것은 성경적입니다. 그것은 성경적인 나타남입니다. 그리고 그렇게 어떤 한 사람에게 기름부음이 올 때, 다른 사람들에게 축복을 주는 놀라운 일들이 일어날 수 있습니다.

열왕기하 2장 8절에서 엘리야의 겉옷이나 망토와 관련하여 기름부음이 헝겊을 통해 능력이 전달되는 다른 한 예를 봅시다.

왕하 2:8
엘리야가 겉옷을 가지고 말아 물을 치매 물이 이리 저리 갈라지고 두 사람이 마른 땅 위로 건너더라 다시 말씀드리지만 예수님의 옷이나 바울의 손수건이 사람들을 치유한 것이 아닌 것처럼 이것은 겉옷이 물을 가른 것이 아닙니다. 보통의 헝겊들이 사람을 치유하지 못한다고 말한 것을 기억하십시오. 만일 그렇게 할 수 있다면 옷을 입은 사람은 아무도 아프지 않을 것입니다. 예수님의 옷과 바울의 손수건으로 흘러들어온 것은 기름부음이었고 치유하는 것도 바로 그 기름부음이었습니다.

엘리야 외에 다른 사람들도 겉옷이나 망토를 입고 있었습니다. 그러나 엘리야의 겉옷은 달랐습니다. 그의 겉옷은 초자연적인 능력이 있었습니다. 분명히 엘리아의 겉옷은 엘리야가 받은 기름부음으로 젖어 있었던 것입니다. 그래서 엘리야가 이것으로 물을 칠 때 그 물은 이리저리로 나뉘고 엘리야와 엘리사는 마른 땅으로 건너갈 수 있었던 것입니다.

기름부음은 측량할 수 있다
The Anointing Is Measurable

우리는 엘리야와 엘리사의 관계 안에서 기름부음의 다른 특성을 알 수 있습니다. 기름부음은 전달되고 통할 뿐 아니라 또한 측량할 수 있습니다.

> 왕하 2:9
> 건너매 엘리야가 엘리사에게 이르되 나를 네게서 데려감을 당하기 전에 내가 네게 어떻게 할지를 구하라 엘리사가 이르되 당신의 성령이 하시는 역사가 갑절이나 내게 있게 하소서 하는지라

엘리사는 엘리야의 기름부음의 갑절을 요구하였고, 성경을 보면 하나님이 그렇게 해주신 것을 알 수 있습니다.

> 왕하 2:10-15
> 10 이르되 네가 어려운 일을 구하는도다 그러나 나를 네게서 데려가시는 것을 네가 보면 그 일이 네게 이루어지려니와 그렇지 아니하면 이루어지지 아니하리라 하고
> 11 두 사람이 길을 가며 말하더니 불수레와 불말들이 두 사람을 갈라놓고 엘리야가 회오리 바람으로 하늘로 올라가더라
> 12 엘리사가 보고 소리 지르되 내 아버지여 내 아버지여 이스라엘의 병거와 그 마병이여 하더니 다시 보이지 아니하는지라 이에 엘리사가 자기의 옷을 잡아 둘로 찢고
> 13 엘리야의 몸에서 떨어진 겉옷을 주워 가지고 돌아와 요단 언덕에 서서
> 14 엘리야의 몸에서 떨어진 그의 겉옷을 가지고 물을 치며 이르되 엘리야의 하나님 여호와는 어디 계시니이까 하고 그도 물을 치매 물이 이리 저리 갈라지고 엘리사가 건너니라
> 15 맞은편 여리고에 있는 선지자의 제자들이 그를 보며 말하기를 엘리야의 성령이 하시는 역사가 엘리사 위에 머물렀다 하고 가서 그에게로 나아가 땅에 엎드려 그에게 경배하고

엘리사는 엘리야에게 임하였던 기름부음의 갑절을 요구하였습니다. 엘리야가 엘리사에게 "네가 어려운 일을 구하는도다. 그러나 나를 네게서 데려가시는 것을 네가 보면 그 일이 네게 이루어지려니와 그렇지 아니하면 이루어지지 아니하리라"(10절)고 말하였습니다.

12절에서 엘리사는 엘리야가 "회오리 바람으로 하늘로" 들림을 당하는 것을 보았습니다. 그러므로 엘리사는 엘리야에게 있었던 기름부음의 갑절을 받았던 것입니다.

죽은 사람의 뼈에 있던 기름부음
The Anointing in a Dead Man's Bones

엘리야를 대신하여, 혹은 그의 자리에서 엘리사가 이스라엘의 선지자가 되었습니다. 우리는 열왕기하 2장 13절에서 엘리야의 갑절의 기름부음이 엘리사에게 임한 결과로 이루어진 많은 기적들에 대하여 읽어볼 수 있습니다.

그러나 지금은 열왕기하 13장 20절로 가서 엘리사가 죽고 장사된 후에도 있었던, 갑절로 받은 기름부음의 영향을 살펴보기 원합니다.

> 왕하 13:20-21
> 20 엘리사가 죽으니 그를 장사하였고 해가 바뀌매 모압 도적 떼들이 그 땅에 온지라
> 21 마침 사람을 장사하는 자들이 그 도적 떼를 보고 그의 시체를 엘리사의 묘실에 들이 던지매 시체가 엘리사의 뼈에 닿자 곧 회생하여 일어섰더라

엘리사에게 임하였던 기름부음은 너무나도 강하여서 그가 죽은 후에도 죽은 사람을 살릴 만한 능력이 있었습니다!

하나님께 영광 돌립니다! 그렇다면 그런 일이 어떻게 이 사람에게 일어날 수 있었을까요? 기름부음, 즉 하나님의 능력이 엘리사의 뼈에 남아 있었던 것입니다! 엘리사의 살은 다 썩고 뼈만 남았는데 죽은 사람을 살릴 만한 충분한 기름부음이 그의 뼈에 남아 있었습니다!

엘리야는 어떤 분량의 성령을 가지고 있었습니다. 선지자의 사역을 할 만한 분량의 기름부음이 그에게 있었습니다. 성경은 그가 회오리 바람으로 혹은 불 병거 같은 것들로 인해 하늘로 올라갔다고 말하고 있습니다. 그러나 엘리사는 엘리야의 갑절의 기름부음을 가지고 있었음에도 그는 죽었습니다. 그는 회오리 바람으로 하늘로 올려지지 않았습니다.

나는 그 이유를 알지 못합니다. 나는 모든 것을 알지는 못합니다. 나는 "모든 것을 경영하는 사람"이 아닙니다. 당신은 어떻습니까? 물론 당신도 아닙니다. 경영하시는 분은 하나님이십니다. 그러므로 그냥 그분을 신뢰하도록 합시다.

어떤 사람은 이렇게 말합니다. "그렇다면 그 기름부음이 왜 죽은 엘리사를 살리지 못했습니까?"

당신은 늙은 사람이 죽었다가 다시 살아난 것을 성경에서 볼 수 없습니다. 죽었다가 살아난 자들은 항상 아들이거나 젊은 사람들이거나 중년의 사람들이었습니다.

하나님은 우리가 절대로 죽지 않으리라고 말씀하지 않았습니다. 하나님은 "…여호와가 병을 제하리니… 내가 너의 날 수를 채우리라"(출 23:25,26)라고 말씀하셨습니다. 엘리사는 그의 날 수를 채웠던 것입니다. 엘리사의 무덤에 던져졌던 이 사람은 그의 날 수를 채우지 못했던 것입니다. 이것은 이렇게 간단한 일입니다.

이 사람이 죽은 엘리사의 뼈에 닿을 때까지 죽음에서 다시 일어나지 못했던 것은 상당히 흥미 있는 일입니다. 성경은 죽은 사람이 엘리사의 뼈에 닿자마자 다시 살아났다고 말하고 있으므로 엘리사의 뼈와 죽은 사람이 다시 일어난 것에는 어떤 연관이 있습니다.

그러므로 엘리사의 뼈에 이런 일이 생기게 하는 어떤 것이 있었다는 것이 분명합니다. 아무 뼈나 죽은 사람을 살리는 것은 아니기 때문입니다. 엘리사의 뼈에는 사람을 살리는 무엇인가가 있었습니다. 그것은 기름부음이었습니다! 엘리사의 뼈에는 그가 살았을 때 기름부음을 받은 능력이 흡수되어 있었습니다.

이와 똑같이 예수님의 옷에는 아픈 사람을 낫게 하고 귀신을 떠나게 하는 무엇인가가 있었습니다. 그리고 바울의 몸으로부터 온 헝겊들에도 귀신과 마귀들을 사람들로부터 떠나게 하고 병을 낫게 하는 무엇인가가 있었던 것입니다. 그것은 무엇입니까? 그것은 기름부음이었습니다!

기름부음은 느낄 수 있습니다
The Anointing Is Tangible

우리는 기름부음은 측정할 수 있다고 배웠습니다. 우리는 구약에서 하나님께서 선지자 엘리야에게 그의 선지자의 자리에 엘리사를 기름부으라고 명령하신 것을 읽어 보았습니다. 그리고 성경은 엘리사가 엘리야의 기름부음의 갑절을 요구하였다고 말하고 있습니다(왕하 2:9).

그리고 복음서에서 예수님이 이 땅에서 사역할 수 있도록 기름부음을 받으셨던 것도 보았습니다. 요한복음 3장 34절은 예수님이 제한없는 기름부음을 한량없이 받으셨다고 말합니다. (그리스도의 몸의 일부인 우리는 각자 어느 분량의 기름부음을 가지고 있습니다.)

우리는 또 기름부음이 전달될 수 있다는 것도 배웠습니다. 마가복음 5장에서 예수님은 능력-치유의 기름부음-이 그분에게서 나가자 곧 그것을 알았다고 했습니다(30절). 그리고 이 기름부음이 그분에게서 나가서 그분의 옷을 통하여 혈루병의 여인에게로 들어간 것입니다. 그러므로 하나님의 치유의 기름부음은 전이될 수 있고 전달될 수 있습니다. 그리고 또 우리는 하나님의 치유의 능력이 실제적으로 느껴질 수 있다는 것도 알 수 있습니다.

'Tangible'이란 말은 '만져서 알 수 있다'는 뜻입니다. 다른 말로 하면, 무엇인가를 '만질 수 있다'는 뜻입니다.

예를 들어서 우리는 혈루병 앓던 여인에게 전달되었던 기름부음은 만질 수 있는 실제적인 것이었음을 알 수 있습니다. 왜냐하면 예수님은 그분의 몸에서 그 능력이 나가자 곧 아셨기 때문입니다. 예수님은 그 능력이 바깥으로 나간 것을 곧 알아채셨습니다. 그리고 그 여인도 그 능력을 받은 것을 알았던 것입니다. 그러므로 그 능력은 실제적으로 느낄 수 있는 것이었습니다.

느낄 수 있는 실제적인 치유의 기름부음은 사람들을 치유하고 사람들의 삶에서 원수의 일을 제어하는 하나님의 능력입니다. 그리고 그 기름부음은 일을 이루거나 전달되어서 그 사람의 믿음에 따라 치유되거나 병을 낫게 하는데 이것에 대해서는 나중에 더 토론하겠습니다.

당신이 죽은 선지자의 뼈가 죽은 사람을 살릴 수 있다고 믿을 수 있다면(물론 당신은 그것이 성경에 있기 때문에 그것을 믿을 수 있습니다) 살아 있는 선지자의 손으로 당신에게 치유가 일어날 수 있다는 것은 훨씬 더 믿기가 쉬울 것이라고 생각됩니다.

오늘날 목사가 기름부음을 받아서 여러분에게 치유 사역을 할 수 있다는 것을 믿는 것은 쉽고 간단한 일이어야 마땅합니다. 하나님은 결코 변하지 않기 때문에 믿을 수 있습니다. 그리고 치유의 기름부음은 오늘날 당신에게도 예비되어 있습니다!

우리는 하나님의 능력이나 기름부음에 대하여 마땅히 배웠어야 하는 것을 제대로 배우지 못해왔던 것입니다. 우리는 능력이나 기름부음이 있다는 것을 알았지만 그것을 잘 연구하는 것을 두려워하고 또 연구해선 안 된다고 생각한 것 같습니다. 그러나 이제 그것이 변하고 있는 것에 대해 하나님께 감사합니다. 우리는 기름부음에 대하여 더욱 많이 연구하고 더욱 많이 배워가고 있습니다.

그러나 아직도 우리가 기름부음에 대하여 배워야 할 것이 많이 있습니다. 당신은 어떤지 모르겠지만 나는 모든 것을 다 알지는 못합니다! 그러나 나는 어제보다는 오늘 더 많이 알고 있는 것으로 인해 감사합니다! 그리고 내일은 더 많이 알게 될 것입니다. 다음 주에는, 그리고 다음 달에는, 그리고 다음 해에는 기름부음과 하나님의 능력에 대하여 더 많이 알게 될 것입니다.

---

1) 다른 종류의 기름부음에 대해 더 알기 원하시면 케네스 해긴 목사님의 책 「기름부음의 이해Understanding the Anointing」를 보십시오.

02
기름부음을 통한 치유

막 5:25-34
25 열두 해를 혈루증으로 앓아 온 한 여자가 있어
26 많은 의사에게 많은 괴로움을 받았고 가진 것도 다 허비하였으되 아무 효험이 없고 도리어 더 중하여졌던 차에
27 예수의 소문을 듣고 무리 가운데 끼어 뒤로 와서 그의 옷에 손을 대니
28 이는 내가 그의 옷에만 손을 대어도 구원을 받으리라 생각함일러라
29 이에 그의 혈루 근원이 곧 마르매 병이 나은 줄을 몸에 깨달으니라
30 예수께서 그 능력이 자기에게서 나간 줄을 곧 스스로 아시고 무리 가운데서 돌이켜 말씀하시되 누가 내 옷에 손을 대었느냐 하시니
31 제자들이 여짜오되 무리가 에워싸 미는 것을 보시며 누가 내게 손을 대었느냐 물으시나이까 하되
32 예수께서 이 일 행한 여자를 보려고 둘러 보시니
33 여자가 자기에게 이루어진 일을 알고 두려워하여 떨며 와서 그 앞에 엎드려 모든 사실을 여쭈니
34 예수께서 이르시되 딸아 네 믿음이 너를 구원하였으니 평안히 가라 네 병에서 놓여 건강할지어다

마 14:34-36
34 그들이 건너가 게네사렛 땅에 이르니
35 그 곳 사람들이 예수이신 줄을 알고 그 근방에 두루 통지하여 모든 병든 자를 예수께 데리고 와서
36 다만 예수의 옷자락에라도 손을 대게 하시기를 간구하니 손을 대는 자는 다 나음을 얻으니라

마태복음 14장의 이 구절들은 '능력'이나 '기름부음' 같은 단어를 언급하지는 않았지만 우리는 마가복음 5장 30절과 또 다른 구절들을 읽음으로써 무슨 일이 일어났는지 알 수 있습니다. 예수님의 옷을 만진 사람들은 기름부음을 받은 예수님의 치유의 기름부음과 능력 안에서 그들의 믿음으로 치유를 받았던 것입니다.

눅 6:17-19
17 예수께서 그들과 함께 내려오사 평지에 서시니 그 제자의 많은 무리와 예수의 말씀도 듣고 병 고침을 받으려고 유대 사방과 예루살렘과 두로와 시돈의 해안으로부터 온 많은 백성도 있더라
18 더러운 귀신에게 고난 받는 자들도 고침을 받은지라
19 온 무리가 예수를 만지려고 힘쓰니 이는 능력이 예수께로부터 나와서 모든 사람을 낫게 함이러라

이 세 가지 경우에 – 마가복음 5장, 마태복음 14장, 누가복음 6장에 나오는 사람들은 모두 예수님의 사역에서 치유의 기름부음으로 치유를 받았습니다. 치유의 기름부음이나 하나님의 능력은 그들을 위하여 활성화되었고 그들의 믿음을 통하여

그들 몸에 치유를 가져왔던 것입니다!

내가 어떻게 이것을 아냐고요? 마가복음 5장에서 예수님은 혈루병 앓던 여인에게 분명하게 말씀하셨습니다. "딸아 네 믿음이 너를 구원하였으니 평안히 가라 네 병에서 놓여 건강할지어다"(34절). 그리고 마태복음 14장에서는 예수님에 대한 것을 알고 사람들이 아픈 사람들을 예수님에게 데리고 왔고, 예수님은 그들을 고치셨습니다. 어떻게 그들은 예수님에 대하여 알게 되었을까요? 예수님에 대한 소문을 들음으로써 알게 되었습니다.

"믿음은 들음에서 나며 들음은 그리스도의 말씀으로 말미암았느니라"(롬 10:17). 성경은 마가복음 5장 27절에서 "예수의 소문을 듣고 무리 가운데 끼어 뒤로 와서 그의 옷에 손을 대니"라고 말합니다. 예수님은 분명히 이 여자가 믿음이 있었고 그녀의 믿음이 그녀를 온전하게 하였다고 말씀하셨습니다(34절). 그러면 그녀는 어떻게 믿음을 갖게 되었을까요? 그녀는 예수님에 대하여 들었습니다. 그녀가 무엇을 들었습니까? 그녀는 예수님이 기름부음을 받았다는 것에 대하여 들은 것이 틀림없습니다!

누가복음 6장 17-19절에 나온 군중들에 대하여도 같은 것이 암시되고 있습니다. 17절은 이렇게 말합니다. "예수께서 그들과 함께 내려오사 평지에 서시니 그 제자의 많은 무리와 예수의 말씀도 듣고 병 고침을 받으려고 유대 사방과 예루살렘과 두로와 시돈의 해안으로부터 온 많은 백성도 있더라"

치유받기 전에 먼저 들어야 합니다
The Hearing Comes Before the Healing

그들이 치유받기 전에 먼저 들었던 것을 주목하십시오. 우리는 믿음은 들음에서 나는 것을 알기 때문에 군중들이 먼저 듣고 치유받기 위하여 왔으므로 그들이 들었을 때 믿음이 왔고 믿음이 그들을 온전하게 하였다는 것을 알 수 있습니다!

그리고 누가복음 6장 17절은 "예수께서 그들과 함께 내려오사 평지에 서시니 그 제자의 많은 무리와 예수의 말씀도 듣고 병 고침을 받으려고 유대 사방과 예루살렘과 두로와 시돈의 해안으로부터 온 많은 백성도 있더라"라고 말하고 있습니다. 그러므로 이상의 세 가지 경우 모두 사람들이 무엇을 들었기 때문에 치유를 받게 되었습니다. 그들은 예수님이 기름부음을 받았다는 것을 들었고 그들의 믿음과 치유의 능력이 합하여 그들의 몸이 치유받게 되었습니다.

나는 누가복음 6장의 군중들이 치유만을 위해서 온 것이 아니라 듣고 치유받기 위해서 왔다는 것을 다시 한 번 강조하고 싶습니다. 많은 사람들이 잘못 이해하는 것이 바로 이 부분입니다. 사람들은 치유받기를 원합니다. 그러나 그들은 듣기를 원치 않습니다. 듣기를 원치 않는 사람이 치유받는 것은 아주 드문 일입니다.

마가복음 5장, 마태복음 14장과 누가복음 6장의 모든 경우에 치유받기 전 그들은 예수님에 대한 지식을 먼저 가졌습니다.

사람은 들음으로 지식을 얻습니다. 혈루병 앓던 여인은 "예수님에 대하여 듣고" 예수님에 대한 지식을 얻게 되었고, 그녀는 치유를 받으려고 예수님께 나아갔습니다(막 5:27). 마태복음 14장에서 사람들이 예수님에 대한 지식이 생기자 아픈 사람들을 치유하기 위해 예수님께 데려왔고 또 그들은 치유를 받았습니다(35,36절)! 그들이 어떻게 예수님에 대한 지식을 얻었습니까? 혈루병을 앓던 여인이 예수님에 대한 지식을 얻은 것과 같은 방법으로입니다! 누군가가 그녀에게 예수님의 이야기를 해 준 것입니다. 그 사람이 그녀에게 무슨 이야기를 했을까요? 예수님이 기름부음을 받았다는 것입니다!

예수님이 내게 나타났던 처음 환상에서(이것은 텍사스주 락웰에서 1950년 9월 2일에 있었던 일입니다) 예수님이 나에게 누가복음 4장의 예수님이 나사렛에서 안식일에 회당으로 들어가시는 장면을 보라고 하셨습니다.

예수님은 그 일 이전에는 나사렛에 있던 회당에서 설교를 하신 적이 없습니다. 나사렛은 예수님의 고향이었고 예수님은 성령님으로부터 방금 세례를 받고 돌아오는 길이었습니다. 요단강에서 성령님이 그분에게 임하시고 기름부음을 받으셨습니다. 그리고 예수님은 나사렛으로 돌아오셨습니다.

예수님은 1950년 그날, 내게 나타나셔서 "나는 이사야의 책에서 주의 성령이 내게 임하여 내게 기름을 부으시고 이 모든 일을 하게 하셨다는 것을 읽었다"라고 하셨습니다(눅 4:18-20, 사 61:1-3).

예수님은 계속 말씀하셨습니다. "그리고 나는 읽기를 마치고 책을 덮고 사람들을 가르치기 시작하였다." 누가복음 4장에서 예수님은 앉아서 "이 글이 오늘 너희 귀에 응하였느니라"고 말씀하셨다고 했습니다(21절). 다른 말로 예수님은 "나는 성경에서 말한 것과 같이 기름부음을 받았다"라고 말씀하신 것입니다.

예수님이 내게 말씀하셨습니다. "나는 그것을 나사렛에서만 가르친 것이 아니다. 내가 어느 곳을 가든지 나는 맨 먼저 그것을 설교했다. 내가 가는 곳마다 내가 가장 먼저 하는 일은 사람들에게 '이 성경이 오늘 너희 귀에 응하였느니라. 나는 기름부음을 받았다'라고 말하는 것이었다."

복음서 시대의 사람들은 구약성경만을 가지고 있었습니다. 그들은 아직 신약성경이 없었습니다. (그러나 우리는 신약성경을 가지고 있습니다. 하나님께 감사합니다.) 그러므로 어디를 가시든지 예수님은 이사야서를 인용하여 사람들에게 설교하셨던 것입니다.

사 61:1-3
1 주 여호와의 영이 내게 내리셨으니 이는 여호와께서 내게 기름을 부으사 가난한 자에게 아름다운 소식을 전하게 하심이라 나를 보내사 마음이 상한 자를 고치며 포로된 자에게 자유를, 갇힌 자에게 놓임을 선포하며
2 여호와의 은혜의 해와 우리 하나님의 보복의 날을 선포하여 모든 슬픈 자를 위로하되

3 무릇 시온에서 슬퍼하는 자에게 화관을 주어 그 재를 대신하며 기쁨의 기름으로 그 슬픔을 대신하며 찬송의 옷으로 그 근심을 대신하시고 그들이 의의 나무 곧 여호와께서 심으신 그 영광을 나타낼 자라 일컬음을 받게 하려 하심이라

예수님은 그 환상에서 내게 "내가 말한 것을 믿는 사람들은 치유를 받았고 믿지 않는 사람들은 치유를 받지 못하였다"라고 말씀하셨습니다.

우리는 예수님의 사역에서 모든 사람들의 필요가 항상 채워졌다고 상상하지만 그렇지 않았습니다. 왜냐고요? 왜냐하면 어떤 사람들은 예수님을 믿지도 않고 받아들이지도 않았기 때문입니다. 예를 들어서 나사렛에서는 예수님의 사역을 받아들이지 않았기 때문에 그들은 치유받지 못했습니다(눅 4:22-28).

성경의 다른 곳에서는 "거기서는 아무 권능도 행하실 수 없어 다만 소수의 병자에게 안수하여 고치실 뿐이었고"(막 6:5)라고 말하고 있습니다.

나사렛에서의 사역에 관하여는 마가복음 6장 5절에 예수님께서 소수의 병자에게 안수하여 고치셨다고 말하고 있습니다. 왜 예수님이 몇 사람에게만 손을 얹었을까요? 왜냐하면 예수님이 나사렛에서 설교를 하셨을 때 사람들은 예수님이 치유의 기름부음을 받았다는 것을 믿지 않았기 때문입니다.

그러나 마태복음 14장 36절에는 게네사렛에서 "손을 대는 자는(예수님의 옷자락만 만져도) 다 나음을 얻으니라"라고 쓰여 있습니다.

마 14:35-36
35 그 곳 사람들이 예수이신 줄을 알고 그 근방에 두루 통지하여 모든 병든 자를 예수께 데리고 와서
36 다만 예수의 옷자락에라도 손을 대게 하시기를 간구하니 손을 대는 자는 다 나음을 얻으니라

35절의 처음 부분에 게네사렛 사람들이 예수님에 대하여 알고 있었다고 하는 것에 대하여 주목하시기 바랍니다. 그들이 예수님에 대하여 어떠한 지식을 가지고 있었다고 생각하십니까? 이것은 예수님이 다른 곳에서 사람들과 나누었던 것과 같은 지식임이 분명합니다. 예수님이 기름부음을 받았다는 것입니다.

당신은 마가복음 5장에서 혈루병을 앓던 여인이 "예수의 소문을 듣고 무리 가운데 끼어 뒤로 와서 그의 옷에 손을 대니"라고 한 것을 기억할 것입니다.

예수님에 대하여 그녀는 무엇을 들었을까요? 사람들이 그녀에게 예수님에 대하여 무엇을 이야기하였을까요? 그들은 예수님이 그녀의 죄 때문에 죽으셨다고 말할 수는 없었습니다. 예수님이 아직 그 일을 하지 않았을 때니까요. 그들은 예수님이 설교하시는 것을 듣고 그것을 그녀에게 말해 주었을 것입니다. 그들은 예수님이 무엇을 설교하는 것을 들었을까요? 그들은 누가복음 4장 18절에 있는 예수님이 나사렛에서 하신 말과 같은 것을 들었을 것입니다. "나는 기름부음을 받았다." 그리고 그녀는 들은 것을 믿었던 것입니다.

당신은 하나님의 말씀을 통하여 듣는 것을 믿어야 합니다
You Must Believe What You Hear From the Word

우리는 사람들이 예수님이 말씀하신 것을 믿느냐 안 믿느냐 하는 것에서 커다란 차이가 나는 것을 볼 수 있습니다.

> 눅 6:17-19
> 17 예수께서 그들과 함께 내려오사 평지에 서시니 그 제자의 많은 무리와 예수의 말씀도 듣고 병 고침을 받으려고 유대 사방과 예루살렘과 두로와 시돈의 해안으로부터 온 많은 백성도 있더라
> 18 더러운 귀신에게 고난 받는 자들도 고침을 받은지라
> 19 온 무리가 예수를 만지려고 힘쓰니 이는 능력이 예수께로부터 나와서 모든 사람을 낫게 함이러라

19절에서는 치유하는 기름부음에 대하여 말하고 있습니다. 그것은 하나님의 치유하는 능력입니다. 우리는 마가복음 5장의 혈루병을 앓던 여인의 경우와 누가복음 6장 17-19절의 많은 군중들을 고치시는 장면에서, 그 둘의 차이와 비슷한 점을 볼 수 있습니다. 우리는 한 곳에서는 이 기름부음이 개인적으로 역사한 것을 볼 수 있고 다른 한 곳에서는 군중들에게 역사한 것을 봅니다. 그러나 양쪽 경우 모두 믿음으로 역사하였던 것을 알 수 있습니다. 다른 말로 하면 양쪽 경우 모두 사람들이 예수님에 대하여 들었고, 그들은 들은 것을 믿고 행동하였습니다.

누가복음 6장 17절을 다시 보겠습니다.

눅 6:17
예수께서 그들과 함께 내려오사 평지에 서시니 그 제자의 많은 무리와 예수의 말씀도 듣고 병 고침을 받으려고 유대 사방과 예루살렘과 두로와 시돈의 해안으로부터 온 많은 백성도 있더라

우리는 마가복음 5장의 혈루병 앓던 여인이 예수님에 대하여 들은 것을 알 수 있습니다. 그랬기 때문에 예수님에게 치유 받기 위하여 온 것입니다. 그리고 누가복음 6장 17절에서 군중들이 예수님에게 듣기 위하여 오고 또 그들의 병이 낫기를 위해 왔다고 말하고 있습니다. 또 마태복음 14장 35절은 게네사렛에 있는 사람들이 예수님에 대하여 알고 아픈 사람들을 그분에게 데려왔다고 하였습니다. 그들은 예수님에 대하여 들음으로 예수님에 대한 지식을 얻은 것입니다.

사복음서에서, 많은 경우에 예수님에게 온 군중이나 많은 사람들이 고침을 받았다는 것을 읽어볼 수 있지만 성경은 그들이 어떤 방법으로, 어떻게 고침을 받았는지는 말하고 있지 않습니다. 성경은 그냥 그들이 고침을 받았다고만 말하고 있습니다.

그러나 누가복음 6장 17-19절은 그들이 어떻게 고침을 받았는지에 대해 좀 더 자세히 다루고 있습니다. 나는 누가복음을 쓴 누가가 이렇게 자세히 기록한 이유 중 하나는 그가 의사였고, 다른 제자들보다 치유에 관한 자세한 일과 예수님 사역에서 일어났던 기적들에 대하여 더 많은 흥미가 있었기 때문이라고 생각합니다.

사실, 마태와 마가와 누가는 실제적으로 같은 치유들을 기록

하고 있습니다. 예를 들면, 그들은 모두 혈루병 앓던 여인의 치유를 기록하였습니다. 그러나 사복음서의 마지막 저자인 요한은 그것을 기록하지 않았습니다. 요한은 여러 번의 치유를 기록하였지만 그가 기록한 대부분의 치유들은 - 요한복음 4장의 왕의 신하의 아들이나, 5장의 베데스다 연못의 다리를 못 쓰는 사람, 9장의 장님들 - 다른 복음서에는 기록되어 있지 않습니다.

베드로의 장모는 열병이 있었는데 마태와 마가와 누가가 모두 이것을 기록하였다는 것은 흥미 있는 일입니다. 마태와 마가는 그냥 그녀는 열병으로 누웠다고 썼습니다(마 8:14, 막 1:30). 그러나 의사인 누가는 그녀가 "중한 열병을 앓고 있다"라고 썼습니다(눅 4:38).

당신이 의료 역사를 공부한 적이 있다면 그 당시 사람들이 열병을 두 가지 종류로 나눈 것을 알 것입니다. 의료과학이 지금처럼 발달되지 못하였기 때문에 중한 열병과 가벼운 열병으로 구분하고 있었습니다.

그런데 누가는 다른 사람보다 더 자세히 관찰할 수 있었기 때문에 그렇게 말할 수 있었던 것입니다. 그는 다른 사람보다 그 분야에 관심이 더 많았던 것입니다. 지금 누가가 누가복음 6장 19절에서 말한 것을 읽어 보십시오.

> 눅 6:19
> 온 무리가 예수를 만지려고 힘쓰니 [왜 이 무리가 예수를 만지려고 힘썼을까요?] 이는 능력이 예수께로부터 나와서 모든 사람을 낫게 함이러라

다른 말로 하면, 예수님으로부터 기름부음 혹은 능력이 나가서 그들을 고쳤습니다. 우리가 "하나님이 나사렛 예수에게 성령과 능력을 기름 붓듯 하셨으매 그가 두루 다니시며 선한 일을 행하시고 마귀에게 눌린 모든 사람을 고치셨으니 이는 하나님이 함께 하셨음이라"(행 10:38)라고 읽은 것을 기억하십시오.

그러나 누가복음 6장 17절에서 고침을 받았던 사람들은 먼저 들어야 했던 것에 주목하십시오!

> 눅 6:17
> 예수께서 그들과 함께 내려오사 평지에 서시니 그 제자의 많은 무리와 예수의 말씀도 듣고 병 고침을 받으려고 유대 사방과 예루살렘과 두로와 시돈의 해안으로부터 온 많은 백성도 있더라

그들은 예수님에게 듣기 위하여 그리고 치유를 받기 위해 왔습니다. 그들은 고침만 받기 위해 온 것이 아닙니다. 그들은 듣기 위해서도 온 것입니다.

어떻게 듣는가를 조심하십시오
Be Careful How You Hear

나는 일반적으로 사람들이 말씀을 듣게 할 수만 있다면 그들이 치유를 받는 것은 아주 간단한 것이라는 것을 알게 되었습니다. 그러나 사람들이 말씀을 듣게 하는 것이 가장 중요한 일입니다.

많은 경우에, 사람들은 자신이 잘 듣는다고 생각하지만 실상 그들은 잘 듣고 있지 않습니다. 나는 그 사실을 잘 알고 있습니다. 왜냐하면 사람들은 해긴 목사님이 이렇게 말했다 라고 하면서 인용하는데 저는 그런 말을 한 적이 없는 경우가 종종 있기 때문입니다. 그래서 나는 사람들에게 "나는 결코 그런 이야기를 한 적이 없습니다."라고 말했습니다.

"그렇다면 당신은 뭐라고 말씀하셨습니까?" 내가 실제로 무슨 말을 했는지 그들에게 말하면 그들은 "나는 당신을 오해했습니다. 나는 당신이 이렇게 저렇게 말하신 줄 알았습니다."라고 말하곤 합니다.

사람들이 어떻게 듣는지, 얼마나 잘못 듣고 있는지를 알면 우리는 놀라게 됩니다. 예수님이 우리에게 '어떻게 듣는가 조심하라' 라고 말씀하신 것은 너무나 당연합니다. 무엇을 듣는가 뿐만 아니라 어떻게 듣는가를 주의해야 합니다(눅 8:18).

기름부음과 협력하는 방법
How To Cooperate With the Anointing

우리는 마가복음 5장에서 여인이 치유받은 것을 읽어 보았습니다. 그녀의 치유는 사실이었습니다! 그러나 이 여인의 치유와 관련하여 두 가지 일이 언급되었습니다. 그녀가 치유를 받는데 역할을 한 것들에 대하여 언급되었습니다. 우리는 이미 그것들에 대하여 간단하게 나눠보았습니다. 그것들이 무엇입니까? 믿음과 능력입니다. 그녀는 예수님에 대하여 들은 것을 믿었습니다. 예수님이 기름부음을 받았다는 것을 믿었습니다. 그 치유의 능력에 대한 그녀의 믿음이 그녀에게 치유를 가져왔고 그녀를 온전하게 하였습니다.

우리가 이미 읽은 바와 같이 전기는 자연적인 영역에서의 하나님의 능력입니다. 그러나 성령의 능력은 초자연적인 영역에서의 하나님의 능력입니다! 성경에 언급된 대로 우리는 보이는 영역을 통하여 초자연적이고 보이지 않는 것에 대하여 이해하고 있습니다(롬 1:20).

전기는 보이는 영역에 있고 이것은 능력입니다. 이것은 전달될 수 있지만 아무것이나 어떤 물질이든지 통하는 것은 아닙니다. 어떤 특정한 물질만이 전기의 힘이 통하고 전달될 수 있습니다.

하나님의 능력 혹은 기름부음인 '하늘의 전기'도 마찬가지입니다. 우리는 하나님의 말씀으로부터 바울이 손을 얹었던 손수건이나 앞치마, 그리고 예수님이 입으셨던 옷은 이 능력을 전달하였다는 것을 알 수 있습니다. 다른 말로 하면, 하나님의 치유 능력은 전달되거나 전이될 수 있습니다.

그렇다면 우리는 이렇게 질문할 수 있습니다. "그것이 어떻게 전달됩니까? 어떻게 사람이 기름부음을 도울 수 있습니까?"

치유의 기름부음이 어떻게 그 혈루병 앓던 여인에게 전달되었습니까? 그녀의 믿음으로 전달되었습니다.

성경은 예수님이 자신으로부터 그 능력 혹은 기름부음이 빠져나간 것을 곧 알아차렸다고 말하고 있습니다(막 5:30). 그러나 예수님은 34절에서 "…딸아 네 믿음이 너를 온전케 하였다…"라고 말씀하십니다. 누구의 믿음이 그녀를 온전하게 하였다고요? 그녀의 믿음이 그녀를 온전하게 하였습니다.

혈루병 앓던 여인은 예수님의 옷으로부터 그녀에게로 흘러 들어왔던 치유의 기름부음 혹은 치유의 능력으로 고침을 받았습니다. 그러나 이 일에서 그 여인의 믿음이 어떤 역할을 했다는 것에 대하여 주목하십시오.

우리는 다른 경우에도, 치유를 구하는 사람들의 믿음이 그들이 치유받는 것에 중요한 역할을 했던 것을 이미 나누었습니다. 예를 들어봅시다. 믿음이라는 것이 직접적으로 언급되지는 않았지만 예수님이 그의 제자들과 갈릴리 바다를 지나 게네사렛 땅으로 갈 때였습니다. "그곳 사람들이 예수이신 줄을 알고 그 근방에 두루 통지하여 모든 병든 자를 예수께 데리고 와서"(마 14:35)라고 써 있습니다.

예수님이 그 근방에 오시고 그들이 예수님을 보았기 때문에 그들이 자동적으로 아픈 사람을 모아서 병든 사람들을 예수님에게 데리고 온 것이 아닙니다. 그렇지 않습니다. 그들이 예수님에 대하여 알았을 때 아픈 사람을 모으고 병든 사람들을 데리고 왔던 것입니다.

게네사렛 사람들은 어떠한 지식이 있었습니까? 성경은 그들이 예수님에 대한 지식이 있었고 그래서 그들은 아픈 사람을 모으고 병든 사람을 예수님에게 데리고 왔다고 말합니다.

그렇다면, 그들은 예수님에 대하여 어떤 것을 알았을까요? 예수님은 그들에게 누가복음 4장에서, 구약의 이사야서를 읽었을 때와 같은 말씀을 한 것이 분명합니다. 다른 말로 하면, 예수님은 게네사렛 사람들에게 이렇게 말했을 것입니다. "주의 성령이 내게 임하셨으니 이는 가난한 자에게 복음을 전하게 하시려고 내게 기름을 부으시고 나를 보내사 포로 된 자에게 자유를, 눈 먼 자에게 다시 보게 함을 전파하며 눌린 자를 자유롭게 하고 주의 은혜의 해를 전파하게 하려 하심이라 하였더라"(눅 4:18,19; 사 61:1-3).

예수님께서 게네사렛 사람들에게 그렇게 말씀하셨기 때문에 그들은 예수님이 기름부음을 받은 것을 알았습니다. 그래서 그들은 아픈 사람들을 모아서 예수님께 데려왔고 그들은 "다만 예수의 옷자락에라도 손을 대게 하시기를 간구"(마 14:36) 하였던 것입니다. 그리고 예수님의 옷에 손을 대는 자는 다 나음을 입었습니다. 그들은 완전히 온전하게 되었습니다!

혈루병을 앓던 여인의 경우도 마찬가지였습니다. 그녀가 예수님에 대하여 들었을 때 그녀는 예수의 소문을 듣고 무리 가운데 끼어 뒤로 와서 그의 옷에 손을 대었습니다(막 5:27). 그녀가 그렇게 하였을 때 그녀는 완전하게 나았습니다. 그리고 예수님은 그녀에게 이렇게 말씀하셨습니다. "…딸아 너의 믿음이 너를 온전케 하였느니라"(34절).

애초에 무엇이 그녀를 예수님께로 오게 하였습니까? 성경은 그녀가 "예수의 소문을 듣고…"라고 말합니다(막 5:27).

그녀가 예수의 소문을 들었다면 어떤 사람이 그녀에게 예수님에 관하여 이야기를 한 것이 분명합니다. 나는 그들이 그녀에게 예수님이 사역을 하기 위해 하나님의 영으로 기름부음을 받았다고 말한 것을 확신할 수 있습니다. 그리고 그녀는 그것을 믿었습니다!

당신은 이제 당신의 믿음이 치유의 기름부음을 통하여 치유를 받는데 어떤 역할을 한다는 것을 알 수 있습니다. 당신은 당신의 믿음을 통하여 역사하는 기름부음에 협조해야 합니다.

믿음은 그 능력을 활성화합니다!
Faith Activates the Power!

나는 이런 일에 대해 예를 들어 설명하겠습니다. 1971년 3월에 나는 텍사스주 타일러에 있는 칼튼 호텔의 큰 무도장에서 집회를 하고 있었습니다. 어느 날 저녁 집회가 끝난 후, 영접할 사람들을 기도실로 보내어 구원받는 것을 돕게 하고, 우리는 아픈 사람들을 기도해 주기 위해 강단 앞으로 초청하였습니다.

사람들이 치유 기도를 받기 위해 줄을 서고 있을 때, 나는 두 번째 줄 쯤에 앉아 있던 한 여자에게 주목하게 되었습니다. 이 여인은 일어설 수 없었습니다. 그 남편이 그녀를 일으키려고 안간힘을 쓰고 있었지만 일으킬 수 없었습니다.

마침내 한 안내 위원이 와서 같이 도왔습니다. 그리고 두 남자가 드디어 그녀를 일으키는데 성공하였습니다. 그녀는 한 손에 지팡이를 들고 있었고 그의 남편이 한쪽 팔을 잡고 다른 쪽은 안내인이 잡았습니다. 그리고 천천히 앞으로 나오기 시작하였습니다.

사람들은 강단 앞에 한 줄로 늘어서 있었고 나는 늘어선 줄을 따라가며 그들에게 손을 얹고 기도했습니다. 내가 그녀에게 손을 얹었을 때, 나는 마치 문의 손잡이에 손을 얹은 것 같았습니다. 그녀 쪽에서는 받아들이려는 어떤 반응도 없었습니다.

나는 줄을 따라가면서 손을 얹고 기도하고 있었기 때문에 기도하는 것을 중지하고 그녀에게 설교를 할 시간이 없었습니다. 나는 그녀에게 믿음이 전혀 없다는 것을 알 수 있었습니다. 믿음이 받게 하는 것입니다. 당신이 기도할 때 당신은 받았다고 믿어야 합니다. 성경은 그렇게 될 때, 즉 당신이 받았다고 믿을 때 당신이 원하는 것을 받을 수 있다고 했습니다(막 11:24).

믿음으로 받는 것입니다. 받는 것은 믿었다는 것입니다. 만일 받지 못했다면 그것은 믿지 않았기 때문입니다. 믿음이 없다면 받을 수 없습니다. 이것은 그렇게 간단한 것입니다. 너무 간단하기 때문에 우리가 잘 넘어집니다.

나는 타일러에서 줄 서 있는 성도들에게 다 기도해주고 나의 성경과 노트와 시계를 가지려고 강단으로 올라갔습니다. 이 불구의 여인은 남편이 한쪽 편을 부축한 채 그냥 그 줄에 서 있었습니다.

그녀는 남편의 도움을 받아 아주 힘들게 내 쪽으로 좀 가까이 와서 내게 말했습니다. "해긴 목사님, 나에게 손을 다시 얹고 기도해 주실 수 있겠어요."

나는 몇 분 전에 그녀에게 손을 얹었을 때 아무 반응이 없었던 것을 기억하고 "나는 당신에게 벌써 손을 얹고 기도하였습니다."라고 말하고는 그녀에게 믿으라고 격려했습니다. 병고침을 받기 위해 그녀 자신이 해야 할 부분을 해야 합니다.

그녀는 내게 이렇게 말했습니다. "이런 종류의 집회는 처음입니다. 나는 장로교인이고, 이런 집회에는 한번도 와본 적이 없습니다. 그렇지만 내가 이곳에 온 이유를 말씀드리겠습니다."

"나는 관절염이 있습니다. 그래서 자리에서 일어나는 것조차 힘이 들었습니다. 그리고 내 몸은 이렇게 뻣뻣합니다."라고 그녀는 설명을 하기 시작하였습니다.

"나는 오늘 오후에 나의 이웃이 길에서 걸어 다니는 것을 보았습니다. 그녀도 나처럼 관절염으로 나쁜 상태였습니다. 오히려 종종 더 나쁜 상태였습니다. 나는 그녀가 걷지 못하는 것을 알고 있었는데 그녀는 아무 도움도 없이 온전하게 길에서 걸어 다니는 것이었습니다!

나는 그녀와 이야기하려고 남편을 보내서 그녀를 데려오게 했습니다. 나는 그녀가 새로 나온 약을 찾았거나, 혹은 관절염을 잘 고치는 새로운 전문의를 만났을 것이라고 생각했습니다.

내가 그녀에게 물어 보았고 그녀는 이렇게 말했습니다.

'아니요, 나는 어젯밤 칼튼 호텔에 있는 큰 무도장에서 하는 집회에 갔었어요. 어떤 목사님이 내게 손을 얹었을 때 주님이 나를 치료하여 주었어요. 나는 바닥에 넘어졌고 내가 일어났을 때 관절염은 다 나았어요.'

그녀가 그렇게 말했을 때 나는 내 남편에게 말했습니다. '당신, 나를 거기 좀 데려다 주세요. 나도 그 목사님에게 손을 얹고 기도해 달라고 해야 겠어요.' "

"그래서 내가 오늘밤 여기 온 것입니다. 나는 당신이 무엇을 할 수 있는지 보려고 온 것입니다."라고 그녀는 말하였습니다.

"당신은 내가 무엇을 할 수 있는지 알았겠네요. 그렇지요?"라고 내가 말했습니다.

"그렇습니다. 아무것도 할 수 없는 것을 알았습니다."라고 그녀가 대답했습니다.

이와 같은 경우가 너무나 많습니다. 사람들은 하나님을 믿고 그의 능력을 믿기보다는 목사가 무엇을 할 수 있는지 알아보려고 합니다.

당신 자신이 하나님을 믿는 것을 배우십시오
Learn To Believe God For Yourself

그리고 이 여인은 나에게 이렇게 말했습니다. "이 집회에서 나는 주님이 목사님에게 나타났다고 말하는 것을 들었습니다."

"주님이 내게 나타나셨습니다. 만일 주님이 내게 오시지 않았다고 내가 말한다면 내가 거짓말하는 것이 되겠지요." 라고 내가 대답하였습니다.

"나는 예수님이 그의 오른 손가락으로 당신 양쪽 손바닥에 대었다고 하는 것을 들었습니다."라고 그녀는 말했습니다.

"그분이 그렇게 하셨습니다. 사람이 물건을 훔치면 지옥을 가듯이 거짓말을 해도 지옥에 갑니다. 그리고 내가 예수님께서 그의 오른 손가락을 내 양손 바닥을 대지 않았다고 말한다면 그것은 거짓말입니다."

그녀는 계속하여 말하였습니다. "나는 또 당신이 예수님께서 우리들이 믿으면 같은 기름부음이 당신 손으로부터 우리 몸으로 흘러와서 병과 약함을 다 쫓아낼 것이라고 말하라고 하셨다고 하는 것도 들었습니다."

"예수님이 그렇게 말하라고 하셨습니다. 만일 예수님이 그렇게 하시지 않았다고 내가 말한다면 내가 거짓말하는 것이 됩니다."라고 내가 말했습니다.

"나는 믿을 준비가 되었습니다. 다시 당신 손을 내게 얹으십시오."라고 그녀는 말했습니다.

나는 그녀가 준비되어 가는 것을 본 것입니다. 나는 그녀의 진실함을 보게 되었고 그래서 나는 그녀 앞으로 다가가서 그녀에게 겨우 닿을 상태였습니다. 나의 손으로 그녀의 이마를 살짝 스쳤을 뿐입니다. 그런데 나는 기름부음이 그녀에게로 강하게 빨려들어가는 것을 의식하였습니다. 그녀는 내게서 기름부음을 끌어내었고 그 기름부음은 그녀에게로 강력하게 들어갔습니다.

그리고 그녀는 바닥에 넘어져서 한참 누워 있었습니다. 그녀가 일어나려고 할 때, 그녀의 남편과 가까이 있던 어떤 여자가 부축해 주었습니다. 그녀가 일어났을 때, 그 남편이 지팡이를 건네주었습니다. 그녀는 뒷걸음질하며 말했습니다. "이제 지팡이가 필요 없다는 걸 보면 모르세요?" 그녀의 몸은 내 몸만큼이나 부드럽고 자유로웠습니다. 모든 관절염이 사라진 것입니다! 조금도 남지 않고 다 없어졌습니다. 하나님께 영광 드립니다!

무엇이 기름부음, 혹은 능력을 활성화시켰습니까? 바로 믿음입니다. 믿음이 능력을 풀어 놓았던 것입니다!

내가 그녀에게 처음 손을 얹었을 때에도 내게는 치유의 기름부음이 있었습니다. 사실, 말하지 않았지만 내가 그녀에게 두 번째 손을 얹었을 때보다 처음 손을 얹었을 때 나의 기름부음은 더욱 강했습니다.

그렇다면 왜 기름부음이 첫 번에 그녀를 치유할 수 없었을까요? 왜냐하면 그녀는 내가 무엇을 할 수 있는지 보려고 했기 때문입니다. 나를 실험해 보려는 것 뿐이었습니다. 그러나 그녀가 하나님과 그 능력에 대해 믿음을 가졌을 때 그녀는 믿음을 활성화시켰고 치유함을 받았던 것입니다. 왜냐고요? 믿음은 능력을 활성화시키기 때문입니다!

예수님이 혈루병 앓던 여인에게 하신 말씀을 기억하십시오. "딸아, 네 믿음이 너를 온전케 하였다." 하나님과 그의 능력을 믿는 그녀의 믿음이 그녀를 위하여 기름부음을 활성화시켰고 병을 몸에서 쫓아내고 그녀는 치유를 받게 되었던 것입니다.

'하늘의 전기'를 구하십시오!
Make a Demand On That 'Heavenly Electricity'!

또 다른 경우에, 나는 텍사스 주 잭스보로 시에서 집회를 하고 있었습니다. 1950년 12월이었습니다. 그 해 9월에 예수님이 내게 환상으로 나타나셨습니다.

건물이 사람들로 가득 찼기 때문에 주최 목사님이 다른 목사님들은 모두 강단에 앉게 하였습니다. 14명쯤의 목사님들이 그 집회에 참석하고 있었습니다. (집회에서 역사들이 일어나고 하나님이 자신을 나타내기 시작하실 때 사람들은 흥미를 갖기 시작합니다.)

20대 중반이나 후반쯤 되는 젊은 남자가 치유 기도를 받기 위한 줄에 서 있었습니다. 사실 그는 매일 저녁 치유의 줄에 서 있었던 것입니다. 나는 그에게 14번이나 15번쯤 손을 얹은 것 같았습니다. 더했을 수도 있습니다!

그리고 내가 손을 얹을 때마다 마치 문의 손잡이에 손을 얹은 것 같이 아무 반응도 없었습니다. 그래서 그 젊은이가 다음 날 저녁 치유의 줄에 또 섰을 때 나는 내 자신에게 말했습니다. '오 이 사람이 또 왔네. 만일 이 사람이 생각을 바꾸지 않으면 주님으로부터 아무것도 받을 수 없을텐데.'

나는 그 사람의 마음에 상처주기를 원치 않았기 때문에 치유 줄에 서 있는 그에게 그냥 손을 얹지 않고 지나칠 수는 없었습니다. 나는 그 사람이 예배에 계속 나온다면 결국 그 사람에게 믿음이 좀 생겨서 하나님께로부터 무엇을 얻을 수 있지 않을까 생각하였습니다. 그래서 나는 그를 조심스럽게 대하였고 그 사람을 그냥 보내기를 원치 않았습니다.

나는 '내가 그냥 가서 그에게 잠시 기도해주는 것만으로도 그는 만족하겠지. 그 사람이 아무것도 받을 수 없더라도 기도나 해주고 보내야겠다' 라고 생각하였습니다.

그러나 내가 몰랐던 것은 그 젊은 사람이 그의 생각을 바꿨다는 사실입니다!

이번 예배에는 그가 믿음을 가지고 왔던 것입니다! 나는 그것을 몰랐습니다. 나중에 목사님이 내게 이런 이야기를 해 주었지만 나는 여러분이 더 잘 이해할 수 있도록 이 이야기를 먼저 해드리겠습니다.

내가 이 집회가 1950년 12월이었다고 한 것을 기억하시지요. 12월에는 일 년 중 다른 때보다 더 일찍 어두워집니다.

목사관은 교회 바로 옆에 있었습니다. 목사님은 사람들이 저녁예배를 위해 교회에 오기 전에 교회에 불을 켜 놓는 일을 하였습니다.

목사님이 내게 말하였습니다. "오늘 저녁 집회 전에 나는 보통 때보다 좀 일찍 불을 켜려고 갔습니다. 내가 교회 계단에 올라서서 전기 스위치를 아직 만지기도 전에 나는 어떤 사람에 걸려 넘어졌습니다. 어두운 곳에서 겨우 불을 켜고 보니 그 젊은 청년이었습니다. 그는 캄캄한 계단에 담요로 몸을 싸고 앉아 있었습니다. 그 젊은 청년은 일어나서 나와 함께 교회로 들어 왔습니다. 그가 나에게 처음 한 말은 이랬습니다. '목사님, 오늘 저녁에 보세요. 해긴 목사님이 내게 손을 대기만 하면 나는 받을 것입니다.'"

그것은 나에게 마가복음 5장의 혈루병 앓던 여인을 상기시켜 주었습니다. "예수의 소문을 듣고 무리 가운데 끼어 뒤로 와서 그의 옷에 손을 대니 이는 내가 그의 옷에만 손을 대어도 구원을 받으리라 생각함일러라"(27, 28절). 그래서 그날 저녁에 그 젊은 청년이 치유 기도를 받기 위해 줄에 있을 때, 나는 그의 이마를 향해 손을 내밀었습니다. 그렇지만 사실 나는 그를 만지지도 않았습니다. 내가 내 손을 그의 머리에서 5cm쯤 떨어진 곳에 뻗쳤을 때 불이 내 손에서 나와서 그 젊은이의 이마를 쳤습니다. 강단에 앉았던 14명의 목사님들이 모두 그것을 보았습니다. 사실 그 중의 한 분이 나중에 내게 "내가 보지 않았다면 나는 절대로 믿지 않았을 것입니다."라고 말했습니다.

그 건물에 있던 사람들도 모두 보았습니다. 그 불이 그를 강타했을 때 '펑' 하는 소리가 났습니다. 당신은 종종 불이 성령님과 연관되어 언급되고 있다는 것을 눈치채셨습니까?

내가 그 젊은이에게 손을 얹으려고 했을 때 그는 그의 믿음으로 내게서 성령의 능력을 빼앗듯이 끌어당겨 가져간 것입니다. 이것은 자연적인 영역에서 느끼는 전기와 흡사하였습니다. 나는 별들을 보았다니까요!

치유의 기름부음, 즉 초자연적인 영역에서의 하나님의 '전기'는 자연적인 영역에서의 전기와 비슷하게 역사합니다.

예를 들어, 당신은 전류가 흐르고 있는 전기줄을 잡아본 적이 있습니까? 나는 그런 적이 있습니다. 큰 양동이의 물을 버리느라 내 주변의 땅이 모두 젖어있었습니다. 그리고 나서 나는 전기 불을 끄려고 손을 대었습니다. 그것은 오래 된 전기등이었고 전구 옆에 달린 금속을 만져야 그 불을 끌 수 있었습니다.

내가 전구에 달린 금속을 만졌을 때, 그 전기는 그냥 나를 휘어잡아 버렸습니다. 그 전기가 나의 손을 휘감았고 나는 그것으로부터 떨어질 수가 없었습니다! 그 당시 110 파운드 밖에 안되는 몸무게였지만 그 무게 덕분에 결국 떨어질 수 있었습니다.

내 밑에 있던 젖은 땅 때문에 내 손은 그 전구에 그만 붙어버리고 말았습니다. 내 눈에서 나오는 불을 볼 수 있을 것 같았습니다. 내 몸은 몇 초 동안 뛰어 오르고 흔들렸습니다. 내 이빨이 서로 맞부딪치고 있는 것을 느꼈습니다. 결국 나는 땅에 쓰러졌지만 내 손은 그 후에도 며칠 동안 불에 타는 것 같았습니다.

내가 이 젊은이에게 손을 얹으려고 내밀었을 때 이것과 비슷한 일이 일어났던 것입니다. 나로부터 천국의 전기가 너무 많이 나와서 나는 강단에 넘어질 뻔 하였습니다!

이 사건은 나의 사역에서 이와 같은 일들이 일어나기 시작하던 초창기의 일이었습니다. 그때에는 하나님의 능력으로 넘어지는 사람을 뒤에서 받아주는 사람들도 없었습니다. 그 당시에는 넘어지는 사람이 많지 않았기 때문입니다! 나의 사역에서 집회 때마다 사람들이 하나님의 능력으로 넘어진 것은 1952년 이후의 일입니다.

그러나 거기에서 또 다른 일이 일어났습니다. 내가 그 사람에게 손을 내밀었을 때 불이 그를 강타했고 하나님의 능력이 우리들 모두 앞에서 그를 들어서 수평으로 공중에 떠 있게 하였습니다! (어떤 사람들은 사람들이 하나님의 능력으로 넘어지는 것에 흥분을 합니다. 그렇지만 그들이 뒤로 넘어져 공중에 누워 있는 것을 볼 때까지 기다려 보십시오!)

그 젊은이는 하나님의 능력에 의해 공중에 떠 있다가 맨 앞에 있는 의자 밑으로 던져졌습니다. 그는 장작같이 앞 의자 밑으로 굴러 들어갔습니다!

그 젊은이는 그의 생각과 믿음을 바르게 교정하였던 것입니다. 그는 하나님과 그의 능력을 믿었습니다. 그리고 그가 목사님에게 "목사님, 오늘 저녁에 보세요. 해긴 목사님이 내게 손을 얹자마자 나는 받을 것입니다."라고 말했을 때 그는 믿음을 활성화시켰던 것입니다. 그리고 치유함을 받았습니다. 할렐루야! 그 젊은이는 기름부음의 놀라운 나타나심을 받았습니다!

나는 오늘날 이런 일들이 더 많이 일어날 것을 기대합니다. 나는 또 우리가 이런 일들이 많이 일어나는 바로 그 문 앞에 와 있다고 생각합니다. 우리가 기름부음에 대하여 더 많이 배우고 하나님께서 그 자신을 우리에게 더 많이 나타내 주실 것을 기대하면 하나님은 그렇게 하실 것이고 그렇게 되면 우리는 더욱 놀라운 결과들을 볼 것이며 믿음과 기름부음을 통하여 큰 유익을 얻게 될 것입니다.

03
치유의 흐름으로 들어가라!

우리는 기름부음과 하나님의 능력에 대하여 그리고 이 능력이 역사하는 것을 다스리는 영적인 어떤 법칙들에 대하여 간단하게 이야기해 보았습니다. 또, 우리는 치유의 기름부음을 통하여 치유받는데 있어서, 그리고 능력을 활성화하는데 있어서 믿음이 얼마나 중요한 것인가에 대하여도 말하였습니다.

이 과에서는, 기름부음을 활성화하는 것과 어떻게 하나님의 신령한 능력의 치유의 흐름에 들어갈 수 있는지에 대하여 같이 좀더 공부를 하겠습니다.

내가 이미 말한 바와 같이 많은 경우 우리는 기름부음이 어떻게 역사해야 하는 지에 대하여 우리 나름대로 형성된 의견을 가지고 있습니다. 그러나 이 치유의 기름부음이 어떻게 역사하는지 또 어떻게 활성화되는지 알 수 있는 유일한 길은 예수님의 사역을 연구하여 치유의 기름부음이 어떻게 역사했는가를 발견하는 것입니다.

혈루병 앓던 여인은 치유의 흐름 안으로 들어갔습니다
The Woman With the Issue of Blood
Tapped Into the Healing Flow

우리는 이미 마가복음 5장에서 혈루병 앓던 여인의 경우를 읽어 보았습니다. 그리고 마가복음은 예수님께서 기름부으심으로 어떻게 사역하셨는지, 어떻게 기름부으심으로 역사하였는지에 대하여 분명하고 자세하게 그려주고 있습니다.

> 막 5:25-30
> 25 열두 해를 혈루증으로 앓아 온 한 여자가 있어
> 26 많은 의사에게 많은 괴로움을 받았고 가진 것도 다 허비하였으되 아무 효험이 없고 도리어 더 중하여졌던 차에
> 27 예수의 소문을 듣고 무리 가운데 끼어 뒤로 와서 그의 옷에 손을 대니
> 28 이는 내가 그의 옷에만 손을 대어도 구원을 받으리라 생각함일러라
> 29 이에 그의 혈루 근원이 곧 마르매 병이 나은 줄을 몸에 깨달으니라
> 30 예수께서 그 능력이 자기에게서 나간 줄을 곧 스스로 아시고 무리 가운데서 돌이켜 말씀하시되 누가 내 옷에 손을 대었느냐 하시니

킹 제임스 번역본은 '덕virtue'이 예수님에게서 나갔다고 썼습니다. 예수님은 '덕'으로 기름부음을 받지 않았습니다. 예수님은 '능력'으로 기름부음을 받았던 것입니다! 대부분의 번역본에서는 '덕'이라는 말보다 '능력'이라는 말을 많이 썼습

니다. 킹 제임스 번역본의 관주에서도 '덕'의 다른 말로 능력을 언급하고 있습니다.

우리는 신약성경이 영어로 쓰인 것이 아니라는 것을 알고 있습니다. 신약성경은 헬라어로 쓰여졌습니다. 마가복음 5장 30절의 헬라어로 '덕'이라는 말은 '두나미스dunamis'이고 신약의 다른 부분에서는 '능력'으로 번역되고 있습니다. 여기서 영어의 '다이나마이트'라는 말이 유래했습니다.

혈루병 앓던 여인이 예수님의 옷자락을 만졌을 때 예수님께로부터 능력이 나온 것입니다! 이것은 '다이나마이트'와 같은 능력이었습니다! 그러므로 마가복음 5장 30절을 이렇게 읽어도 아무런 잘못이 되지 않을 것입니다.

"예수님은 그 자신에게서 능력이 나간 줄 곧 아셨습니다."

마가복음 5장 말씀을 다시 한번 읽겠습니다.

막 5:30-34
30 예수께서 그 능력이 자기에게서 나간 줄을 곧 스스로 아시고 무리 가운데서 돌이켜 말씀하시되 누가 내 옷에 손을 대었느냐 하시니
31 제자들이 여짜오되 무리가 에워싸 미는 것을 보시며 누가 내게 손을 대었느냐 물으시나이까 하되
32 예수께서 이 일 행한 여자를 보려고 둘러보시니
33 여자가 자기에게 이루어진 일을 알고 두려워하여 떨며 와서 그 앞에 엎드려 모든 사실을 여쭈니
34 예수께서 이르시되 딸아 네 믿음이 너를 구원하였으니 평안히 가라 네 병에서 놓여 건강할지어다

이 구절에서 예수님이 한 개인에게 어떻게 사역하신 것을 볼 수 있습니다. 능력이 예수님에게서 흘러나가서 그 여인에게로 들어간 것입니다. 마태와 누가도 같은 일을 기록하고 있습니다. 그러나 마가가 제일 자세하게 기록하였습니다.

혈루병 앓던 여인의 치유는 예수님의 사역에서 한 개인의 사적인 간증이었습니다. 예수님의 사역에서 많은 사람들이 개인적으로 치유를 받았습니다. 그리고 군중이나 무리들 중에서도 많은 치유가 있었습니다. 그러나 그들 중 모두가 자세한 간증을 가지고 있는 것은 아닙니다. 성경은 그냥 "그는 고침을 받았다" 혹은 "그들은 치유함을 받았다"라고 말합니다. 다시 말하면 성경은 치유를 그냥 한 두 마디로 설명한 것입니다.

그러나 이 혈루병 앓던 여인의 치유에는 개인적인 간증이 있습니다. 성경은 이 여인에 대하여 자세히 기록하고 있습니다. - 그녀가 얼마나 오랫동안 병을 앓고 있었는지 그리고 그녀가 많은 의사한테 갔었다든지, 그리고 의사들도 다 포기하였다는 것을 기록하고 있습니다. 또 그녀가 낫기는커녕 더욱 더 악화되고 있었는데 그때 그녀는 예수님에 대하여 들었던 것입니다. 보시다시피 이것은 개인적인 간증인 것을 알 수 있습니다.

30절은 능력이 예수님으로부터 나갔다고 말합니다. 그러나 무엇이 예수님으로부터 그 능력이 나가도록 했습니까? 치유의 기름부음이나 능력은 아무한테나 모든 사람들한테 흘러가는 것은 아닙니다. 예를 들자면, 마가복음 5장은 많은 군중이 예수님을 둘러싸고 있었다고 말하고 있습니다. 많은 사람들이 예수님은 만지고 사방에서 그를 둘러싸고 밀고 있었지만 그 능력이 그 사람들에게 흘러가지 않았습니다.

그러나 그 여인이 무리 사이를 뚫고 끼어들어 예수님의 옷자락을 만질 때 그 능력이 그녀에게로 흘러간 것입니다. 예수님이 물었습니다. "누가 내게 손을 대었느냐" 제자들이 예수님께 대답하였습니다. "무리가 에워싸 미는 것을 보시며 누가 내게 손을 대었느냐 물으시나이까"(31절)

그러므로 우리는 사람들이 예수님을 만진다고 해서 능력이 나가는 것은 아니라는 것을 알 수 있습니다. 왜냐하면 큰 무리가 그를 에워싸고 있어도 능력이 예수님으로부터 나와 그들에게 흘러들어가지 않았기 때문입니다. 그렇다면 무엇이 능력을 예수님에게서 나가서 그 여인에게 흘러가게 하였을까요? 성경은 이것이 그녀의 믿음 때문이었다고 말합니다. 예수님은 "딸아 네 믿음이 너를 구원하였으니"라고 말씀하셨습니다.(34절)

기름부음은 개인에게 역사하고 무리에게도 역사합니다
The Anointing Will Work For an Individual
or For a Whole Crowd

사복음서 안에 있는 예수님의 사역 중 치유의 기록이 15~20개 가량 있는데 그 중 혈루병 앓던 여인의 치유만이 치유의 기름부음이나 능력이 예수님께로부터 흘러나와 개인을 치유한 경우입니다.

그러나 이 경우 외의 다른 곳에서는 예수님에게서 나온 능력이 아픈 사람들 – 군중이나 무리들 – 에게 흘러갔다고 말하거나 암시하고 있습니다. 그리고 그들은 온전하여졌습니다. 예를 들어서 성경은 치유를 받기 위하여 예수님이나 그의 옷을 만지기를 원하는 무리들에 대하여 기록하였습니다.

마 14:34-36
34 그들이 건너가 게네사렛 땅에 이르니
35 그 곳 사람들이 예수이신 줄을 알고 그 근방에 두루 통지하여 모든 병든 자를 예수께 데리고 와서
36 다만 예수의 옷자락에라도 손을 대게 하시기를 간구하니 손을 대는 자는 다 나음을 얻으니라

여러분이 보다시피, 이 성경 구절에서는 예수님으로부터 흘러나온 능력에 대해서는 언급하지 않고 있습니다. 그러나 우리가 읽었던 다른 성경 구절들에서 예수님으로부터 능력이 나왔다는 것을 이해할 때 여기서도 같은 일이 있었던 것을 알 수 있습니다. 그렇지 않았다면 왜 그들은 예수님의 옷자락이라도 만지려고 했을까요? 그들이 그의 옷자락이라도 만지려고 했던 것은 거기서 치유의 능력이 흘러 나왔기 때문입니다!

마태복음 14장에 있는 이 구절 외에, 누가복음에서도 치유의 효력이나 능력이 예수님으로부터 나와서 군중들을 치유한 것을 볼 수 있습니다.

눅 6:17-19
17 예수께서 그들과 함께 내려오사 평지에 서시니 그 제자의 많은 무리와 예수의 말씀도 듣고 병 고침을 받으려고 유대 사방과 예루살렘과 두로와 시돈의 해안으로부터 온 많은 백성도 있더라
18 더러운 귀신에게 고난 받는 자들도 고침을 받은지라
19 온 무리가 예수를 만지려고 힘쓰니 이는 능력이 예수께로부터 나와서 모든 사람을 낫게 함이러라

19절은 "이는 능력이 예수께로부터 나와서"라고 표현합니다. 다른 말로 하면, '두나미스dunamis' 혹은 '능력'이 예수님께로부터 나와서 온 무리가 다 나음을 입었다는 것입니다!

누가복음 6장에 있는 이 성경 구절에서는 많은 무리에 대하여 말하고 있습니다. 그리고 마가복음 5장은 한 여인에 대해 말합니다. 그러나, 당신이 본 바와 같이, 한 개인이 믿음으로 치유의 기름부음 안으로 들어갈 수도 있고, 혹은 큰 무리도 믿음으로 그 능력 안으로 들어갈 수 있습니다.

이제 나는 여러분이 이것은 믿음과 관련되어 있다는 것을 다시 주목하여 주길 원합니다. 마태복음 14장 35절에는 "그 곳 사람들이 예수이신 줄을 알고"라고 써 있습니다.

사람은 지식 이상의 것을 믿을 수 없습니다. 이것이 많은 사람들이 놓치는 부분입니다. 그들은 그들이 아는 하나님의 말씀의 지식 이상을 믿으려고 노력합니다. 사실, 믿음은 하나님의 뜻을 아는 것으로부터 시작합니다. 성경은 "그 곳 사람들이 예수이신 줄을 알고 그 근방에 두루 통지하여 모든 병든 자를 예수께

데리고 와서 다만 예수의 옷자락에라도 손을 대게 하시기를 간구하니 손을 대는 자는 다 나음을 얻으리라"(마 14:35,36)라고 말하고 있습니다.

그러면 그들은 예수님에 대해 무엇을 알고 있었습니까? 그들은 예수님이 기름부음을 받았다는 것을 알고 있었습니다! 주님은 고향 나사렛에서 전에 읽으셨던 이사야서의 똑같은 구절을 읽으셨던 것이 틀림없습니다(눅 4:16-21). "주의 성령이 내게 임하셨으니 이는 … 내게 기름을 부으시고 …"(18절)

예수님은 "나는 복음을 전하는 것과 치유하는 것을 위해 기름부음을 받았다"라고 말씀하신 것이 틀림없습니다. 그래서 그들은 그분이 기름부음 받았다는 지식을 가졌습니다.

그들이 예수님에 대한 지식을 가졌을 때, 그들은 그들이 들은 것을 믿었고 결국 나음을 얻었습니다. "… 모든 병든 자를 예수께 데리고 와서 다만 예수의 옷자락에라도 손을 대게 하시기를 간구하니 손을 대는 자는 다 나음을 얻으리라"(마 14:35,36).

불신앙은 하나님의 능력의 흐름을 막습니다
Unbelief Will Stop the Flow of God's Power

이제 누가복음 4장에서 예수님께서 치유와 설교를 위한 기름부음을 받았다는 이사야서를 읽으셨습니다. 그리고 나서 그는 회당에 있던 다른 사람들에게 "이 글이 오늘 너희 귀에

응하였느니라"(눅 4:21)라고 말했습니다. 그렇지만 그들은 믿지 않았습니다. 그래서 하나님의 말씀은 그곳에서 예수님이 더 큰 일을 할 수 없었다고 말하고 있습니다.

> 막 6:1-6
> 1 예수께서 거기를 떠나사 고향으로 가시니 제자들도 따르니라
> 2 안식일이 되어 회당에서 가르치시니 많은 사람이 듣고 놀라 이르되 이 사람이 어디서 이런 것을 얻었느냐 이 사람이 받은 지혜와 그 손으로 이루어지는 이런 권능이 어찌됨이냐
> 3 이 사람이 마리아의 아들 목수가 아니냐 야고보와 요셉과 유다와 시몬의 형제가 아니냐 그 누이들이 우리와 함께 여기 있지 아니하냐 하고 예수를 배척한지라
> 4 예수께서 그들에게 이르시되 선지자가 자기 고향과 자기 친척과 자기 집 외에서는 존경을 받지 못함이 없느니라 하시며
> 5 거기서는 아무 권능도 행하실 수 없어 다만 소수의 병자에게 안수하여 고치실 뿐이었고
> 6 그들이 믿지 않음을 이상히 여기셨더라

어떤 사람이 이렇게 물어봅니다. "만일 예수님이 치유의 능력으로 기름부음을 받았다면 사람들이 믿든지 안 믿든지 그 능력이 그냥 역사하여야 하지 않습니까?"

성경이 "예수님이 큰 일을 하지 않았다"라고 말하지 않고 "예수님이 큰 일을 할 수 없었다"라고 말하고 있는 것을 주목하십시오. 예수님이 치유의 능력으로 기름부음을 받았어도 거기서 예수님은 치유할 수 없었습니다.

그렇다면 왜 그랬을까요?

막 6:6
그들이 믿지 않음을 이상히 여기셨더라

불신앙이 능력의 흐름을 막았던 것입니다!

마가복음 5장에서 예수님은 혈루병 앓던 여인에게 "여인아, 너의 불신앙이 너를 온전하게 하였다"라고 말하지 않았습니다. 만일 그렇게 하셨다면 불신앙을 가지고 있는 모든 사람들이 고침을 받았을 것입니다! 그러나 아닙니다. 예수님은 "네 믿음이 너를 온전하게 하였다. 평안히 가라 병에서 놓여 건강할지어다"(34절)라고 말씀하셨습니다.

누가복음 6장 17절을 다시 봅시다.

눅 6:17
예수께서 그들과 함께 내려오사 평지에 서시니 그 제자의 많은 무리와 예수의 말씀도 듣고 병 고침을 받으려고 유대 사방과 예루살렘과 두로와 시돈의 해안으로부터 온 많은 백성도 있더라

나는 여러분이 믿음이라는 것이 이 구절에서 특별히 언급되지 않았지만 확실히 암시되었다는 것을 주목하시기를 바랍니다. 왜냐고요? 왜냐하면 그들은 예수님의 말씀을 듣고 병 고침을 받으려고 왔다고 하였기 때문입니다.

물론 우리는 성경이 믿음은 들음에서 오고 들음은 하나님의 말씀으로 말미암는 것(롬 10:17)이라고 말한 것을 알고 있습니다. 그렇지만 누가복음 6장에 있는 사람들이 무엇을 들었습니까? 그들은 예수님이 "주의 성령이 내게 임하셨으니 이는

가난한 자에게 복음을 전하게 하시려고 내게 기름을 부으시고"(눅 4:18)라는 같은 성경 구절을 읽는 것을 들었을 것입니다. 그들은 예수님이 이렇게 말하는 것을 들었음에 틀림이 없습니다. "이 글이 오늘 너희 귀에 응하였느니라"(눅 4:21).

예수님이 말씀하신 것을 믿는 것과 예수님으로부터 받는 것에는 중요한 관련이 있습니다. 예수님이 나에게 1950년 텍사스 주 락웰에서 처음 환상 가운데 나타나셨을 때 하신 말씀을 나는 기억합니다. 예수님이 그의 오른 손가락을 내 양쪽 손바닥에 놓으셨을 때 그것은 마치 내가 잘 핀 숯을 손에 쥐고 있는 듯이 타기 시작했는데, 예수님은 나에게 "내 앞에 무릎을 꿇어라"라고 말씀하였습니다.

나는 예수님 앞에 무릎을 꿇었습니다. 예수님은 내 머리에 손을 얹고 말씀하셨습니다. "나는 너를 불렀고 기름부음을 주었다. 그리고 병든 자에게 사역하기 위한 특별한 기름부음을 주었다"라고 말씀하셨습니다.

그리고 예수님은 또 이렇게 말씀하셨습니다. "네 발로 똑바로 서라." 나는 일어나 똑바로 섰고 예수님은 또 말씀하셨습니다. "이것이 네가 주로 사역하는 방법이 될 것이다."

물론 당신은 기름부음으로 사역하는 것만이 아픈 사람들을 위한 유일한 방법은 아니라는 것을 아실 것입니다.(우리는 여러 가지 다른 사역 방법에 대하여, 또 제가 어떻게 다른 방법들로 사역하여 왔는지에 대해 나눌 것입니다.) 그러나 예수님은 내게 '이것이 네가 주로 사역하는 방법이다'라고 말씀하셨습니다.

'내가 네게 말한 것을 사람들에게 말하라'
'Tell the People What I've Told You'

그리고 예수님이 내게 말씀하셨습니다. "어쨌든 내가 네게 말한 것을 사람들에게 말하지 않으면 이 기름부음은 역사하지 않을 것이다. 네가 나를 보았다고 말하여라. 내가 너와 말하였다고 말하여라. 내가 내 오른손 손가락을 너의 양쪽 손바닥에 놓았다고 말하여라. 그들에게 너의 손에 치유의 기름부음이 있다고 하여라."

"그들이 그것을 믿으면 네 손으로부터 능력이 흘러 그들의 몸으로 들어가 그들의 약함과 질병을 물리치겠고 치유와 치료가 이루어질 것이라고 내가 네게 말했다고 사람들에게 말하여라."

예수님은 내가 이런 것을 사람들한테 말할 때 사람들이 내가 기름부음 받은 것을 믿지 않으면 예수님께서 내게 기름부으신 것이 역사하지 않을 것이라고 말씀하셨습니다. 우리는 기름부음이 역사하기를 원합니다. 그렇지 않습니까?

예수님이 내게 그렇게 말씀하셨을 때 예수님은 내 생각에 아주 생소한 것을 말씀하신 것입니다. 그리고 예수님은 나의 신학을 완전히 뒤집어 놓으셨습니다. (가끔 우리들은 우리의 신학을 뒤집을 필요가 있습니다. 어떤 것은 완전히 없애버려야 합니다. 왜냐하면 우리들은 내가 '공기로 만든 종교의 성'이라고 부르는 것을 지어 놓고 있기 때문입니다.)

나는 처음에는 침례교회에서, 그 후로는 오순절 교회들에서도 예수님은 그가 가시는 곳 어디서나 모든 사람을 고치셨다고 들어왔습니다. 모든 환경에서 모든 사람이 예수님의 사역에서는 다 나았다고 들어왔습니다. 예수님은 그가 하나님이신 것, 즉 신성을 가지신 것을 증거하기 위하여 모든 사람을 고치셨다는 것입니다. 그리고 나는 치유의 기름부음이 어떻게 역사하는 줄 몰랐기 때문에 나는 그것을 믿었습니다. 그러므로 예수님이 내게 말씀하신 것은 나의 신학을 완전히 뒤집는 것이었습니다.

예수님은 그 환상에서 내게 이렇게 말씀하셨습니다. "내가 사람들에게 말하라고 하는 이유는 그들이 믿고 믿음을 가질 수 있게 하려는 것이다. 만일 그들이 믿지 않으면 그들은 치유 받을 수 없다."

예수님은 "나의 사역에서도 나의 가르침과 설교를 받아들이지 않는 사람은 치유함을 받지 못하였다"라고 말씀하셨습니다.

그때까지는 예수님의 사역에서는 그들이 믿든지 안 믿든지 모든 사람이 고침을 받았다고 생각했습니다. 나는 사람들이, 또 나 자신도 스스로 이렇게 말하는 것을 들어왔습니다. "우리가 예수님이 이 땅에 사실 때 있었더라면 당신은 분명히 고침을 받을 수 있었을 것입니다."

그러나 예수님이 이 땅에 사실 때 예수님의 사역에서 모든 사람이 치유를 받지는 못했던 것입니다. 예를 들어서 예수님의 고향이었던 나사렛에서는 많은 사람들이 치유를 받지 못했습니다.

예수님이 그렇게 말씀하셨을 때 나에게는 그것이 계시였습니다. 정말이지 놀랐습니다! 물론 성경을 잘 보면 그것이 옳은 것임을 알 수 있습니다. (그리고 나는 환상이나 다른 어떤 것도 성경과 일치하지 않으면 절대 받아들이지 않습니다. 예수님이 거기 서서 나에게 말씀하셔도 상관이 없습니다. 그것이 성경과 일치되지 않으면 나는 받아들이지 않습니다.)

그런데 예수님이 내게 환상에서 말씀하셨습니다. "나는 많은 사람들이 생각하는 방법대로 사역을 하지 않았다."

사실 예수님이 "나는 네가 생각하는 방법으로 사역을 하지 않았다"라고 말씀하신 것과 마찬가지였습니다. 왜냐하면 나는 정말 예수님이 그런 방법으로 사역하셨다고 생각하였습니다. 나는 예수님의 사역에서는 사람들이 자동적으로 치유를 받았다고 생각하였습니다. 그러나 예수님은 "나는 많은 사람들이 생각하는 대로 사역을 하지 않았다"라고 부드러운 표현으로 지적해 주실 것입니다.

예수님께서 설명하셨습니다. "만일 내가 많은 사람들이 생각하는 대로 치유 사역을 하였다면 그때 나사렛에서 내가 이렇게 말하였을 것이다. '자, 대여섯 명의 장님을 데려 오너라'라고 말하였을 것이다. 그리고 나는 의사들을 불러 모았을 것이다. – 그때도 의사들은 있었습니다. 누가도 의사였지요. – 그리고 나는 그들에게 말하였을 것이다. '이 의사들로 이들이 장님이라는 것을 증거하게 하겠다.'

그리고 나는 또 말했을 것이다. '그리고 대여섯 명의 귀먹고 벙어리 된 자들을 모아라. 그리고 의사들로 그들이 귀먹고 벙어리인 것을 증거하게 할 것이다. 그리고 또 몇 명의 문둥병자들을 모아라. 그리고 의사들로 그들이 문둥병인 것을 증거하게 할 것이다. 그리고 마비되고 일어나지 못하는 몇 명을 모아라. 그리고 의사들로 그들이 마비환자인 것을 증거하게 할 것이다. 그리고 내가 누구인지 너희들에게 증거해 보여주마. 내가 너희들 앞에서 그들 모두를 치유하겠다.'"

"그러나 그렇게 하는 대신 나는 오히려 그 도시에게 쫓겨났다"라고 예수님은 말씀하셨습니다.

그리고 예수님은 말씀하셨습니다. "누가복음 4장을 읽어보아라. 그러면 내가 어떻게 사역을 하였는지 정확히 알 수 있을 것이다. 내가 회당에, 혹은 그 도시에 들어 갈 때 항상 처음 한 일은 같은 설교를 한 것이다. 나는 항상 이사야서를 읽었다"(눅 4:17-19).

> 사 61:1-2
> 1 주 여호와의 영이 내게 내리셨으니 이는 여호와께서 내게 기름을 부으사 가난한 자에게 아름다운 소식을 전하게 하려 하심이라 나를 보내사 마음이 상한 자를 고치며 포로된 자에게 자유를, 갇힌 자에게 놓임을 선포하며
> 2 여호와의 은혜의 해와 우리 하나님의 보복의 날을 선포하여 모든 슬픈 자를 위로하되

분명히, 회당에서든 밖에서든 예수님은 처음 설교에서 같은 구절을 읽었던 것입니다.

어떤 사람이 "정말 그게 확실합니까?"라고 물을 수 있습니다.

예수님이 내게 그렇게 하였다고 말씀하셨습니다. 당신은 예수님이 그렇게 하지 않으셨다고 확신할 수 있습니까? 우리는 누가복음 4장에서 하신 말씀이 예수님이 나사렛에서 처음 하신 설교란 것을 압니다.

예수님은 항상 이사야서를 인용하셔서 "주의 영이 내게 임하였다"라고 말씀하셨습니다. 예수님은 설교자이시고 교사였습니다. 예수님이 무엇을 가르치고 설교하셨겠습니까? 우편주문 카탈로그로부터 하셨을까요? 아닙니다! 그리고 예수님은 "주의 성령이 내게 임하였다"라고 신약 성경으로부터 읽으실 수는 없었습니다. 그때는 아직 신약 성경이 없던 때였으니까요. 예수님은 사용했던 모든 성경 구절들을 구약으로부터 뽑으셨음이 틀림없습니다.

그래서 예수님이 내게 말씀하셨습니다. "나는 항상 이사야서에서 구절을 뽑아 '그가 내게 기름부으셔서 주의 성령이 내게 임하였다' 라고 읽어주었다. 그리고 나는 '오늘 이 구절이 너희 귀에 이루어졌다' 라고 말하곤 하였다."

"그것을 믿는 자들은 나로부터 받았고, 그것을 믿지 않는 자들은 받지 못하였다."

바로 그것이 예수님께 들으려고 온 사람들이 들었던 것입니다(눅 5:15, 6:17). 그것이 그들이 예수님께로부터 얻은 지식이었습니다. 그리고 성경은 그들이 예수님에 대한 지식이 있을 때 약하고 병든 사람들을 낫게 하기 위해 데리고 왔다고 말합니다. 그들은 예수님을 그 도시로부터 쫓아내지 않았습니다. 아닙니다. 그들은 두루 돌아다니며 모든 병든 사람들을 모아 왔고 그 사람들은 예수님의 옷자락이라도 만지려고 노력했던 것입니다. 그리고 예수님을 만졌던 사람들은 모두 치유를 받았습니다. 하나도 빼지 않고 모두 다 받았습니다!

군중들은 예수님을 내어쫓지 않았습니다. 하나님을 송축합니다. 그들은 와서 치유함을 받았습니다! 그러나 예수님의 고향 나사렛 사람들은 이렇게 말하기 시작하였습니다. "… 이 사람이 어디서 이런 것을 얻었느냐 이 사람이 받은 지혜와 그 손으로 이루어지는 이런 권능이 어찌됨이냐 이 사람이 마리아의 아들 목수가 아니냐 야고보와 요셉과 유다와 시몬의 형제가 아니냐 그 누이들이 우리와 함께 여기 있지 아니하냐 하고 예수를 배척한지라"(막 6:2,3).

예수님이 나사렛에서 "주의 성령이 내게 임하셨으니…"(눅 4:18)라고 말씀하실 때 사람들은 예수님을 받아들이지 않았습니다. 우리는 그것을 28절에서 분명히 볼 수 있습니다.

눅 4:28
회당에 있는 자들이 이것을 듣고 다 크게 화가 나서

성경은 사람들이 크게 화가 났다고 말합니다. 그들은 모두 회당에서 예수님의 말씀을 들었으므로 믿음을 가질 수도 있었습니다. 그리고 우리는 믿음은 들음에서 나고 들음은 하나님의 말씀으로 말미암는다는 것을 알고 있습니다(롬 10:17).

그러므로 그들은 모두 믿음으로 가득찰 수도 있었던 것입니다. 그러나 믿음 대신 그들은 화로 가득찼던 것입니다. 다른 말로 하면 그들은 화가 났던 것입니다.

종교적인 사람들은 당신이 그들과 동의하지 않으면 화를 냅니다. 만일 당신이 그들이 믿는 것과 다른 것을 말한다면 그들은 화를 냅니다. 그러나 성령 충만한 사람들은 배우려 하는 영이 있습니다.

> 눅 4:28-29
> 28 회당에 있는 자들이 이것을 듣고 다 크게 화가 나서
> 29 일어나 동네 밖으로 쫓아내어 그 동네가 건설된 산 낭떠러지까지 끌고 가서 [만일 당신이 나사렛에 가본 적이 있다면 이 말이 무슨 뜻인지 정확히 알고 있을 것입니다] 밀쳐 떨어뜨리고자 하되

예수님은 그 동네에서 쫓겨났습니다. 예수님도 내게 그렇게 말씀하셨습니다. "나는 내 고향에서 쫓겨났단다."

왜 나사렛에서는 사람들이 다른 곳에서와 같이 치유를 받지 못했을까요? 그들은 말씀을 받지 않았기 때문입니다. 그들은 예수님이 "나는 치유의 기름부음을 받았다"라고 말씀하셨을 때 믿지 않았습니다. 성경은 이렇게 말하고 있습니다. "거기서는 아무 권능도 행하실 수 없어 다만 소수의 병자에게 안수하여 고치실 뿐이었고 그들이 믿지 않음을 이상히 여기셨더라"(막 6:5,6).

이제 당신은 1950년 텍사스 주 락웰에서 예수님이 환상 가운데 왜 내게 "네가 나를 보았고 내가 이렇게 말한 것을 사람

들에게 다 말하지 않으면 기름부음이 역사하지 않을 것이다."라고 말씀하셨는지 알 수 있을 것입니다.

우리는 기름부음이 역사하기를 바랍니다. 그렇지요? 그래서 치유의 기름부음으로 사역하려면 나는 예수님이 말씀하신 것을 해야 합니다.

내가 언제든지 믿음으로 사역할 수도 있고, 믿음으로 사람에게 손을 얹을 수도 있다는 것을 여러분도 압니다. 성경은 이미 내게 그렇게 하라고 말씀하십니다. "병든 자에게 손을 얹은즉 나으리라"(막 16:18). 나는 그 당시 특별히 아픈 사람을 위한 기름부음이 없었으므로 침례교 목사로서 믿음으로 사역해 왔습니다. 그러나 이제 내게 치유의 기름부음이 있을 때는 기름부음으로 사역하는 것이 우선입니다. 그러므로 예수님께서 내게 말하라고 하신 것을 말하지 않으면 그 기름부음이 역사하시지 않습니다. 예수님이 이렇게 말씀하셨습니다. "네가 나를 보았다고 말하여라. 내가 너와 이야기했다고 말하여라. 내가 네게 나타났다고 말하여라. 내가 내 오른 손가락을 네 양손바닥에 놓았다고 말하여라. 네 손에 치유의 기름부음이 있다고 말하여라."

어떤 사람이 이렇게 말합니다. "그렇다면 나는 해긴 목사님이 기도해 주는 병고침을 위한 줄에 서서 그것이 역사하는지 한번 시험해 봐야 하겠습니다." 그것은 불가능한 일입니다. 그것은 의심과 불신앙이기 때문에 역사할 수 없습니다. 당신이 믿어야만 받을 수 있습니다.

믿고 받는 일
Believe and Receive

예수님이 내게 "만일 사람들이 네가 기름부음을 받았다는 것을 믿고 그 기름부음을 받아들인다면 능력이 네 손에서 흘러나가 그들의 몸으로 들어가 그들의 약함과 질병을 몰아내고 치유와 고침이 그들에게 일어날 것이라고 내가 네게 말한 것을 그들에게 말하여라"라고 말씀하셨습니다.

마가복음 5장을 다시 봅시다.

> 막 5:34
> 예수께서 이르시되 딸아 네 믿음이 너를 구원하였으니 평안히 가라 네 병에서 놓여 건강할지어다

예수님이 받은 기름부음을 활성화시킨 것은 예수님의 믿음이 아니라 여인의 믿음이었던 것입니다.

군중의 믿음은 기름부음을 도와줄 수도 있고 방해할 수도 있습니다
The Faith of the Crowd Can Help or Hinder the Anointing

나는 여러 해 동안의 사역을 통하여 군중들이 목사나 교사 혹은 찬양대와 합하여질 때 기름부음이 훨씬 더 강해지는 것

을 보아왔습니다. 설교자는 설교를 더 잘하게 됩니다! 교사는 더 잘 가르칩니다! 찬양하는 사람들은 찬양을 더 잘하여 회중을 하나님의 임재로 이끌어 가는 것을 도울 수가 있습니다. (만일 당신이 당신의 노래하는 재주를 하나님께 헌신하면 하나님은 그것을 사용하고 기름부어 주실 수 있습니다. 노래하는 것은 설교자나 교사와 마찬가지로 하나의 사역입니다.) 그러나 군중들이 당신이 하는 일에 대해 반감을 가지고 있다면 이것은 아주 어려운 일이 될 것입니다.

그러므로, 예수님이 가셨던 어떤 곳에서는 사람들이 예수님께서 "내가 기름부음을 받았다"라고 말씀하실 때 예수님과 함께 하였습니다. 다시 말하면, 그들은 예수님께 적대적으로 반응하지 않았습니다. 그들은 예수님을 믿었고 아픈 사람들을 모으면서 "야, 그들을 데려오자!"라고 말했습니다.

그러나 다른 곳에서는, 예수님이 "나는 기름부음을 받았다"라고 말씀하실 때 그들은 화가 나서 일어나 예수님을 동네에서 쫓아 버렸습니다. 성경이 그렇게 말하고 있지요?

우리는 하나님의 기름부음 즉, 치유의 능력이 그냥 무차별적으로 흘러나가는 것이 아니라는 사실을 분명히 알아야 합니다. 다른 말로 하면, 이것은 아무한테나 흘러나가는 것이 아니라는 말입니다. 왜냐고요? 왜냐하면 믿음이 능력을 활성화시키는 것이기 때문입니다. 그러므로 군중의 믿음은 기름부음을 도와줄 수도 있고 방해할 수도 있는 것입니다.

혈루병 앓던 여인의 경우에도 많은 무리가 있었습니다. 많은 사람들이 있었지만 성경은 그 여인이 치유를 받은 유일한 사람이었다고 기록하고 있습니다. 어떻게 내가 거기 많은 사람이 있었는줄 아느냐고요? 왜냐하면 그때 예수님은 야이로의 집으로 가고 있었고, 그녀가 많은 무리 가운데 끼어들어 예수님의 옷자락을 만졌다고 성경은 분명하게 말해주고 있기 때문입니다(막 5:22-27).

당신의 믿음이 결과를 결정합니다
Your Faith Determines Your Outcome

예수님은 여인이 그의 옷을 만지는 바람에 잠깐 지체되었습니다. 그리고 당신은 그때 야이로의 집에서 사람이 와서 야이로에게 "당신의 딸이 죽었나이다 어찌하여 선생을 더 괴롭게 하나이까?"(막 5:35)라고 말한 것을 기억할 것입니다

예수님은 야이로를 향하여 말씀하십니다. "두려워 하지 말고 믿기만 하라"(36절). 그리고 예수님은 곧 야이로의 집으로 향하십니다. 다른 말로 하면, 예수님은 혈루병 앓던 여인이 고침을 받은 후에 거기서 다시 멈추시어 치유사역을 하시지 않았습니다. 예수님은 그를 에워싸고 따라오는 군중들에게 사역하시려고 중지하지 않으셨습니다. 예수님은 야이로의 집으로 곧장 가셨고 그 소녀는 죽음에서 일어나 치유를 받았던 것입니다(41, 42절).

그 후에 성경은 예수님이 야이로의 집을 떠나가실 때 두 명의 장님이 그를 따랐다고 말하고 있습니다.

마 9:27-28
27 예수께서 거기[야이로의 집]에서 떠나가실새 두 맹인이 따라 오며 소리 질러 이르되 다윗의 자손이여 우리를 불쌍히 여기소서 하더니
28 예수께서 집에 들어가시매…

28절에서 말하고 있는 집은 예수님께서 야이로의 집에서 나오셔서 들어가신 집입니다. 야이로는 가버나움의 회당장이었습니다. 가버나움에 가시기 전에 예수님은 미친 사람이 고침받았던 거라사 지방으로부터 갈릴리 바다를 건너오셨습니다. 예수님께서 가버나움에 오셨을 때 야이로가 예수님을 맞았던 것입니다.

나는 예수님이 야이로의 집에서 나와 베드로의 집으로 가셨다고 추측합니다. 그리고 성경은 두 장님이 집으로 들어왔다고 말합니다.

마 9:28
예수께서 집에 들어가시매 맹인들이 그에게 나아오거늘 예수께서 이르시되 내가 능히 이 일 할 줄을 믿느냐 대답하되 주여 그러하오이다 하니

예수님께서는 사람들이 예수님이 고칠 수 있다고 믿지 않으면 치유를 하실 수 없었던 것 같아 보입니다.

마 9:29-30
29 이에 예수께서 그들의 눈을 만지시며 이르시되 너희 믿음대로 되라 하시니
30 그 눈들이 밝아진지라 예수께서 엄히 경고하시되 삼가 아무에게도 알리지 말라 하셨으나

29절을 잘 주목하십시오. "너희 믿음대로 되라." 누구의 믿음대로 된다고요? 나의 믿음입니까? 당신의 믿음입니까? 예수님의 믿음입니까? 아닙니다. 이것은 두 맹인의 믿음이었습니다. 그들은 치유의 흐름 속으로 들어온 것입니다! 그들은 예수님께서 기름부음을 받았던 치유의 능력을 믿음으로 요구를 한 것입니다. 그리고 그들 자신을 위하여 그 능력을 활성화시킨 것입니다.

**능력이 있습니다
그러나 당신이 그 능력 안으로 손을 뻗쳐야 합니다!**
The Power Is Present, But You Must Tap Into the Power!

우리는 지난 과에서 존 G. 레이크 목사님이 "전기는 자연적인 영역에서의 하나님의 능력이다. 성령의 능력은 영적인 영역에서의 하나님의 능력이다"라고 말한 것을 들었습니다. 자연적인 세계에 전기가 존재하듯이 영적인 세계에는 하나님의 능력이 존재합니다. 그리고 그것은 확실히 느낄 수 있는 실체입니다!

자연적인 영역에 전기의 법칙이 있듯이 영적인 능력에도 역사의 법칙이 있습니다. 그렇지만 나는 과거에는 기름부음이 임재한다면 그것이 자동적으로 나타나고 자동적으로 역사하는 줄 알고 있었습니다. 그러나 그것은 그렇지 않습니다.

전기는 하나님이 우주를 창조한 이후 계속 이 땅에 존재해 왔습니다. 그러면 왜 전기가 집에 자동적으로 불을 밝혀 주고 음식을 하고 집을 덥게, 혹은 시원하게 하지 않았을까요? 왜냐하면 오랫동안 사람들은 전기가 존재한다는 사실 조차도 알지 못했습니다. 그리고 전기가 집으로 흘러들어왔을지라도 전등이나 난로나 전열기, 냉방장치 등과 같은 효율적으로 작동할 수 있게 연결해 줄 것이 아무것도 없었습니다.

현대에는, 벤자민 프랭크린이 전기를 동력화하여 이용하는 비밀을 발견하여 지금도 사용되고 있습니다. 다른 사람들도 B.C. 500년경부터 전기 발견에 공헌했습니다. 그렇지만 그들이 전기를 발명하고 창조하지는 않았습니다. 그들은 전기가 존재한다는 것을 발견하기 시작하였을 뿐입니다. 그 발견은 수 년 동안 사람들이 그 능력을 동력화하여 효율적으로 사용하는 것을 가능하게 했습니다.

그러나 전기가 발견된 후 사람이 전기의 존재를 알았다고 이것이 자동적으로 작동하기 시작한 것은 아닙니다. 어떻게든 전기를 작동시키기 위해서는 그 방법을 알아내야만 했습니다.

전기를 발견하였을 때, 사람들은 전기가 확실하게 느낄 수 있는 실체라는 것을 알았습니다. 그것은 느껴질 수 있는 지상의 물질이었습니다.

그렇다면 왜 전기가 자동적으로 집에 빛을 밝혀주지 않았을까요? 왜 어떤 사람의 부엌에 들어가서 음식을 요리하지 못했을까요? 왜 전기가 어떤 도시나 동네에 들어와 신호등을 만들고 색깔이 변하면서 켜졌다 꺼졌다 하지 않았을까요!

왜냐하면 전등이 없었기 때문입니다. 신호등도 없었기 때문입니다. 사람들은 전기에 대하여는 알았지만 전기가 어떻게 전달되어지는지에 대하여는 몰랐습니다. 사람들이 전기의 법칙을 다 알지 못하였습니다. 그래서 발견하려고 연구를 시작하였습니다.

토마스 A. 에디슨은 그것을 발견하는데 다른 사람들보다 더 큰 공헌을 하였습니다. 그는 역사적으로 산업에서 가장 훌륭한 발명가였고 지도자였습니다. 그의 노력의 결과로 특히 미국에서 우리가 누려온 모든 축복과 현대 문명의 유익을 생각해 보십시오.

우리가 우리 마음에 하나님의 치유의 능력이 영적인 세계에 존재한다는 것과, 이것의 작동 법칙도 있다는 것을 안다면 사람들은 그 능력을 어떻게 다루어야 할지 알게 될 것이고 치유의 기름부음의 유익으로 크게 축복을 받게 될 것입니다!

어떤 사람이 이렇게 물었습니다. "만일 치유의 기름부음이 존재한다면 왜 그냥 우리를 위하여 역사하지 않는 것입니까?"

우리가 잘못 생각하는 부분이 바로 이것입니다. 우리는 "만일 치유의 기름부음이 있다면 저절로 나타나겠지"라고 생각했습니다.

그렇지 않습니다! 치유의 능력이 나타나기 전에 사람 쪽에서 해야 할 무엇인가가 있습니다. 믿음으로 그 능력에 손을 대야 하는 것입니다.

자연에서 사람들은 전기에 대해 어느 정도 알고 있었습니다.

그 법칙은 어느 정도 드러나기도 하였습니다. 그러나 사람들이 전기를 잘 사용하기 전에 전기에 대하여 더 많이 알아야 했고 법칙도 잘 알아야만 했습니다. 사람이 전기로부터 최대의 이익을 보기 전에 말입니다.

하나님의 능력인 기름부음도 마찬가지입니다. 그것은 우리가 기름부음에 대하여 하나님의 말씀이 어떻게 말하고 있는지 더 많이 배우면 우리가 기름부음을 더 많이 사용할 수 있고, 그 능력으로 들어가 그 결과로 더 큰 유익을 얻을 수 있게 된다는 것을 의미합니다.

또 다른 자연적인 비교
Another Natural Comparison

우리는 치유의 기름부음이 자연적 영역에서 전기와 비교될 수 있는 것을 알고 있습니다. 치유의 기름부음은 '하늘나라의 전기Heavenly electricity'입니다. 이 천국의 실체를 다스리는 법칙에는 이와 같이 또 다른 면이 있습니다. 영적인 영역에서 천국의 능력을 켜 놓는 것을 이 땅의 능력인 전기의 스위치를 자연적인 영역에서 켜 놓는 것과 비교할 수 있다는 것입니다.

자연적인 영역에서는 당신이 스위치를 켤 때 전기가 전기 기구에 들어와 방을 밝히게 됩니다. 그리고 스위치를 끄면 불이 나갑니다. 그러므로 영적인 영역에서도, 하늘의 능력을 켜는 것을 믿음이라고 부를 수 있습니다!

예수님이 혈루병 앓던 여인에게 말했던 것을 기억하십시오. "딸아 네 믿음이 너를 구원하였으니…"(막 5:34). 예수님께서 그녀의 믿음이 그녀를 온전케 하였다고 했습니다. 다시 말하면, 그녀는 치유에 대한 믿음의 스위치를 켠 것입니다.

믿음의 스위치를 계속 켜 놓으십시오!
Keep the Switch of Faith Turned On!

우리는 사도행전 19장에서 사도 바울이 하늘의 능력 혹은 기름부음을 받았다고 하는 것을 읽습니다. "심지어 사람들이 바울의 몸에서 손수건이나 앞치마를 가져다가 병든 사람에게 얹으면 그 병이 떠나고 악귀도 나가더라"(12절).

우리는 예수님이 기름부음을 받으신 것 같이 바울도 기름부음을 받았다는 것을 알고 있습니다. 그 사실에 대해서는 의심하지 않습니다. 바울의 손수건에 접촉을 한 사람들에게서 곧 질병이 떠나갔고 앓던 사람들은 낫기 시작하였습니다.

많은 경우에 사람들은 질병이 그들에게서 떠나도 그들의 몸이 반응을 하기까지 시간이 걸린다는 것을 깨닫지 못합니다. 질병이 떠난 후에도, 특별히 암의 경우에, 몸이 이미 상해있기 때문에 증상이 그냥 남아 있는 경우가 많이 있습니다. 어떤 때는 사람의 몸이 즉시 낫는 경우도 있지만 어떤 때는 몸이 천천히 치유를 받는 경우도 있다는 것입니다.

많은 경우, 나는 아픈 사람에게 사역을 한 후 그들의 질병이 떠난 것을 알았지만 그 사람들의 증상이 얼마 동안 그대로 남아 있었습니다. 어떤 때는 완전히 치유받기까지 10분이나, 한 시간, 혹은 사흘씩 걸릴 수도 있습니다. 그러나 나는 그들의 병이 치유받은 것을 알고 있었습니다.

사람들이 믿음의 스위치를 켜고 있는 법을 잘 배워야 합니다. 왜냐하면 그들이 의심하기 시작하면 질병이 돌아올 수도 있기 때문입니다.

내가 이미 말한 바와 같이, 내가 사람에게 치유의 기름부음으로 사역을 하고, 그들이 믿음으로 기름부음을 받을 때 치유는 곧 나타날 수도 있고 그렇지 않을 수도 있습니다. 그것이 내가 사람들에게 "믿음의 스위치를 계속 켜 놓으십시오."라고 말하는 이유입니다.

즉각적인 치유와 점진적인 치유
Instant and Gradual Manifestations

"믿음의 스위치를 계속 켜 놓으십시오"라는 구절을 내 스스로 만들지 않았습니다. 이 말은 나와 내 아내가 수년 전에 집회를 할 때 내 영에서 그냥 솟아 올라왔던 말입니다.

그 집회는 어떤 교단의 교회에서 열렸는데 수백 명의 교인들이 성령 세례를 받고 은사주의 교회로 돌아서 버린 곳이었습니다! 우리는 집회 동안 매일 밤마다 병든 사람들을 위해 손을 얹고 기도하였는데 어느 날 밤, 치유를 위해 기도 받기 위한 줄에 눈 먼 여인이 서 있었습니다. 나는 그녀에게 손을 얹었고 그녀는 하나님의 능력으로 바닥에 넘어졌습니다. 그녀가 일어났을 때 그녀가 치유를 받았는지에 대해 아무도 물어볼 필요가 없었습니다. 그녀의 얼굴은 밤의 네온사인처럼 빛났습니다. 그리고 그녀는 소리를 질렀습니다. "나는 볼 수 있습니다! 나는 볼 수 있습니다!"

나중에 알고보니 그녀가 3년 동안이나 장님이었던 것입니다. 그녀는 앞에 물건이 있다는 것을 볼 수 있었지만 그것이 남자인지, 여자인지, 소년인지, 소녀인지, 말인지, 소인지 혹은 자동차인지 알아보지 못했습니다. 그만하면 장님이라고 할 수 있겠지요? 그러나 내가 그녀에게 손을 얹을 때 그녀는 분명하게 볼 수 있었던 것입니다! 그녀는 즉각적으로 치유되었던 것입니다!

기형의 발을 가진 아기 이야기
The Baby With Deformed Feet

같은 저녁에, 젊은 부부가 그들의 아기를 기도 받게 하기 위해 데려왔습니다. 아기의 작은 두 발은 곤봉 모양이었습니다. 기형이었던 것입니다. 나는 그 작은 발을 내 양손에 잡고 하나님의 치유의 능력으로 사역을 하였습니다. 내가 나의 눈을 떴을 때 나는 그 발들이 기도하기 전과 똑같이 기형인 것을 보았습니다.

나는 그의 부모들에게 말했습니다. "내가 이것을 말씀드리겠습니다. 지금 내게는 눈 먼 여인에게 손을 얹었을 때보다 기름부음이 더욱 충만합니다. 나는 내 손에 이 작은 발을 잠시 더 잡고 있겠습니다." 내가 그렇게 한 후에도 그 발들은 기도하기 전과 똑같이 기형이었습니다.

이런 경우에 당신은 사람들에게 무엇이라고 말을 하겠습니까? 나는 그들에게 이렇게 말했습니다. "내가 아는 것은 예수님께서 내게 환상으로 나타났을 때 아픈 사람에게 사역할 수 있도록 특별한 치유의 기름부음을 주었다는 것입니다. 그는 내게 이렇게 말씀하셨습니다. '네가 능력이 네 손에서 나가 그들에게로 가는 것을 느끼면 그들이 나은 줄로 알아라.'"

나는 계속하여 말하였습니다. "나는 그 능력이 내 손에서 나가 아이의 발로 가는 것을 느꼈습니다. 그러니까 믿음의 스위치를 계속 켜 놓으십시오. 당신이 그것을 생각할 적마다 '이 발들은 하나님의 치유의 능력이 역사하도록 기도 받았고 지금 그 능력이 발 안에서 역사하고 있다'라고 말하십시오."

그것이 목요일 밤이었습니다. 그리고 그 다음 주일날 밤에 집회를 끝내고 집으로 돌아왔습니다. 몇 달 후에 그 교회의 목사님 아들이 우리 집회에 왔습니다. "그 젊은 부부가 다음 주일에 교회에 나와서 강단에 올라와 아기의 발을 교인들에게 보여주도록 허락해줄 것을 교회에 요구하였습니다. 그들은 아기를 높이 들어올려 모든 사람들이 다 볼 수 있게 하였는데 두 발이 다 정상이였습니다!"

그 부부는 믿음의 스위치를 계속 켜 놓고 있었던 것입니다!

이것이 그들의 간증입니다. "우리들은 해긴 목사님이 하라는 대로 했습니다." (사실 이것은 내가 아니고 성령님이 하신 말씀이었습니다. 나는 그런 이야기를 할 것을 생각도 하지 못했습니다. 그것은 내 영에서 솟아올라온 말입니다. "믿음의 스위치를 계속 켜 놓으십시오.")

이 젊은 부부는 말했습니다. "우리 아들의 발을 볼 때마다 우리는 말하곤 하였습니다. '하나님께 감사합니다. 목요일 밤에 하나님의 치유의 능력이 이 발에 역사하셨다. 그리고 그 능력이 치유가 나타나도록 지금도 그 발 안에서 역사하고 있다.'

우리들은 밤낮으로 그 말을 했습니다. 생각날 적마다 했습니다. 사흘 후에 그의 발이 변하기 시작하였습니다. 이것은 즉각적이진 않았지만 사나흘 동안 조금씩 계속하여 변하더니 드디어 완전하게 치유되었습니다!"

마가복음 16장 18절은 말합니다. "뱀을 집어 올리며 무슨 독을 마실지라도 해를 받지 아니하며 병든 사람에게 손을 얹은즉 나으리라 하시더라." 내 집회에 왔던 그 눈 먼 여인은 순간적으로 치유함을 입었습니다. 그러나 그 젊은 부부는 믿음의 스위치를 계속 켜 놓고 있었고 그들의 아들은 회복이 되었던 것입니다!

그러므로 당신이 순간적인 치유함을 받으면 하나님께 그냥 감사하십시오. 그러나 그렇지 않다면 믿음의 스위치를 끄지 마십시오! 계속하여 "하나님의 능력이 내게서 역사하신다"라고 말하면서 믿음의 스위치를 켜 놓고 계십시오.

한번도 걸어 보지 못한 사람 이야기
The Man Who'd Never Walked

수년 전 나는, 친구 목사님을 위하여 3일 동안 집회를 한 적이 있었는데 그 중 한 집회에 한번도 걸어 보지 못한 40대의 남자가 있었습니다. 내가 이 사람 위에 손을 얹고 치유를 위해 기도하자 하나님의 능력이 그 사람 안으로 들어간 것을 나는 알았습니다. 그래서 내가 그에게 말했습니다. "능력이 당신 안으로 들어갔습니다."

그는 이렇게 말했습니다. "나도 압니다. 전기 같은 것이 나의 온 몸으로 흐르는 것을 느꼈습니다."

나는 하나님이 내게 그렇게 하라고 말씀하시지 않으면 휠체어에 앉은 사람들에게 일어나라고 말하지 않습니다. 대개-거의 예외 없이-주님이 나에게 사람들을 휠체어에서 일어나라고 말하라고 지시할 때, 그들은 순간적으로 치유함을 체험합니다.

나는 이 사람에게 말했습니다. "능력이 당신 안으로 들어갔습니다." 그리고 나는 계속하여 다른 사람들을 위해 기도했습니다.

교회에 있던 몇 사람들이 이 사람을 휠체어에서 일으켜 세우자고 결정을 하였습니다. 그들은 그를 들어서 일으켜 걷게 하려고 노력하였습니다. 그러나 그들이 그 사람에게서 손을 놓았을 때 그는 마루바닥에 주저앉아 버렸습니다. 그래서 그들은 그를 다시 휠체어에 앉혔습니다.

수요일, 집회 세 번째 날 저녁, 목사님과 함께 교회에 차를 타고 와서 차 안에서 성경 구절에 대하여 토론하면서 눈을 들어 보니 어떤 사람이 예배당의 계단으로 뛰어 올라가는 것을 보았습니다. 나는 처음에는 그를 알아보지 못했습니다. 그때 목사님이 그를 보고 소리를 질렀습니다. "보십시오! 보십시오!"

나는 벌써 그쪽을 보고 있었습니다. 그러나 나는 '사람이 예배당으로 뛰어 오는 것이 뭐 그리 대단한 일인가?' 하고 생각했습니다.

그 목사님은 말했습니다. "당신은 그를 못 알아보았지요?"

"예. 그가 누구입니까?"라고 내가 물었습니다.

그 목사님은 말했습니다. "저 사람은 태어나서 한번도 걸어 보지 못한 사람이에요."

우리는 집회를 위해 예배당 안으로 들어갔습니다. 처음에 찬양을 하고 다음 순서 후에 목사님은 말했습니다. "우리가 해긴 목사님에게 강단을 드리기 전에 아무게 형제님이 올라와서 간증을 해 주시면 고맙겠습니다."

이것이 그 사람이 교인들에게 한 간증입니다.

"월요일 밤에, 해긴 목사님이 내게 손을 얹고 기도하였습니다. 나는 그 순간 즉각적인 치유함을 받지 못했지만 목사님은 능력이 내게로 들어갔다고 말씀하셨습니다. 사실 목사님은 내게 그렇게 말할 필요도 없었습니다. 나도 느꼈으니까요. 그것은 마치 전기같이 내 몸 전체를 돌았습니다. 이것은 마치 따뜻한 빛이 온통 내 몸을 감싸는 것 같았습니다."

그리고 그 사람은 교인들에게 말하였습니다. "여러분들 중 어떤 사람들이 나를 들어서 걷게 하려고 하던 것을 보신 분이 있겠지만 나는 그만 바닥에 쓰러졌습니다. 그러나 나는 그것으로 실망하지 않았습니다."

"우리는 집에 갔습니다. 그리고 나의 형제 중의 하나가 내 휠체어에서 나를 끌어내서 내게 잠옷을 입혀 주었습니다. 그리고 나를 들어서 침대에 눕혀 주었습니다."

이 사람은 팔은 움직일 수 있었지만 발은 한 발자국도 걸을 수 없었습니다. 그는 옷도 혼자서 입을 수 없었고 침대에도 들어 갈 수 없었습니다.

그 사람은 계속 말했습니다. "나는 자기 전에 내게 이렇게 말했습니다. '오늘밤 교회에서 내게 하나님의 치유의 능력이 역사하였다. 그 능력이 내 몸에서 지금 치유를 나타내기 위해 역사하고 있다.'

나는 사람이 양을 세듯이 그 말을 내가 잠들 때까지 계속하여 말하였습니다.

그 이튿날 아침 깨자마자 나는 가장 먼저 이렇게 말했습니다. '하나님의 능력이 어젯밤에 내 몸에 역사하신다. 그 능력은 내 몸에서 지금 치유를 나타내기 위해 역사하고 있다.'

'나의 형이 들어와서 나를 침대에서 꺼내 주었습니다. 그는 내가 옷을 입도록 도와주고 나를 휠체어에 앉혀 주었고 휠체어를 굴려서 아침 식탁까지 데리고 갔습니다. 아침을 먹은 후, 그는 나를 현관 옆에 붙어있는 작은 거실로 데려가 주었습니다. 나는 그냥 거기 앉아서 어젯밤 하나님의 능력이 나의 몸에 사역되었고 그 능력이 지금 치유하고 치료하는 것에 대하여 하나님을 찬양하였습니다."

그는 화요일 날 잘 때도 그것을 계속하여 말하였습니다. "하나님의 치유의 능력이 어제 저녁 내게 역사하였다. 지금 내 안에서 치유하고 치료하고 있다."

그는 교인들에게 이렇게 말하였습니다. "나는 내가 몇 번이나 그 말을 했는지 모르겠습니다. 나는 자면서 그 말을 하였고 그 다음날 아침 일어날 때도 계속하여 말하였습니다. '하나님의 치유의 능력이 월요일 밤에 내게 역사했고 그 능력은 지금 나에게 치유와 치료를 하고 있다.' 나는 계속하여 그 말을 하였습니다."

"형이 나를 침대에서 일으켜 옷 입는 것을 도와주고 휠체어에 나를 앉히고 아침 식탁으로 굴려갔습니다. 아침 식사 후 그는 나를 다시 작은 거실에 놓아두었습니다. 다른 식구들은 자기 일들을 하였지만 나는 아침 내내 앉아서 그 말만 하였습니다. '하나님의 치유의 능력이 내게 월요일 밤에 역사했다…'

그날 오후 3시쯤에 내가 '하나님의 치유의 능력이 내게 역사했다' 라고 말할 때 나는 내 몸에 힘이 생기는 것을 느꼈습니다. 내 생애 처음으로 나 혼자서 일어났습니다! 그러나 그때까지는 걸을 수 없었습니다. 그렇지만 생전 처음으로 나는 발과 다리로 혼자 설 수 있었습니다. 그러나 나는 점점 약해져서 앉을 수밖에 없었습니다."

(그러나 이 사람은 실망하지 않았습니다. 많은 사람들은 벌써 의심하며 '나는 능력이 역사하는 줄 알았는데 안되는구나. 이렇게 비참할 수가… 왜 하나님은 나를 치유하시지 않을까'라고 말했을 것입니다. 그러나 이 사람은 믿음의 스위치를 켜 놓고 있었습니다!)

이 사람은 계속 이렇게 말했습니다. "치유의 능력이 내게 역사했다. 그리고 그것이 내 몸을 지금 치료하고 치유하고 있다."

"그런데 나는 또 한 번의 힘을 내 몸 전체에 느꼈고 일어나고 싶은 충동을 느꼈습니다. 그래서 나는 일어났습니다. 이번에는 걷기 시작하였습니다! 나는 그 작은 거실을 세 바퀴나 걸어서 돌았고 그리고는 지금까지 계속하여 걷고 있습니다!"

이 사람은 하나님의 치유의 능력의 흐름에 어떻게 손을 벌려야 하는지 알고 믿음의 스위치를 계속하여 켜 놓고 있었습니다!

아홉 살짜리 작은 여자아이 이야기
The Little Nine-Year-Old Girl

1951년 1월 나는 텍사스 주 보만트에서 집회를 하고 있었습니다. 그런데 한 여자가 아홉 살짜리 딸을 기도 받기 위하여 데리고 왔습니다. 이것은 소아마비 예방주사가 나온 지 얼마 안되었을 때의 일입니다. 그런데 이 여자아이는 아주 어린 애기였을 때 소아마비에 걸렸습니다. 그 결과로 그 아이의 두 다리는 성장하지 못하였습니다. 사실 그 아이는 걸을 수 없었기 때문에 그 어머니가 아홉 살 된 어린 딸을 안고 와서 치유의 줄에 서 있었습니다.

나는 그의 어머니의 팔로부터 그 아이를 받아서 내 무릎에 놓았습니다. 그 아이의 다리는 수도 파이프 정도의 크기였고 헝겊 인형의 다리 같이 심하게 흔들렸습니다. 나는 내 손을 그녀의 다리에 얹고 기도했는데 능력이 그 아이에게로 가는 것을 느꼈습니다. 나는 그것이 나의 손을 떠나 그 작은 다리들로 들어가는 것을 느꼈습니다.

예수님께서 나에게 이렇게 말씀하셨습니다. "그 능력 – 그 기름부음 – 이 네 손을 떠나 사람들에게로 가면 그들이 치유 받은 것을 알 것이다." 그것은 적어도 예수님 입장에서 보면 이미 이뤄진 일이라는 것입니다!

내가 이 어린아이에게 사역을 할 때 나는 어떤 일이 생각났습니다. 이 아이는 그 어머니에게 외동딸이었습니다. 나는 그 아이와 나이가 비슷한 딸이 있어서 그 어머니에게 심한 연민을 느꼈습니다.

나는 회중에게 말하였습니다. "여러분 당신들의 손들을 들어서 이 아이에게 향하십시오. 이 딸이 당신들의 아이라면 어떻겠습니까? 그렇다면 여러분은 그냥 거기 그렇게 앉아 있지는 않겠지요. 그렇습니다. 여러분은 이 아이가 치유받는 일에 대단한 관심이 있을 것입니다. 당신들은 이 아이의 치유에 같이 참여할 것입니다."

내가 그렇게 말한 것은 여러 사람이 함께 참여할 때 치유가 일어나기 때문이었습니다.

그 후에 나는 어린아이의 어머니에게 이렇게 말했습니다. "치유의 능력이 예수의 이름으로 이 다리 안에서 역사하고 있습니다." 그리고 나는 어린아이를 어머니에게 다시 주었습니다. 그 아이의 다리는 여전히 불구였고 기형이었습니다. 여인은 아이를 받아서 제 자리로 돌아갔습니다.

다음날 아침 나는 목사관 옆에 붙어있는 교회 손님 숙소에서 면도를 하고 있었습니다. 나는 어떤 사람이 내 이름을 부르면서 층계를 뛰어 올라오는 것을 들었습니다. 그리고 나는 그것이 아무개 형제인 줄 알았습니다. 그는 뛰어 들어왔고 나는 그가 무슨 일인지 기분이 좋다는 것을 알 수 있었습니다.

"무슨 일입니까?" 내가 물었습니다.

"당신은 어젯밤 소아마비인 아이에게 기도해 준 것을 기억하세요?"

"물론입니다."

"그 아이가 어머니와 함께 교회에 와 있습니다. 그리고 그 아이는 완전히 치유를 받았어요! 그 어린아이가 예배당 안 의자 사이 복도를 깡충깡충 뛰어다니고 있어요!"

그리고 우리들이 그 아이의 발과 다리를 보았을 때 우리는 그 다리들이 다른 어떤 아홉 살 난 아이의 것들과 같이 온전해진 것을 알았습니다!

여기에 그 어머니의 간증이 있습니다.

"어젯밤 목사님이 우리 딸을 위하여 기도를 해 주신 후 집회 후에 나의 남편은 저 아이를 차에 뒷좌석에 놓았습니다. 우리가 집에 도착하였을 때 아이는 자고 있었습니다."

"내가 저 아이를 차에서 꺼내었을 때 전혀 나은 것 같아 보이지 않았습니다. 나는 저 아이를 잠옷으로 갈아입히고 침대에 눕히고 재웠습니다."

"이튿 날 아침 나는 남편을 위해 아침을 준비하는 동안 저 아이를 자게 놔 두었습니다. 8시 쯤 나는 아이를 깨워서 안고 목욕탕으로 들어갔습니다. 나는 목욕물을 이미 받아 놓았으므로 아이의 옷을 벗기고 목욕물에 넣었습니다."

"무릎을 꿇고 아이를 씻기면서 나는 울기 시작하였습니다. 눈물이 내 눈에서 나와 내 뺨을 타고 흘러내려 물에 떨어졌습니다. 나는 이렇게 말했습니다. '오 주님, 왜 내 아이를 치유하시지 않으셨어요? 나는 정말 저 아이가 낫기 원했습니다.'

그 아이의 한쪽 다리는 다른 쪽보다 훨씬 짧았습니다. 그리고 그 다리는 촉수같이 바깥으로 뻗어 있었습니다. 열흘 후면 의사들이 그 다리를 끌어 당겨 곧게 하고 아이의 엉덩뼈에 붙이는 수술을 할 예정이였습니다. 그 수술과정은 마치 용접하는 것과 같습니다. 수술한 후에는 그 아이의 엉덩이는 항상 뻣뻣할 것이었습니다."

어머니는 계속하였습니다. "내가 욕조 앞에서 울고 있을 때 내 속에서 무엇인지 일어나서 이렇게 말을 했습니다. '너는 해긴 목사가 하나님의 사람인 것을 믿느냐?'"

어머니는 거듭나고 성령 충만을 받은 사람입니다. 성령님은 거듭난 사람 속에 계신 것입니다. 그러나 사람이 성령 세례를 받으면 훨씬 더 깊은 차원으로 들어가게 됩니다. 성령님은 그 어머니 안에 계셨습니다. 그녀의 영이 그런 말을 한 것이 아닙니다. 이것은 그녀의 영 안에 거하는 성령님이었습니다.

성령님은 이렇게 말하였습니다. "너는 해긴 목사가 하나님의 사람인 것을 믿느냐?"

"물론 그렇게 믿습니다"라고 그녀가 대답하였습니다.

그리고 그녀는 이렇게 말했습니다. "내 안에 있는 것이 다시 말하였습니다. '너는 해긴 목사가 하나님의 선지자라고 믿느냐?'

'물론입니다. 그것도 믿습니다.'

그러자 내 안에 있는 것이 또다시 말했습니다. '너는 해긴 목사가 강단에 앉아 네 아이를 안고 거짓말을 했다고 믿느냐?'

'아닙니다, 나는 그가 거짓말 했다고 믿지 않습니다.'

'만일 그가 거짓말을 하지 않았다면 그 능력이 네 아이에게 역사한 것이 틀림없다.'

나는 얼른 눈물을 닦고 기쁨으로 말했습니다. '네 그렇습니다! 나는 어젯밤 하나님의 치유의 능력이 내 아이의 몸에 역사하였음을 믿습니다. 나는 그 능력이 해긴 목사님의 손을 통해 저 아이의 몸에 들어가서 치유하고 치료하는 것을 믿습니다.'

내가 그 말을 한 후 나는 무엇인가 터지는 소리를 들었습니다. 그것은 마치 마른 나무가 부러지는 소리 같았습니다. 나는 내려다보았고 바로 내 눈앞에서 두 다리가 바로 고쳐지고 정상적인 크기로 성장하여 버렸습니다!"

수백 명의 증인들이 있었습니다. 바로 그 전날 그 아이의 구부러진 다리를 본 수백 명이 지금 이 소녀의 새로운 다리를 보았습니다.

그 여인은 순간적으로 치유를 받지 못했기 때문에 그 딸의 치유를 거의 잃어버릴 뻔 했습니다. 그녀가 "주님, 왜 우리 아이를 치유하시지 않았어요?"라고 말했기 때문입니다. 그러나 그녀는 그때 믿음의 스위치를 다시 켰던 것입니다! 그 믿음은 능력을 활성화시켰고 그 능력은 이미 그 아이에게 역사했고 어린아이는 치유되었고 온전해진 것입니다!

치유에는 두 가지 조건이 있습니다
Healing Is Based On Two Conditions

나는 더 큰 기름부음에는 – 내가 더 큰 기름부음으로 사역을 할 때 – 즉각적인 치유가 더 많은 것을 알게 되었습니다. 그러나 내가 말한 대로 치유는 항상 즉각적인 것은 아닙니다. 많은 경우에 치유는 점진적입니다.

치유가 점진적인 이유는, 혹은 과정을 가지는 것은 치유에는 두 가지 조건이 있기 때문입니다. 그것은 (1) 역사한 치유의 능력이 어느 정도인지, (2) 능력에 활력을 부어주는 믿음이 어느 정도인지입니다.

다시 말하면, 내가 혹은 사역하는 목사님이 얼마나 강한 기름부음을 받았는지 상관이 없이 만일 거기에 능력을 활동하게 할 믿음이 없다면 치유되지 않습니다.

성경으로 이것을 증거해 보겠습니다.

잠 4:20-22
20 내 아들아 내 말에 주의하며 내가 말하는 것에 네 귀를 기울이라
21 그것을 네 눈에서 떠나게 하지 말며 네 마음 속에 지키라
22 그것은 얻는 자에게 생명이 되며 그의 온 육체의 건강이 됨이니라

당신이 좋은 관주 성경을 가지고 계신다면 '건강'이란 말 옆에 작은 숫자나 글자가 있을 것입니다. 그리고 그것을 찾아 보면 '건강'이라고 번역된 히브리말은 '약'이라는 뜻이 있다는 것을 알게 됩니다. 다른 말로 하면, 이 구절은 "나의 말은 그의 온 육체에 약이 된다"라고 말하고 있습니다. 무엇에 약이 된다는 말입니까? 온 육체에 약이 된다는 말입니다.

내가 여러분께 질문을 하겠습니다. 당신은 한 번만 먹으면 완전히 즉각적으로 낫는 어떤 약을 아십니까? 이와 같이 말씀을 한 번 봤다고 당신이 완전히 나을 수는 없습니다.

성경은 이렇게 말한 것을 나는 알고 있습니다. "그가 그의 말씀을 보내어 그들을 고치시고 위험한 지경에서 건지시는도다"(시 107:20). 그러나 또한 이렇게도 말합니다. "그것은 얻는 자에게 생명이 되며 그의 온 육체의 건강(약)이 됨이니라"(잠 4:22). 말씀은 사람의 몸에서 치유를 생산함으로 '육체의

건강'이 됩니다. 그러나 그것이 항상 즉각적이지는 않습니다.

치유는 두 가지 조건의 양에 달려 있습니다. 그것은 (1) 역사한 치유의 능력이 어느 정도인지 (2) 치유의 능력을 활성화시키는 믿음이 어느 정도인지입니다.

예수님이 마가복음 5장의 혈루병 앓던 여인에게 무엇이라고 말씀하셨는지 주목하십시오. 그렇습니다. 치유의 능력이 그 여인에게 흘러들어갔습니다. 사실 그 여인이 그 군중 속에서 유일하게 치유의 능력이 흘러들어간 사람이었습니다. 그러나 예수님은 "딸아 네 믿음이 너를 온전하게 하였다"(막 5:34)라고 말씀하셨습니다.

무엇이 예수님께로부터 능력이 나와 그 여인에게로 흘러가게 하였습니까? 그녀의 믿음이었습니다! 혈루병 앓던 여인은 치유의 흐름에 어떻게 들어가야 하는지 알고 있었던 것입니다! 그 여인의 믿음은 치유의 능력 혹은 그 기름부음에 요청을 하였고 그 기름부음은 그 여인에게 흘러들어가 치유를 '그 여인의 온 몸'에 역사하게 한 것입니다. 그 여인의 믿음이 그 여인을 온전하게 한 것입니다!

당신 자신을 위하여 하나님의 능력의 치유의 흐름에 들어가는 것을 배우고 믿음의 스위치를 계속 켜 놓으십시오. 당신의 믿음도 당신을 온전하게 할 수 있습니다!

04
당신도 당신이 필요한 것을 직접 하나님께 얻을 수 있습니다

막 5:27-30, 32-34
27 예수의 소문을 듣고 무리 가운데 끼어 뒤로 와서 그의 옷에 손을 대니
28 이는 내가 그의 옷에만 손을 대어도 구원을 받으리라 생각함일러라
29 이에 그의 혈루 근원이 곧 마르매 병이 나은 줄을 몸에 깨달으니라
30 예수께서 그 능력이 자기에게서 나간 줄을 곧 스스로 아시고 무리 가운데서 돌이켜 말씀하시되 누가 내 옷에 손을 대었느냐 하시니
32 예수께서 이 일 행한 여자를 보려고 둘러보시니
33 여자가 자기에게 이루어진 일을 알고 두려워하여 떨며 와서 그 앞에 엎드려 모든 사실을 여쭈니
34 예수께서 이르시되 딸아 네 믿음이 너를 구원하였으니 평안히 가라 네 병에서 놓여 건강할지어다

1953년에 예수님께서 나에게 환상으로 나타났을 때 나는

아리조나 주 휘닉스시 어떤 교회에서 집회를 하고 있었습니다. 나는 거기에 3주 동안 있도록 계획되어 있었습니다.

나는 한 친구 집에 머물고 있었는데 3주째 되는 금요일 밤에 내가 머물고 있는 집 주인이 그 세 딸과 사위들을 집회가 끝난 후 교제를 위하여 불렀습니다.

우리 남자들은 모두 거실에 앉아서 이야기하고 있었고 여자들은 부엌에 있었습니다. 아주 훌륭한 음식을 장만하여 마침 먹으려고 하는 중이었습니다. 그때 갑자기 나는 기도해야 하겠다는 강한 충동이 내 마음에 솟아났습니다.

어떤 인도가 있었다는 것이 아닙니다. 때로 우리는 기도하라는 어떤 인도를 받을 수도 있습니다. 그러나 이것은 아주 강력한 기도를 해야 한다는 재촉감이었습니다. 당신이 잘 이해하실지 모르겠습니다.

어떤 때 당신은 이런 강력한 재촉감이나 부담감이 와서 기도를 하지 않으면 당신이 터질 것 같이 느껴집니다. 다른 말로 하면, 당신이 느끼는 부담 때문에 무엇인가를 해야 하는 것입니다.

나는 우리가 이런 분야에 더욱 현명해야 한다고 생각합니다. 예를 들어서 이런 일이 성령님과 하나님의 일을 잘 모르는 사람들이 주위에 있을 때 일어난다면 당신은 조심해야 합니다. 만일 이것이 하나님의 일을 잘 알지 못하는 사람들과 있을 때 나에게 있었더라면 나는 그렇게 행동하지 않았을 것입니다. 나는 양해를 구하고 내 방으로 가서 기도하였을 것입니다.

그러나 어쨌든 먹는 것은 피하고 기도하였을 것입니다.

그러나 이 사람들은 모두 순복음, 오순절 계통의 사람들이었습니다. 그들은 기도와 중보와 성령의 일에 대하여 이해하는 사람들이었습니다. 나와 같이 있었던 사람들이 그런 사람들이었기 때문에 나는 주인이었던 휘셔 형제에게 이렇게 말했습니다. "나는 기도해야 합니다. 나는 지금 기도해야 합니다." 휘셔 형제는 "그러면 우리 모두 같이 기도합시다"라고 말했습니다. 그래서 그는 여자들을 거실로 불러서 모두 함께 거기서 기도했습니다. (우리는 다 식은 음식을 먹어야만 했습니다. 그러나 기도가 모두 끝났을 때는 아무도 먹기를 원치 않았습니다. 우리가 먹든 안 먹든 조금도 상관이 없었습니다.)

우리는 그날 밤 '끝까지 기도' 하였고 승리를 얻었습니다. 주님은 내게 환상으로 오셔서 치유 또는 무엇이든지 필요한 것을 하나님께 받는 데 중요한 몇 가지 단계를 가르쳐 주셨습니다. 그러나 예수님이 내게 보여주신 것을 여러분과 나누기 전에 나는 조금 곁길로 가서 하나님의 영에 대한 여러분의 이해를 도울 수 있는 것을 이야기하기 원합니다.

성령 안에서 방언으로 하는 기도
Praying in the Spirit in Other Tongues

1953년에 이 특별한 집회에 내 아내는 나와 함께 있지 않았으므로 그날 밤 휘셔 형제 집 거실에서는 다섯 명의 남자와 네 명의 여자들이 같이 기도하였습니다. 우리는 모두 무릎을 꿇고 기도하였는데 내 무릎이 땅에 닫기가 무섭게 나는 벌써 영 안에 있었습니다.

'영 안에 있었다'는 말이 무슨 뜻이냐고요?

나는 성령 안에서 다른 방언으로 기도하였습니다. 나는 영어로는 한 마디도 기도하지 않았습니다. 나는 내가 할 수 있는 한 빠르게 방언으로 기도하고 있었습니다. 그리고 나는 그렇게 45분간 기도하였습니다. 나는 숨을 쉴 새도 없이 기도한 것 같았습니다. 방언이 내게서 굴러 나오는 듯했습니다. 이것은 나와는 거의 아무 상관없이 하는 일 같아 보였습니다.

나는 성령으로 기도하고 있었습니다. 성경이 "모든 기도와 간구로 하되 항상 성령 안에서 기도하고 이를 위하여 깨어 구하기를 항상 힘쓰며 여러 성도를 위하여 구하라"(엡 6:18)라고 하셨기 때문에 이것은 성경적입니다.

내가 그날 밤 같이 있었던 사람들은 '성령 안에서 기도'하는 것을 이해하는 사람들이었습니다. 오늘날 사람들의 문제는 성령에 대하여 아무것도 모르고 있기 때문에 영적인 일들을 자기 나름대로 해석해 버립니다.

그러나 성령 안에서 기도함으로써 당신은 경험을 얻을 수 있습니다. 그리고 당신은 경험으로 성령 안에서 알아듣는 언어로 기도하는 것과 다른 방언으로 기도하는 것을 배워갑니다.

바울은 갈라디아에 있는 사람들에게 쓴 편지에 이것을 언급하였습니다.

갈 4:19
나의 자녀들아 너희 속에 그리스도의 형상을 이루기까지 다시 너희를 위하여 [영 안에서] 해산하는 수고를 하노니

바울은 '수고travail'라는 단어를 여인이 아이를 해산하는 것과 비교하였습니다. 그는 영적으로 애쓰며 하는 기도에 대하여 말하고 있습니다.

그 집 거실에서 45분간 기도하며 나는 탄식하며 울었는데 마치 내 뱃속 가장 깊은 속에서 무엇인가 터질 것 같았습니다. 거의 아플 정도였습니다.

한참 후에, 나는 무엇인지 내가 기도하는 것에 대해 승리한 것을 알았습니다. 많은 경우에 당신이 무엇에 대하여 기도하는지 모르는 경우가 많습니다. 성령님께서 당신이 아는 것이 좋지 않다고 생각할 수도 있습니다. 그러나 당신이 '기도를 끝까지' 하면 찬양이나 감사가 나오는 것을 통해서 승리를 얻은 것은 알 수 있게 됩니다.

나는 보통 방언 찬양이 나오거나 영 안에서 웃기 시작합니다. 그리고 매번은 아니지만 가끔, 주님께서 내가 누구를 위하여 무엇 때문에 기도하였는지 보게 하십니다. 이 특별한 경우에도 하나님은 내가 주일날 밤 이 집회에 오실 나이가 많은 노인을 위하여 기도했다고 알게 하셨습니다.

나는 이 노인을 전에 본 적이 없었지만 내가 기도하는 중에 주님께서 그분을 보여 주셨습니다. 나는 내가 사역을 하는 것을 보았습니다. 나는 내가 설교를 끝내고 강단에 비스듬히

기대어 이 사람에게 손을 향하는 것을 보았습니다. 나는 그에게 말하였습니다. "주님께서 당신이 일흔 살이 넘은 것을 보여주었습니다. 그리고 당신은 지옥이 없다고 믿습니다. 당신은 지옥이 없다고 믿으며 성장하였습니다. 그러나 주님은 당신이 한 발은 지옥에 있고 다른 발도 그쪽으로 미끄러지고 있다고 당신에게 말해 주라고 하십니다."

그리고 나는 이 노인이 앉았던 자리에서 일어나서 강단으로 나와 무릎을 꿇고 구원받는 것을 보았습니다!

주일날 밤 나와 휘셔 형제는 그 노인을 알아보았습니다. 그 노인은 내가 본대로 그곳에 앉아 있었습니다. 그리고 내가 금요일 밤에 영 안에 있을 때 보았던 대로 옷도 입고 있었습니다. 나는 설교를 마친 후 주님이 내게 보여주신 대로 행동을 하였습니다. 그리고 이 노인은 강단으로 나와 구원을 받았습니다!

그 후에 이 노인은 우리와 악수를 하고 우리의 목을 껴안았습니다. 그는 목사님에게 말했습니다. "저 강사 목사님이 내가 일흔 살이 넘었다고 했지요. 나는 일흔 두 살입니다."

그리고 그는 자기가 지옥이 없다고 믿는 가정에서 자라났다고 하였습니다. "나의 부모들은 보편구제설Universalism을 믿는 사람들이었습니다. 그들이 내게 지옥이 없다고 가르쳤습니다."

그리고 그는 계속하였습니다. "나는 난생 처음으로 교회에 온 것입니다. 그리고 강사 목사님이 나의 한 발은 지옥에 있고 다른 발도 그곳으로 미끄러지고 있다고 말할 때 나는 그가 무슨 말을 하고 있는지 분명히 알았습니다. 내게 심각한 심장마비가 왔었고 의사는 이 상태로는 언제 죽을지 모른다고 말했습니다."

이 사람은 언제 지옥으로 미끄러질지 모르는 상태였습니다. 그래서 주님께서 기도하라고 하신 것입니다. 누가 그 노인을 위하여 기도하여야 하는지 알 수 있었겠습니까? 나는 그분이 그 집회에 올 것인지도 몰랐습니다. 내가 아는 바로는 그 교회 교인 중 아무도 그분이 그날 저녁에 그 집회에 올 것을 알지 못했다는 것입니다. 그러나 성령님은 어떤 집회에 누가 오는지 다 알고 계십니다!

예수님이 내게 나타나셨습니다
Jesus Appeared to Me

그날 저녁 휘셔 형제 가정에서 이 노인을 위하여 기도를 하고 난 후에 또 흥미 있는 일이 일어났습니다. 내가 기도하고 승리를 얻은 후에 나는 영으로 웃기 시작하였습니다. 그때 예수님이 내게 나타났습니다.

나는 우리가 기도하기 전에 휘셔 형제나 그분의 가족을 본 것 같이 내 앞에 예수님을 분명하게 보았습니다.

이것은 그렇게 분명한 것이었습니다. 그러나 나는 눈을 감고 있었으므로 이것은 영적인 환상이었습니다. 영적인 환상은

당신이 영적인 눈으로 보는 환상입니다.[1]

이 영적인 환상에서, 예수님은 나의 사역에 관하여 말씀하셨습니다. 나는 최근에 재정 문제에 대하여 기도하고 있었고, 예수님도 그 문제에 대하여 나에게 말씀하셨습니다.

예수님은 환상에서 내게 이렇게 말씀하셨습니다. "54년은 (예수님은 1954년을 말하고 있었던 것입니다. 이 환상을 본 것은 1953년 12월 어느 금요일 저녁이었습니다.) 더 풍성한 해가 될 것이다."

이것을 두 가지로 적용할 수 있었습니다. 예를 들어서 구약에서 여러 번 하나님께서 선지자를 통하여 말씀하실 때 하나님의 말씀은 두 가지 의미가 있었습니다. 다른 말로 하면, 이스라엘에게는 자연적인 의미가 있었고 또 이것은 시간을 초월한 의미가 있기도 하였습니다. – 교회를 위해 하는 말이기도 했습니다.

예를 들어서 오래 전에 선지자들이 예수님께서 오시는 것을 예언하였습니다. 그것은 수 년 후에 이루어졌고 교회 시대를 가져왔으며 신약과 새로운 언약을 가져왔습니다.

그러므로 주님께서 "54년은 더 풍성한 해가 될 것이다"라고 하셨을 때 나는 주님이 무슨 말을 하시는지 확실히 알았습니다. 무엇보다도 주님은 나의 사역에 관하여 말씀하고 계셨고, 둘째로 나의 재정에 관하여 말씀하신 것입니다. 주님은 내게 사역과 재정에 대하여 말씀하셨습니다.

54년이 사역적인 측면에서 또 영적인 측면에서 더 풍성한 해라고 말씀하신 것입니다. 그리고 그것은 정말 그랬습니다.

주님은 또 54년이 재정적으로도 더 풍성한 해일 것이라고 말씀하셨고 그것도 그대로 이루어졌습니다! 나는 1949년부터 목회지를 떠나 부흥사로 사역을 하고 있었습니다. – 그때는 부흥 사역을 시작한지 한 5년쯤 되었을 때입니다. 그리고 1954년 한해에 하나님은 지난 4년 동안의 수입을 다 합하여 둘로 곱한 것보다 더 많이 공급하여 주셨습니다!

1954년에 주님은 내게 땅이 있는 집을 두 채나 주시고 새 차도 주셨습니다. 특별히 내가 그 전에 이런 것들이 없었던 것을 감안할 때 이것은 큰 축복이었습니다. 그것들이 내 무릎에 그냥 내려온 것 같았습니다! 이것들을 가지려고 애쓰지 않았는데 주어졌던 것입니다. 하나님은 "54년은 더 풍성한 해가 될 것이다!"라고 말씀하셨습니다.

그리고 나의 사역에 관하여 주님은 말씀하셨습니다. "신실하여라. 너의 사역을 이루어 나가라. 시간이 얼마 남지 않았다." 1954년에 시간이 많이 남지 않았다면 지금은 얼마나 더 짧아졌는지 생각해 보십시오. 그때보다 지금은 훨씬 짧습니다!

예수님이 환상에서 내게 이런 모든 이야기를 하신 후 마치 어떤 사람이 방에 같이 서서 이야기 하다가 돌아서서 문을 열고 복도로 가듯이 예수님은 돌아서서 나가셨습니다. 그래서 나는 말했습니다. "사랑하는 주님, 잠깐만 기다려 주십시오. 내가 질문을 하나 해도 될까요?"

환상이 끝난 후에는 내가 예수님한테 여쭙고 싶은 많은 것을 생각할 수 있지만 환상 안에서 예수님과 얼굴을 맞대고 있는 동안 나는 아무것도 생각할 수가 없었습니다. 왜 나는 그런 것들을 생각할 수 없었을까요? 왜냐하면 예수님이 내 앞에 계시는 동안에는 혼적인 영역에서 생각할 수 없었기 때문입니다. 나는 영적인 영역에 있었습니다. 당신이 영적인 영역에 있다면 당신의 영이나 심령에 있는 것들만 생각하게 됩니다.

내가 예수님께 "내가 질문을 하나 해도 되겠습니까?"라고 질문할 때 내 심령에는 무거운 짐이 있었습니다.

나는 결코 잊을 수 없을 것입니다. 내가 그렇게 말했을 때 예수님은 돌아서서 나 있는 곳으로 서너 발자국 걸어 오셔서 "물론 질문을 해도 좋다"라고 말씀하셨습니다.

나는 시작을 했습니다. "제가 부흥회 때마다 설교하는 마가복음 5장에 2개의 설교가 있습니다. (나는 그것을 1950년 보았던 환상에서 예수님이 내게 하신 말씀 중 예수님이 지상에서 사역하실 때 새로 가시는 곳마다 동일한 이사야의 본문으로 설교를 하셨다고 말씀해 주신 것에서 배운 것입니다.)

나는 계속하였습니다. "이 두개의 설교는 영감으로 내게 주어진 것입니다."

모든 설교가 영감으로 오는 것은 아닙니다
Not All Sermons Come By Inspiration

사도 바울이 젊은 목사 디모데에게 이렇게 말하였습니다.

"너는 진리의 말씀을 옳게 분별하며 부끄러울 것이 없는 일꾼으로 인정된 자로 자신을 하나님 앞에 드리기를 힘쓰라"(딤후 2:15).

물론 나는 지금도 공부합니다. 어떤 때는 내 심령에 성경 구절만 감동으로 오기도 합니다. 그러면 나는 그것을 공부하여 설교를 작성합니다. 또 어떤 때는 특별한 주제나 말씀의 제목만 내 심령에 있을 수도 있습니다. 그러면 나는 그것을 공부하여 설교를 작성합니다. 설교가 완성되는데는 시간이 걸려서 어떤 때는 며칠이 걸리는 경우도 있습니다.

그러나 마가복음 5장으로 하는 이 두 설교는 순간적으로 하나님의 영으로부터 왔습니다. 그것은 순간적인 영감으로 온 것입니다.

이 두 설교 중 하나는 1950년 주님이 나타나시기 한 주 전에 내게 왔습니다. 나는 텍사스 주 가란드로부터 락웰로 운전을 하여 가는 중이었습니다. 그것은 한 10마일 정도의 거리였고 내가 방언으로 기도하고 찬양하면서 가는 중에 주님이 그 설교를 내 영속에 떨어뜨리신 것입니다.

주님이 그렇게 하셨을 때 나는 고속도로에서 비껴 나와서 도로 옆 갓길에 차를 세웠습니다. 나는 성경에서 종이를 꺼내어 개요를 대강 적었습니다. 거기에는 4가지 요점들이 있었습니다: 빈곤한 상태, 좋은 소식, 결사적인 행동, 그리고 영광스런 결과가 그것들이었습니다.

나는 그 당시 가르치고 있기는 했지만 교사라기보다는 설교자나 선포자였습니다. 그런데 이 정도면 정말 좋은 설교감이 었겠지요?

나는 혈루병 앓던 여인에 대하여 묵상하고 있었습니다. 첫째 그녀는 절망적인 상태에 있었습니다. 어떻게 더 절망적이 될 수 있겠습니까? 그녀는 십 이년 동안 혈루병을 앓고 있었고 많은 의사들에게 많은 것을 탕진하였습니다. 그녀는 재산을 다 써버리고 돈이 하나도 없었습니다. 그러나 낫기는커녕 점점 더 악화되어가고 있었습니다. 이 정도면 절망적인 상태라고 할 수 있겠지요?

그러나 바로 그때 예수님에 대한 좋은 소문이 들렸습니다! 그녀는 예수님에 대하여 들은 것입니다. 예수님에 대하여 들었을 때 그녀는 예수님의 뒤에서 밀고 밀리는 무리 중에서 예수님의 옷을 만진 것입니다. 그것은 결사적인 행동이었습니다. 그래서 두 번째와 세 번째 요점은 좋은 소식과 결사적인 행동이었던 것입니다.

그리고 네 번째 요점은 영광스런 결과였습니다: 그녀는 치유를 받았고 온전해졌습니다. 예수님은 "딸아 네 믿음이 너를 온전하게 하였다"(막 5:34)라고 말씀하셨습니다.

그것은 정말 좋은 설교 재료였습니다! 그래서 나는 그날 저녁에 그 설교를 하였습니다. 그리고 나는 가는 곳마다 그 설교를 하였습니다. 내가 집회를 하는 곳마다 나는 이 네 가지 요점에 대하여 설교를 하였습니다.

그것은 1950년에 일어난 일입니다. 그런데 1952년 2월 말과

3월에 나는 알라바마의 작은 교회에서 집회를 하고 있었습니다. 그리고 나는 바로 그 설교를 하려고 계획하고 있었습니다. 물론 그 설교가 좀 개선된 상태였습니다. 왜냐하면 어떤 것을 계속하여 설교를 하면 당신은 더 많은 빛을 볼 수 있게 됩니다.

나는 강단에 내 노트를 놓고 성경을 마가복음 5장에 펴 놓았습니다. 나는 벌써 나의 주제 성경 구절을 읽었고 영감으로 받은 이 설교를 시작하였습니다. (영감으로 설교를 받게 되면 당신은 그 설교를 오랫동안 쓸 수 있습니다. 당신은 계속하여 설교를 할 수 있습니다. 그러나 당신이 작성한 설교는 오래 사용할 수 없습니다.)

내가 첫째 요점에 대하여 강력하게 설교를 해야지 하면서 성경을 내려다볼 때 나는 마가복음 5장 28절에 있는 "그녀는 말하였습니다For she said"라는 한 말씀에 주목하게 되었습니다. 나는 그전에도 그 구절을 수없이 읽었습니다. 사실 나는 그날 저녁 예배를 준비하면서도 그 구절을 읽었습니다. 그러나 이번에는 "그녀는 말하였습니다"라는 말이 그 페이지에서 튀어나오는 것 같았습니다.

당신은 이렇게 물어 볼 수도 있습니다. "그 페이지에서 그냥 튀어나오는 것 같다는 말이 도무지 무슨 뜻입니까?"

그 당시 나는 내가 믿음에 대하여 지금 아는 것만큼 많이 알고 있지 못했습니다. 어떤 때는 내가 여러분에게 2분이면 가르칠 것을 배우는데 수 년이 걸리기도 했습니다. 레마 성경 훈련학교 학생들이나 내가 가르치는 것을 듣는 다른 사람들은

"해긴 목사님은 그 전부터 저런 것을 다 알고 있었지"라고 생각합니다.

나는 지금 믿음에 대하여 압니다만 나도 그 전에 여러분들이 배우는 과정과 똑같은 과정을 통하여 배웠습니다. 그런데 그 말, "그녀가 말하였습니다"라는 말이 튀어나오는 것 같이 느꼈을 때 나는 믿음에서 '말하는 것'이 얼마나 중요한 것인지 지금과 같이 알지 못하고 있었습니다. 어쨌든 내가 내 성경의 그 페이지를 내려다보았을 때 "그녀가 말하였습니다"라는 말은 그 페이지의 다른 말들보다 세 배나 더 크게 보이는 듯 했습니다. 그것이 내가 '튀어나오는 것'이라고 표현한 것입니다.

나는 내가 보지 못하던 것을 본 것입니다. 그래서 나는 그냥 그 설교를 받아들였습니다. 그래서 나는 마가복음 5장에서 두 개의 설교를 성령의 영감으로 즉각적으로 받게 된 것입니다.

그래서 나는 휘셔 형제 집에서 보았던 환상에서 예수님께 이렇게 말하였습니다. "저는 마가복음 5장에서 두 개의 설교를 영감으로 받았습니다. 저는 어디가든 그것들을 설교합니다. 그러나 이제 가끔 제가 기도하면서 하나님을 기다리고 있노라면 이 구절에서 주님이 제게 가르치시기를 원하는 또 다른 한 설교가 있는 것 같이 느낍니다. 그리고 그 설교는 앞에 받은 두 개의 설교를 더 온전하게 할 것 같습니다. 제가 잘못 느끼는 것인지 모르지만 주님께서는 제 영에게 다른 설교를 주시려고 하는 것 같이 느낍니다."

누군가 이렇게 물어 볼 수도 있습니다. "왜 그 세 번째 설교는 다른 두 설교와 같이 당신한테 영감으로 오지 않았습니까?" 잘 모르겠습니다. 나는 모든 것을 다 아는 것이 아닙니다. 그러나 그 문제가 내 심령에 있으므로 나는 그것을 예수님께 그날 밤 물어 보았던 것입니다.

그리고 예수님께서 말씀하셨습니다. "네가 맞다. 나는 너에게 그것을 가르쳐 주려고 하였다. 종이와 연필을 가지고 와라. 그러면 내가 그것을 네게 주겠다."

예수님께서 "종이와 연필을 가지고 와라 그러면 내가 그것을 네게 주겠다"라고 말씀하셨을 때 나는 눈을 뜨고 무릎 꿇었던 의자 앞에서 일어났습니다. 나는 같이 있던 여자 분에게 "내 방 침대 옆에 있는 책상에 종이와 연필이 있습니다. 좀 갖다 주세요"라고 말했습니다.

밤에 기도하는 중에 주님이 무엇을 주시면 받아 적어야 했기 때문에 나는 언제나 종이와 연필을 침대 옆에 놓아두곤 하였습니다. 주님이 당신에게 무엇을 줄 때 적어놓지 않는다면 가끔 잊어버릴 수 있습니다.

내가 종이와 연필을 갖다 달라고 부탁을 했던 여자 분이 그것들을 가져다 내게 건네주었습니다. 우리는 그냥 거기 앉아서 주님을 찬양하고 있었습니다. 그리고 내가 다시 눈을 감았을 때 주님은 그냥 거기 서 계셨습니다. – 주님은 내가 눈을 떴을 때 그 거실에 있던 사람들을 볼 수 있듯이 내게는 실제적이었습니다. 그리고 주님은 나에게 "가서 연필과 종이를 가져와라"라고 한 곳에서부터 대화를 계속하셨습니다.

예수님은 내게 "일, 이, 삼, 사라고 적어라"라고 말씀하셨습니다. 그래서 나는 그 설교에 네 가지 요점이 있는 것을 알았습니다. (나는 아직도 예수님이 이것을 처음 주실 때 적어 놓았던 그 종이를 그대로 가지고 있습니다!)

나는 주님이 말씀하신대로 일, 이, 삼, 사라고 적었습니다. 나는 절대로 눈을 뜨지 않았습니다. 그런데 내가 눈을 감고도 글씨를 똑바르게 잘 썼다는 것은 정말 놀라운 일입니다! 나는 그 숫자들 사이에 공간을 좀 두었습니다. 왜냐하면 한 요점마다 설명하는 것이 있을 것을 나는 알았기 때문입니다.

어떻게 당신이 필요한 것을 얻을 것인가
How To Write Your Own Ticket

주님은 내게 마가복음 5장의 혈루병 앓던 여인에 대한 다른 설교를 주고 계셨습니다. 나는 여기서 그 설교를 전부 기록하지는 않겠지만 치유와 치유의 기름부음에 관한 것만을 여러분께 알려드리겠습니다. (나는 그 설교 전문을 나의 소책자 "어떻게 당신이 필요한 것을 하나님에게 얻을 것인가?"에 적었습니다.)

예수님은 내게 네 가지 요점을 주셨습니다. 그리고 이렇게 말씀하셨습니다. "어떤 사람이 어디서든지 이 네 가지 요점이나 원칙을 가지고 실행하면 그는 언제나 내게 혹은 하나님 아버지께 구하는 바를 얻을 것이다."

예수님이 말씀한 것이 진리라면(이것은 진리입니다) 모든 사람이 그것을 붙잡고 행해야 합니다. 왜냐하면 안다고 여러분이 가질 수 있는 것은 아니기 때문입니다. 여러분이 알기만 하고 행동을 하지 않는다면 어떤 사람이 "나는 이해할 수 없어. 나는 무엇이 잘못 되었는지 도무지 이해할 수 없어. 내 침대 옆에 전화가 있는데 그러나 작동이 되지 않거든"이라고 말하는 것이나 다를 바 없습니다.

왜 작동이 되지 않습니까? 왜냐하면 그 사람이 사용하지 않기 때문입니다. 전화는 사람이 작동하지 않으면 결코 작동되지 않습니다. 전화벨이 울린다 해도 무엇인가를 해야지 작동하는 것입니다. 수화기를 들고 "여보세요"라고 말을 해야 합니다.

예수님은 그 환상에서 내게 이렇게 말씀하였습니다. "만일 어떤 사람이든지 어디에서든지 이 네 가지 단계나 원칙을 사용한다면 그는 나로부터 혹은 하나님 아버지로부터 무엇을 구하든지 얻을 수 있을 것이다." 그 '어떤 사람'은 바로 당신입니다! 당신이 어떤 사람이든지 이 단계들 혹은 원칙들은 당신에게 적용됩니다.

당신은 당신이 말하는 것을 가질 수 있습니다
You Can Have What You Say

예수님은 "만일 어떤 사람이 어디에서든지 이 네 단계 혹은 이 네 원칙들을 가지고 사용을 하면…"이라고 하신 말씀에 대해 내게 설명해 주시지 않았습니다. 그러실 필요도 없었습니다. 나는 주님이 무슨 말씀을 하시는지 확실히 이해하였기 때문입니다.

구원이나 성령 세례 혹은 치유, 재정, 영적인 승리 같은 것들은 이미 당신 것입니다. 그리고 성경이 지금 당신에게 약속하고 있는 것들을 당신은 예수님이 내게 환상에서 보여주신 것 같이 네 단계를 실행함으로써 지금 당장 받을 수 있습니다.

그러나 재정적인 필요라든지, 혹은 어떤 치유의 나타남 같은 것들은 시간이 더 걸릴 수도 있습니다. 그런 경우, 당신이 원하는 것이 올 동안 이 네 단계는 당신이 지속적으로 살아야 할 네 원칙이 되어야 합니다.

이미 당신에게 주어진 것에 관해서는 예수님이 내게 보여주신 네 단계를 사용하여 받을 수 있습니다. 다른 것들은 시간이 오래 걸려야 나타날 수 있으므로 그것들을 받는 동안 당신은 이 네 원칙 안에 거하면서 살아야 합니다.

그러나 하나님께 감사합니다. 그것이 지금 당장 해야 할 단계이든지, 혹은 오랫동안 실행해야 할 원칙이든지, 당신은 당신이 말하는 것을 가질 수 있습니다!

예수님은 "어떤 사람이든지 이 단계를 실행하고 혹은 이 네 원칙을 사용하면 항상 받을 것이다…"라고 말씀하셨습니다. 몇 번이나 여러분이 받을 수 있겠다고요? 한 몇 번쯤이요? 아닙니다. 그들은 항상 응답을 받을 수 있습니다.

그래서 나는 주님이 하신 말씀에 힌트를 얻어서 설교의 제목을 이렇게 붙였습니다. "어떻게 당신이 원하는 것을 하나님께 받을 수 있는가?How To Write Your Ticket With God?"

첫째로, 주님은 말씀하셨습니다. "말을 하여라."

둘째로, 주님은 말씀하셨습니다. "행동을 하여라."

셋째로, 주님은 말씀하셨습니다. "받아라."

넷째로, 주님은 말씀하셨습니다. "그것을 사람들에게 말하라."

이 네 가지 요점은 마가복음 5장 27절로부터 34절에서 혈루병 앓던 여인으로부터 왔습니다. 27절과 28절은 이렇게 말합니다. "예수의 소문을 듣고 무리 가운데 끼어 뒤로 와서 그의 옷에 손을 대니 이는 내가 그의 옷에만 손을 대어도 구원을 받으리라고 말하고 있었다."(역자주 : 영어 킹 제임스 성경과 다른 번역본은 '말했다'고 번역되어 있음)

여러분이 보신 것과 같이 그 여인은 먼저 말했습니다. "내가 그의 옷만 만져도 나는 나음을 입으리라"

그리고 그녀는 행동했습니다. 그녀는 "무리 가운데 끼어 뒤로 와서 그의 옷에 손을 댄" 것입니다.

그래서 그녀는 받았습니다. "이에 그의 혈루 근원이 곧 마르매 병이 나은 줄을 몸에 깨달으니라"(29절).

그리고 그녀는 말했던 것입니다. "여자가 자기에게 이루어진 일을 알고 두려워하여 떨며 와서 그 앞에 엎드려 모든 사실을 여쭈니"(33절).

예수님은 그 여인에게 "딸아 네 믿음이 너를 구원하였으니 평안히 가라 네 병에서 놓여 건강할지어다"(34절)라고 말씀하셨습니다.

참 간단하지요? 예수님은 우리들에게 복잡한 것을 주신 적이 없습니다. 예수님이 이 땅에 계실 때 예수님은 양, 양의 우리, 목자, 포도, 포도원 등을 말씀하시고 설교하신 것을 당신은 생각해 본 적이 있습니까? 예수님은 사람들이 이해할 수 있도록 말씀하신 것입니다.

당신은 오늘날 나의 설교를 들으면 믿을 수 없겠지만, 사역의 초기에 나는 신학적이고 어려운 단어를 사용하여서 많은 사람들이 이해하기 어려운 설교를 하곤 했습니다.

나는 어떤 교단에서 목회를 시작하였습니다. 그리고 내가 성령 세례를 받고 오순절 교파로 넘어온 후에도 많은 경우 나의 설교는 건조하고 딱딱하였습니다. 나의 아내가 나에게 이렇게 말한 적이 있습니다. "당신은 아마 물 양동이 위에 서서도 설교를 할 수 있을거예요." 나는 설교할 때 강대상 뒤에서 절대로 움직이지 않았습니다! 나는 줄같이 똑바르고 나무 조각같이 뻣뻣하게 서 있었습니다! 나는 강대상 뒤에 '꼼짝도 않고 그대로' 서 있었습니다.

나는 그렇게 설교하도록 훈련을 받았습니다. 그리고 나는 설교를 준비하는데 필요한 단어들을 공부하였습니다.

나의 아내는 절대로 나를 비난하지 않았습니다. 나의 60년이 넘는 사역 기간 중 한두 번 몇 가지에 대하여 말했을 뿐입니다. 그때도 그것은 좋은 비평이었지 유해한 비난은 아니었습니다. 그러나 아내는 내가 설교에 어려운 단어를 쓰는 것에 대하여 말을 하였습니다. 이렇게 말했습니다. "여보, 당신이 설교를 하는데 왜 그렇게 어려운 단어를 사용하세요? 그 단어들은 아무도 이해하지 못해요. 당신이 그 단어들을 설명하는데 15분이나 걸리잖아요."

예수님은 내게 간단하게 하라고 말하셨습니다
Jesus Told Me To Keep It Simple

나의 아내는 알지 못했습니다만 주님은 내 아내를 사용하신 것입니다. 왜냐하면 주님은 벌써 그것에 대하여 나를 다루고 계셨기 때문입니다. 주님은 내게 계속하여 "간단히 하여라. 간단히 하여라. 간단히 하여라"라고 말씀하셨습니다.

내가 성령 세례를 받았을 때, 성령님은 내게 더 실제적인 방법으로 말하기 시작하였습니다. 하루는 성령님을 통하여 주님이 나에게 이렇게 말씀하셨습니다. "내가 설교하였던 대상들은 거의 교육을 받지 못한 사람들이었다. 그때는 많은 사람들이 교육을 받지 못하였다. 그래서 나는 그 사람들의 수준으로 내려 간 것이다."

그것이 내가 1939년에 할 수 있는 한 제일 간단한 방법으로 말하기를 시작한 이유입니다. - 제일 간단하고 가장 명료한 방법으로 말입니다. 나는 간단하게 하려고 노력하였습니다.

예수님은 내게 말씀하셨습니다. "나는 사람들이 이해할 수 있는 단어들로 말하였다. 나는 목자들이나, 양 우리, 포도원, 포도 같은 말들로 내가 말하는 것을 그들이 이해할 수 있도록 하였다." 그리고 예수님은 "간단하게 하여라"라고 내게 또 말씀하셨습니다.

그래서 나는 하나님의 영께 순종하기 시작하였습니다.

하나님은 아무에게도 어떤 것이라도 너무 복잡하여 이해할 수 없는 것을 주신 적이 없습니다. 주님이 당신에게 너무 복잡하고 이해할 수 없는 것을 주신다면 무슨 유익이 있겠습니까? 예수님은 시간만 낭비하는 것이 될 것입니다. 당신이 잘 알듯이 하나님은 미련하시지 않습니다. 하나님은 시간을 낭비하시지 않습니다.

그래서 주님은 이 간단한 네 가지 단계을 주신 것입니다. 말하고, 행동하고, 받고, 사람들에게 말하는 것입니다.

예수님이 내게 보여 주신 것은
치유의 기름부음에도 해당 됩니다
What Jesus Showed Me Applies to the Healing Anointing

내가 강조하고 싶은 것은 세째 단계인 '받는 것' 입니다.

예수님이 이 네 요점을 마가복음 5장에서 혈루병 앓던 여인의 사건에서 주셨습니다. 그 여인은 말하고, 행동하고, 받았고, 또 말을 했습니다.

우리는 "예수께서 그 능력이 자기에게서 나간 줄을 곧 스스로 아시고 무리 가운데서 돌이켜 말씀하시되 누가 내 옷에 손을 대었느냐 하시니"(30절)라고 한 구절을 보며 예수님의 능력이 자기에게서 나간 것을 아셨다는 것을 알 수 있습니다. 예수님은 치유의 기름부음으로 사역을 하셨습니다. 예수님께로부터 나가서 혈루병 앓던 여인의 몸에 들어가 그녀를 치유한 것은 치유의 기름부음입니다.

그러나 이것을 주목하십시오. 그 여인은 받아야만 했습니다. 예수님이 그 여인을 위하여 받아줄 수는 없었습니다. 예수님은 치유의 기름부음으로 역사하실 수 있었습니다. 예수님은 그녀를 위하여 받아줄 수는 없었습니다. 그녀가 받았던 것입니다.

어떻게 치유의 기름부음을 받습니까? 믿음으로 받습니다.

그것은 성경 다른 곳에서 우리들에게 계시된 믿음의 원칙과 똑같이 일치합니다. 마가복음 11장 24절은 그 한 예입니다. "그러므로 내가 너희에게 말하노니 무엇이든지 기도하고 구하는 것은 받은 줄로 믿으라 그리하면 너희에게 그대로 되리라."

마가복음 11장 24절에 믿음의 원칙은 "받았다고 믿으라. 그리하면 너희들은 그것들을 가지게 될 것이다"라는 것인데 이것은 마가복음 5장에 나오는 원칙과 일치합니다. 필요하고 원하는 것들은 당신이 받아야 합니다. 그리고 그것은 믿음으로 받는 것입니다.

믿음은 기름부음이 있을 때나 없을 때나
하나님으로부터 받게 합니다
Faith Receives From God
Whether or Not the Anointing Is Present

치유의 기름부음에 대하여 우리는 사람이 능력으로 기름부음을 받을 수 있다는 것을 압니다. 그러나 또 한편으로 보면 예수님은 또 나에게 이렇게 말씀하셨습니다. "능력은 어느 곳에든지 언제든지 있다."

사람들은 '해긴 목사든지 혹은 다른 누구라도 내게 손을 얹을 기름부음을 받은 사람만 있다면 나는 치유를 받을 수 있을 텐데' 라고 생각합니다. 그럴 수도 있습니다. 그러나 그것이 꼭 필요한 것은 아닙니다.

이것을 주목하십시오. 하나님은 예수님을 치유의 능력으로 기름부었습니다. 그러나 하나님의 충만하심으로 하나님의 능력은 언제나 어디에나 있습니다. 우리가 그것을 우리의 땅콩만한 머리로 이해하는 것은 상당히 어려운 일입니다만 그것은 사실입니다! 당신이 있는 곳에는 하나님의 능력이 더 적다고 생각하십니까? 아닙니다!

예를 든다면, 우리 사역에는 정말 아름다운 음악가들이 있습니다. 그들 중 몇은 치유학교에서 매일 음악을 연주합니다. 다른 사람들은 순회 집회가 있을 때 연주를 합니다. 그리고 다른 사람들은 매 주일과 수요일 날 교회에서 연주합니다.

내가 당신에게 질문을 하겠습니다. 만일 이 음악가들이 다 같이 도시를 떠나 털사에서 오클라호마시로 간다면 그들이 하는 연주가 덜하거나 기교가 떨어진다고 생각할 수 있습니까? 아닙니다. 그들이 털사에서 가지고 있는 능력과 장점은 그들이 어디를 가든지 그들에게 있는 것입니다.

예수님은 내게 이렇게 말씀하셨습니다. "하나님은 그의 모든 능력과 속성을 언제나 어디에나 가지고 계시다." 하나님은 그의 능력과 속성으로 언제나 어디에나 계시기 때문에 그의 능력도 언제나 어디에나 항상 같습니다.

사람에게 부어지는 치유의 기름부음과 항상 어디에나 계신 하나님의 치유의 능력의 차이는 이것입니다. 항상 어디에나 있는 하나님의 능력으로 받을 때는 받는 쪽에 있는 우리의 믿음이 조금 더 필요하게 됩니다.

우리가 더 낮은 수준에서 보면, 당신은 하나님의 치유의 능력으로 기름부음을 받은 사람의 설교를 들을 수 있습니다. 당신이 그가 기름부음을 받았다는 것을 믿을 수 있다면 당신은 그 사람이 받은 치유의 능력을 받아서 치유받을 수 있습니다. 그렇기 때문에 하나님은 사람들에게 기름부음을 주셔서 하나님의 치유의 능력으로 다른 사람들에게 사역하도록 하시는 것입니다. 하나님께서는 사람들의 믿음의 수준으로 내려오시기를 원하십니다.

그러나 다른 편으로 보면, 하나님이 언제나 어디에나 계시기 때문에 능력도 언제 어디에나 있습니다. 그리고 당신은 그 능력을 믿음으로 받을 수 있습니다.

어떤 사람이 이렇게 말합니다. "만일 능력이 거기 있다면 왜 그냥 작동되지 않습니까?"

나는 그 질문에 답하기 위하여 내가 치유받은 것에 대하여 간증하려고 합니다. 나는 16개월 동안 병상에 누워있었습니다. 사실 나는 세상에 태어난 후 17년 간 아픈 셈입니다. 나는 다른 아이들 같이 뛰어 놀아본 적이 없습니다. 나는 15살에 두 개의 심각한 심장질환으로 완전히 병상에 눕게 되었습니다. - 하나는 심장이 기형이었다는 것과 다른 하나는 불치의 혈액병이었습니다. 결국 나는 완전히 마비되었고 나는 89파운드가 될 때까지 죽어가고 있었던 것입니다.

그러나 1934년 8월 8일 아침 10시에 16개월 동안 병상에 있은 후 나는 치유를 받았던 것입니다!

성경 마가복음 11장 24절 말씀에 있는 성경 말씀으로 행동한 후에도, 솔직히 말씀드리면, 처음에는 아무것도 다르게 느끼지 못했습니다. 그러나 내 안에 계신 성령이 말씀하셨습니다. "이제 네가 건강하다고 믿어라."

"나는 그렇게 믿습니다"라고 대답했습니다.

그는 말씀하셨습니다. "그렇다면 일어나라. 건강한 사람은 이 시간에 누워 있지 않는다." 그리고 정상적으로는 그것은 맞는 말입니다. 건강한 사람이라면 아침 10시에는 일어나서 일을 하고 있었을 것입니다.

주님이 그렇게 말씀하셨을 때 '나는 어떻게 일어나지? 나는 마비되었는데' 하는 생각이 내 맘을 뚫고 지나갔습니다.

그러나 내가 노력할 때 나는 하나님의 능력을 느꼈던 것입니다. 나는 하나님의 능력이 어떻게 느껴지는지 몰랐습니다. 그때까지 나는 나의 삶에서 하나님의 능력을 느껴본 적이 한 번도 없었습니다. 나는 그의 임재를 느꼈고 성령이 내 안에 계셔서 내가 하나님의 아들이라고 내 영에 증거하시는 것은 알고 있었습니다(롬 8:16). 그러나 내가 하나님의 능력을 그렇게 느낀 것은 처음 있는 일이었습니다.

나는 내 위로 무엇인가가 내려오는 것을 느꼈고 그것이 내 머리 위를 치는 것 같았습니다. 내 머리와 어깨와 나의 몸과 다리와 내 손가락을 그리고 나의 온 몸을 통과하고 나의 발가락으로 그것이 나가는 것을 느꼈습니다. 이것은 따뜻한 빛 같은 것이었는데 그것이 내 발가락을 통하여 나갔을 때 나는 완전히 치유되었고 온전하게 되어 지금과 같이 똑바로 서 있었습니다. 모든 마비가 없어졌고 나의 몸은 완전히 치유받았습니다! 무엇이 치유받게 만들었을까요? 나를 치유했던 그 능력은 내가 누워있던 16개월 동안 그 방에 있었습니다. 그런데 왜 그 전에는 치유를 받지 못했던 것일까요?

바로 이것이 우리가 잘못 생각하는 부분입니다. 우리는 능력이 있으면 치유가 일어난다고 믿습니다. 그러나 그렇지 않습니다. 믿음과 능력이 합해져야만 역사합니다.

내가 병상에 누워있다가 치유받았던 그 방에는, 침대 뒤에 벽에 붙어있는 콘센트가 있었습니다.

내가 그 방에서 16개월 병상에 있는 동안, 아무것도 그 전기 콘센트에 끼어 있지 않았습니다. 그러나 거기 전기가 없었다고는 말할 수 없습니다. 나는 "그 콘센트에 아무것도 꽂지 말아요. 거기는 전기가 없습니다"라고 말할 수 없었습니다.

   아닙니다. 언제라도 누군가 그 콘센트에 전등 플러그를 꽂았다면 불이 들어왔을 것입니다. 겨울에 누군가 전열기를 꽂았다면 우리는 열을 얻을 수 있었을 것입니다. 그리고 여름에 그 콘센트에 선풍기를 꽂았다면 그 선풍기는 작동했을 것입니다.

   그러나 내가 있던 16개월 동안 아무도 그 침대 뒤에 있는 콘센트를 사용하지 않았습니다. 우리는 그것이 전혀 작동을 하지 않았다고 말할 수 있습니다.

   그렇다면 그것은 전기가 없어서 작동되지 않았던 것입니까? 아닙니다. 전기는 있었습니다. 어떤 때나 어떤 사람이 그 콘센트를 사용하려고 하였다면 작동이 되었을 것입니다. 그러나 아무도 그 콘센트에 아무것도 꽂지 않았습니다. 아무도 그 전기를 사용하지 않았던 것입니다!

   하나님의 능력도 마찬가지입니다. 이것은 간단한 생각입니다만 엄청난 생각이기도 합니다. 하나님의 능력은 항상 어디에나 있습니다. 당신이 특별히 기름부음을 받았든지, 그렇지 않든지 하나님의 능력은 거기에 있습니다! 믿음을 꽂아야 합니다!

   예수님은 내게 이렇게 말씀하셨습니다. "믿음이 능력을 활성화시킨다." 다른 말로 하면, 믿음이 그 능력을 사용한다는 것입니다. 믿음은 그 능력을 활성화시킵니다.

예수님은 항상 어디에나 있는 것과 똑같은 하나님의 능력으로 기름부음을 받았습니다. 예수님이 기름부음을 받으신 이유는 하나님이 어떻게든지 사람들의 수준으로 내려와서 그들의 육신적인 감각을 만지실 방법이 필요했기 때문입니다. 사람들은 자연적인 것만을 믿고 있었으므로 다른 방법으로는 그들을 만날 수 없었기 때문입니다.

하나님은 그 당시 예수님께 기름부으심으로 그 일을 하셔야만 했고 오늘도 또한 사람들에게 기름부으심으로 그 일을 하셔야만 한 것입니다. 다른 방법으로는 믿음이 적은 어떤 사람들을 만날 수 없기 때문입니다.

예수님이 이 땅에서 사역을 할 때 사람들은 예수님을 볼 수 있었습니다. 그들은 예수님이 말씀하시는 것을 들을 수 있었습니다. 바로 그것이 하나님이 나와 또 다른 사람들을 기름부으시는 이유입니다. 사람들은 우리를 볼 수 있고 들을 수 있고 우리들이 그들의 머리에 손을 얹고 기도할 때 우리를 느낄 수도 있습니다. 이것은 더 낮은 수준의 믿음입니다. 그러나 이것이 역사하는 것으로 인해 하나님께 감사합니다.

그러나 어떤 기름부음 받은 사람이 당신에게 손을 얹든지, 혹은 당신이 내가 한 것같이 하나님을 믿음으로 받든지 같은 원칙이 작용하는 것입니다. 능력은 언제나 어디에나 있습니다. 그러나 믿음이 그것을 활성화시킵니다.

우리는 혈루병 앓던 여인의 경우에서 그것을 볼 수 있습니다. 예수님에게 기름부어졌던 그 능력이 그 여인에게로 흘러

들어 갔습니다. 왜냐하면 그녀의 믿음이 그 능력을 역사하게 했기 때문입니다. 그러나 그 능력은 많은 군중 속으로 흘러나가지는 않았습니다. "제자들이 여짜오되 무리가 에워싸 미는 것을 보시며 누가 내게 손을 대었느냐 물으시나이까 하되"(막 5:31)라는 성경 구절로 알 수 있습니다.

많은 군중들이 그곳에 같이 있었습니다. 그러나 그 능력은 많은 군중 속으로 흘러 나가지는 않았습니다. 이것은 혈루병 앓던 여인에게만 흘러 나갔던 것입니다. 왜냐고요? 그녀의 믿음이 예수님이 기름부음을 받은 그 능력을 활성화시켰던 것입니다.

문 손잡이 같을 수도 있고 살아있는 전선 같을 수도 있습니다
A Doorknob or a Live Wire?

나는 치유의 능력과 그들의 믿음을 섞지 못하는 사람들을 많이 보아왔습니다. 내가 기름부음이 느껴지는 손으로 사람들에게 손을 얹을 때 마치 문 손잡이에 손을 얹는 것 같았습니다. 아무런 반응이 없었다니까요! 마치 죽은 것 같았습니다. 나는 이런 사람들이 믿음이 없기 때문에 하나님께 아무 것도 받을 수 없다는 것을 알았지만 그들에게 말하지는 않았습니다.

내가 사람들에 대해 많은 것을 알지만 다 말해줄 수 없는 경우가 많습니다. 내가 그런 것을 상상하는 것이 아니라 하나님의 영으로 아는 것입니다. 그러나 대부분의 경우 나는 사람들에게 말하지 않습니다. 그렇게 하는 것이 항상 현명한 일은 아니기 때문입니다. 당신이 아는 것을 사람들에게 다 말하는 것은 현명하지 못할 수도 있습니다. 많은 경우 사람들은 화가 나서 다시는 집회에 오지 않을 것입니다. 그렇지만 당신이 그들로 하여금 계속하여 집회에 올 수 있게 한다면 하나님의 말씀이 그들 안에 들어가게 되고 그러면 믿음이 생길 것입니다.

나는 처음에는 기름부음에 아무런 반응도 하지 않던 사람들이 네 번, 다섯 번, 여섯 번 혹은 일곱 번씩 집회에 다시 와서 치유를 받고 가는 것을 보았습니다. - 그들 중 어떤 사람은 열일곱 번 혹은 열여덟 번씩 다시 돌아온 사람들도 있습니다!

누군가 내게 이렇게 물어 볼 수도 있습니다. "당신이 한 사람에게 열여덟 번씩이나 손을 얹었다고요?" 그렇습니다. 그렇지만 열일곱 번까지는 아무런 반응도 없었습니다. 이것은 마치 내 손이 문 손잡이나 나무 조각에 손을 얹은 것 같았습니다. 사실 나는 그들이 계속 오는 것을 보고 '사랑하는 하나님, 여기 그들이 또 왔습니다. 그들의 믿음이 전과 똑같다면 그들은 또 아무것도 받을 수 없습니다' 라고 생각하였습니다.

그 사람들이 치유 기도를 받기 위한 줄에 다시 섭니다. 그러면 나는 '그냥 빨리 그들에게 손을 얹어야지. 그들은 아무것도 받을 수 없을 테니까' 라고 생각합니다. 사실, 그들이 그전과 같았다면 아무것도 받을 수 없습니다. 그러나 나는 그들의 마음에 상처를 주고 싶지 않았습니다. 그래서 그냥 잠깐 그들 위에 손을 얹고 기도합니다. 어쨌든 내가 그들이 계속하여 집회에 올 수 있게 할 수 있다면 얼마 후에는 그들이 무엇을 받을 수 있을지도 모릅니다. 그들의 믿음이 자라면서 받을 수 있게 될 것입니다.

그들이 치유 기도를 받기 위해 줄에 여러 번 서 있었는데 내가 손을 얹고 기도할 때 마치 내가 살아있는 전기줄에 손을 댄 것 같이 느낄 때가 종종 있었습니다! 내가 전에 그들에게 손을 얹었을 때는 죽은 것과 같이 아무런 반응도 없었지만 그들이 믿음으로 반응을 할 때에는 치유의 기름부음이 활성화된 것입니다. 그들이 몸을 떨고 나도 떨고 하나님의 놀라운 능력 아래 뒤로 넘어졌습니다! 종종 기름부음이 너무 강하여 나도 넘어질 때도 있었습니다. 나는 그런 일이 일어날 것을 전혀 기대하지 않았습니다. 이런 일들은 나를 놀라게 합니다. - 능력은 그렇게 강력했습니다.

무슨 일이 일어난 것일까요? 중간 어느 지점에선 그들의 믿음이 작동하기 시작하였고 그들의 믿음은 능력 혹은 기름부음을 활성화시켰던 것입니다.

그렇다면 하나님의 능력은 믿음이 합하여질 때까지는 수동적이고, 활동적이 아닌 것으로, 잠재적이라고 결론을 내릴 수 있습니다. 능력이 존재하지만 믿음으로 활성화시켜야 하는 것입니다.

기름부음을 받는 것은 안수를 통해서 오는 것만은 아닙니다
Receiving the Anointing Is Not Limited To the Laying On of Hands

하나님의 능력은 언제나 어디에나 있습니다. 당신이 다른 사람들에게 꼭 안수받지 않아도 됩니다. 그러나 물론 그것이 당신의 믿음의 수준이라면 당신은 다른 사람이 손을 얹고 기도함으로써 하나님의 치유의 능력을 체험할 수 있습니다. 그러나 어떤 방법으로든지 당신은 치유를 받아야 합니다!

다른 편에서 보면, 아무도 손을 얹고 기도하지 않아도 당신은 치유받을 수 있습니다. 능력은 언제나 어디에나 있기 때문에 그리스도인은 하나님의 말씀을 믿는 자신의 믿음으로 치유를 받을 수 있습니다.

나는 치유학교에 오던 한 부인을 기억합니다. 사실 그 여인은 미네소타 주 로체스터에 있는 유명한 메이요 병원에 가던 길에 이곳 털사에 들린 것입니다. 의사들은 그녀의 모든 의료기록을 그 병원에 보냈습니다. 그녀는 6개월 전쯤에 수술을 받았는데 외과의사들이 실수로 식도를 잘랐기 때문에 6개월 동안 아무것도 삼키지 못했고 몸무게는 거의 90 파운드나 줄었습니다.

나는 그녀가 치유학교 강당 뒤쪽에 앉아있는 것을 보았습니다. 그녀의 코에는 튜브가 꽂혀 있었고 그 튜브를 통하여 유동식을 공급받고 있었습니다. 그녀는 먹을 수가 없었던 것입니다.

우리는 나중에 그녀의 목이 수술자국으로 꽉 채워진 것을 알게 되었습니다. 의사들은 그녀의 문제를 해결하기 위해 열한 번이나 칼을 댔습니다. 그리고는 그녀를 메이요 병원에 보내 그곳에서 무엇을 할 수 있는지 알아보려고 했던 것입니다.

나는 그녀에게 손을 얹고 기도하지 않았습니다. 그날 주님의 영의 임재가 나타나고 있었습니다. (하나님의 영이 나타나거나 나타나지 않거나 그분은 계십니다. 그리고 만일 당신이 그것을 믿는다면 하나님의 영은 임재로 나타날 것입니다!) 나는 사람들에게 이렇게 말했습니다. "하나님이 여기 계십니다. 하나님을 찬양합시다! 손을 들어서 당신의 치유를 받으십시오."

나중에 이 여인이 간증하는데, 내가 그렇게 말을 하였을 때 그녀는 '그러면 내가 지금, 내 자신이 치유를 받아야 하겠구나. 바로 그거야. 하나님께 영광 드립니다. 나는 치유를 받습니다' 라고 말하며 손을 내 밀어 그 코에서 튜브를 뽑았습니다.

치유학교 집회가 끝났습니다. 이 여자는 6개월 동안 딱딱한 음식은 전혀 먹지 못했습니다. 그녀는 길을 건너 멕시칸 음식점으로 들어가 멕시칸 음식을 2인분이나 먹었습니다! 그녀는 치유를 받았던 것입니다! 그리고 이틀 후에 와서 간증을 하였습니다.

단단한 음식을 6개월 동안 먹지 않았다는데 2인분의 멕시칸 음식을 시켜 먹었다면 치유된 것이 틀림없습니다!

그 여인의 몸에 치유를 활성화시킨 것은 무엇이었을까요? 그날도 능력은 언제나처럼 있었습니다. 우리는 그때 조금 더 많이 성령의 나타남을 느꼈었다는 것 뿐입니다. 사실, 내가 그날 사람들을 바라볼 때 방안에 안개가 낀 것같이 보였습니다. 그리고 그것은 사람들 머리에 걸려 있는 것 같았습니다. 그것은 육체적으로 보고 느낄 수 있는 나타남입니다. 이런 일들은 구약에서 많이 볼 수 있습니다. 구름이 나타나고 그 구름은 하나님의 능력이나 영광의 나타남이였습니다.

하나님의 영광은 무엇입니까? 그것은 하나님의 영입니다. 그것을 성경이 말하고 있습니다. 성경은 예수님이 죽은 자 가운데 하나님의 영광으로 일어나셨다고 말하고 있습니다(롬 6:4). 그리고 2장을 더 넘기면 성령이 예수를 일으키셨다고 말하고 있습니다(롬 8:11). 그러므로 우리는 하나님의 영광이 하나님의 영인 것을 알 수 있습니다. 그리고 그의 능력은 언제나 어느 곳에서나 항상 축복하시고, 치유하시며, 구원하시고 우리들의 필요를 채우기 위하여 계십니다.

당신은 치유학교의 그 여인이 받은 것처럼 혹은 마가복음 5장의 혈루병 앓던 여인처럼 그렇게 지금 받을 수 있습니다. 당신은 당신이 원하는 것을 믿음으로 하나님께 얻을 수 있습니다. 믿음은 받게 합니다. 믿음은 하나님의 능력을 활성화 시킵니다!

---

1) 이 주제에 대해 더 알기 위해서는 해긴 목사님의 책 '나는 환상을 믿습니다.I Believe in Visions' 와 "사역의 은사들The Ministry Gifts' 을 보십시오.

05
기름부음 받은 말씀을 통한 치유

사 10:27
그날에 그의 무거운 짐이 네 어깨에서 떠나고 그의 멍에가 네 목에서 벗어지되 기름진 까닭에 멍에가 부러지리라(the yoke shall be destroyed because of the anointing)

우리는 아픈 몸을 고치는 치유의 기름부음에 대하여 이야기하였습니다. 우리는 또 어떻게 믿음으로 치유의 흐름에 손을 댈 수 있는지에 대하여 배웠습니다. 그러나 치유와 치유의 기름부음과 관련하여 우리가 알아야 할 또 다른 것이 있습니다. 느껴지는 기름부음이 없이도 믿음을 통하여 사실상 같은 결과를 얻을 수 있습니다.

그것을 알아야 합니다. 기름부음 없이도 믿음을 통해 같은 결과를 얻을 수 있습니다!

나는 어린 침례교 소년으로서 1934년에 치유를 받고 열일곱 살에 사역을 시작하였습니다. 나는 나의 사역에서 어떤 기름부음도 의식하지 못했습니다. 1937년, 내가 성령 세례를 받고서야 가끔 기름부음을 의식하게 되었습니다. 그리고 1950년 9월에 주님이 환상으로 내게 나타나신 후에 "나는 네가 병든 사람을 위하여 사역을 할 수 있게 특별한 기름부음을 주었다"라고 말씀하셨습니다.

그러나 나의 사역의 첫 해에는 내가 병든 사람을 위한 사역의 기름부음을 느낀 적이 한번이라도 있었는지 모르겠습니다. (만일 당신이 치유의 기름부음을 받았다면 당신은 알 것입니다. 왜냐하면 그것은 실제적으로 느낄 수 있는 것이기 때문입니다!)

그러나 사역 초기에 나는 사람들에게 성경이 말하는 것을 그대로 가르쳤습니다! 그리고 나는 그들에게 이렇게 말하였습니다. "나는 여러분에게 손을 얹고 기도하겠습니다. 왜냐하면 성경은 '믿는 자에게는 이런 표적이 따르리니' (막 16:17, 18)라고 말하기 때문입니다."

나는 그 사람들에게 손을 얹고 기도하기 전에는 아무 느낌도 없었습니다. 그리고 내가 그 사람들에게 손을 얹고 기도할 때도 아무 느낌이 없었습니다. 그리고 내가 그 사람들에게 손을 얹고 기도한 후에도 아무 느낌이 없었습니다. 대부분의 경우 나는 건조하게 느꼈습니다! 우리가 텍사스에서 말하는 것처럼 "옥수수 껍질같이 말랐다"는 느낌이었습니다! 나는 그렇게 느꼈습니다. 그러나 사람들은 이곳 저곳에서 치유를 받았고 오며 가며 치유를 받았습니다.

내가 성령 세례를 받고 다른 방언을 말한 후, 나는 오순절 교단으로 옮겨 왔습니다. 나는 근처 오순절의 목사님들과 대화를 하면서 성령 세례를 받기 전에 나의 사역에서 치유받은 사람들이 오순절 목사님들의 사역에서 치유받은 사람들보다 다섯 배는 더 많다는 것을 알게 되었습니다.

나는 성령 세례를 받기 전에도 이 다섯 명의 오순절 목사님들 중 누구보다도 더 많이 사람들에게 치유를 받게 하였던 것입니다! 왜냐고요? 왜냐하면 나는 사람들에게 믿음을 가르쳤고 우리는 함께 하나님을 믿었기 때문이었습니다. 대부분의 오순절 목사님들은 믿음에 대하여 전혀 가르치지 않았거나 가르쳤다 해도 아주 조금 가르쳤습니다. 그들은 가끔 나타나던 기름부음에 대하여 기다리곤 했습니다.

당신의 믿음은 기름부음에 기초해선 안되고 말씀을 기초로 해야 합니다
Base Your Faith on the Word, Not on the Anointing

현대 은사주의 사람들은 잘 알지 못하지만 미국에서 1947년부터 1958년까지의 '치유의 목소리The Voice of Healing' 시대에는 치유의 부흥이 크게 일어났었습니다. 아주 많은 목사님들이 치유의 사역을 하도록 기름부음을 받았습니다.

목사님들은 부흥회를 위한 천막을 사방에 쳤습니다. 한 목사님은 2만 명이 앉을 수 있는 천막을 가지고 있었습니다. 또 다른 목사님이 나중에 2만 2천명이 앉을 수 있는 천막을 가지게 되었습니다. 수많은 목사님들이 5천 명이나 1만 명이 앉을 수 있는 천막을 가지고 있었습니다. 이 치유의 부흥 때문에 천막이 여기저기에 쳐졌습니다.

대부분의 목사님들은 치유의 기름부음으로 사역을 하였지만 그들은 하나님과 그의 말씀을 믿는 것에 대하여는 잘 모르고 있었습니다. 기름부음을 주신 하나님께 감사합니다, 그러나 당신의 믿음이 작동되지 않고 당신의 사역이 말씀에 근거하지 않는다면 당신의 사역과 효율성은 오래 가지 않을 것입니다.

나는 치유의 부흥 기간에 어떤 목사님의 집회에 간 적이 있습니다. 그 예배에는 설교와 가르침의 기름부음이 있었지만, 치유의 사역을 하는 기름부음은 별로 없는 듯 하였습니다.

몇 명의 목사님들이 강단에 앉아 있었습니다. 강사가 설교를 끝내고 결신 초청하였을 때 구원을 받으려고 나온 사람이 100명은 되는 것 같았습니다. 그 당시로서는 상당한 인원이었습니다. 요즘 100명이 결신 시간에 응답하는 것은 별로 큰 일이 아니라고 생각을 합니다만 그 당시에는 대단한 것이었습니다.

이 목사님은 또 치유의 사역을 한다고 광고를 했었습니다. 그러나 그 날 저녁 결신시간 후에 그는 강단에 있는 우리들을 돌아보며 이렇게 말했습니다. "이런 분위기에서는 아픈 사람을 위하여 기도할 수 없습니다!"

이 목사님은 그가 항상 사역하던 치유의 기름부음이 그날은 임재하지 않았다고 느낀 것입니다. 오해하지는 마십시오.

하나님의 영, 기름부음은 거기 충만하였습니다. 하나님의 영이 100명이나 되는 사람들을 인도하여 구원을 받게 한 것입니다. 그러나 나는 지금 치유의 기름부음을 말하고 있는 것입니다. 하나님의 임재가 충만한 것과 치유의 기름부음이 충만한 것은 다른 것입니다. 그것에 대하여 다른 장에서 더욱 자세히 설명하겠습니다.

그래서 이 목사님은 그 집회 기간에 매일 병자를 위해 손을 얹고 기도를 했지만 그날은 병자를 위하여 손을 얹는 일을 지나쳐 버리고 말았습니다.

내 옆에 앉아 있던 목사님이 내게 이렇게 말했습니다. "나는 이해할 수 없군요. 하나님의 능력이 여기 있습니다. 왜 저 목사님은 치유를 위해 기도하지 않습니까?"

그러나 나는 이해할 수 있었습니다. 그가 항상 사역하던 기름부음은 그날 나타나지 않았던 것입니다. 그래서 그는 어떻게 할 줄 몰랐던 것입니다. 그 목사님은 하나님을 믿고 그의 말씀을 믿는 단순한 믿음으로 사역할 줄 몰랐던 것입니다.

치유의 능력과 말씀을 단순히 믿는 것과의 차이
The Difference Between the Healing Power
And Simple Faith in the Word

이 장에서는 치유의 기름부음으로 하는 사역과 말씀을 믿는 믿음으로 손을 얹어서 하는 치유 사역의 차이를 알아보려고 합니다. 나는 또 믿음과 기름부음을 섞어서 치유받는 것과 기름부어진 말씀을 단순히 믿음으로써 치유를 받는 것에 대한 차이를 설명하려고 합니다.

나 자신의 사역에서 나는 '치유의 목소리'의 시대에 강사들이 사역하였던 것같이 치유의 기름부음으로 사역을 하고 있습니다. 나는 그 목사님이 하셨던 대로 성령님이 인도하시는 대로 치유의 기름부음으로 사역을 합니다. 그러나 이 목사님은 치유의 기름부음이 없다고 느꼈기 때문에 그날 밤 병든 자를 위하여 기도하지 않았습니다. 그래서 내가 말했던 것같이 그는 어떻게 해야 할지 몰랐던 것입니다.

그 목사님 집회 후에, 나는 나의 집회를 인도하고 있었습니다. 그리고 그 집회는 몹시 건조하게 진행되었습니다! 나는 주로 천막집회보다는 교회에서 집회를 하였고 이 집회도 교회에서 진행되고 있었습니다. 주님은 내게 "교회 집회를 계속하여라"고 분명하게 말씀하셨습니다. (하나님이 내게 방향을 바꿔 다르게 하라고 하시면 나는 다르게 하였습니다. 나는 항상 하나님의 지시에 순종합니다.)

그래서 나는 교회에서 집회를 하고 있었습니다. 그리고 나는 장기 집회를 하고 있었는데 한 교회에서 3주 내지 9주까지 매일 저녁 집회를 하였고 때로는 월요일에서 금요일까지 매일 두 번 집회를 하기도 하였습니다.

나는 이러한 집회를 하였고 어떤 때는 이 집회의 결과로 교회에서 주일 성경공부 참석인원이 두 배, 혹은 세 배가 되기도

하였습니다. 교회 교인의 수가 두 배가 되기도 했습니다. 내가 처음 갔을 때 보다 내가 떠날 때 교인의 수가 열두 배나 되던 교회도 있었습니다. 이런 결과는 정말 놀라운 일이었습니다. 하나님이 천막이 아닌 교회 안에서 집회를 하라고 하셨기 때문에 나는 그렇게 하였던 것 뿐입니다.

그때 내가 하고 있던 그 집회는 무디고 건조하였습니다. 우리는 벌써 집회를 두세 주째 하고 있었습니다. 사람들이 매일 밤늦게까지 잠자리에 들지 못하게 되었기 때문에 얼마 후에는 매우 피곤해 하였습니다. 우리는 사람들이 구원받고, 성령 세례를 받는 좋은 집회를 하였습니다. 그러나 그날 저녁은 집회가 부진하였고 건조하였습니다.

이것은 마귀가 집회를 부진하게 한 것이 아니었습니다. 육신의 일이 그렇게 한 것입니다. 날씨는 시원하였고 교회의 많은 사람들은 낮에 일을 열심히 하고 집에 가서 저녁을 잘 먹고 와서 따뜻한 교회에 앉아 있었습니다. 그래서 그들에게 졸음이 오게 되었습니다. 2, 3주나 지속되는 집회 후에는 마귀가 그 집회를 건조하게 하는 것이 아닙니다. 그것은 그냥 약한 육신의 문제였습니다.

믿음의 적이 무엇인지 알아내는 법을 배우십시오
Learn To Recognize the Enemy of Faith

마귀가 나에게 말했습니다. '내가 너라면 빨리 집회를 마치고 사람들을 보내줄 거야. 그래야 밤에 잠을 잘 잘 것이고. 그러면 내일 와서 좋은 예배를 드릴 수 있겠지. 아무튼 이렇게 예배가 건조해서야 오늘 저녁에는 아무것도 할 수 없을 거야.'

그런 생각들이 내 머리를 통과하고 있었습니다. 그러나 나는 그런 생각을 내 머리에 주는 것이 마귀라는 것을 알아차렸습니다. 의심과 불신앙은 모두 마귀에게서 오는 것입니다. 이것은 분별하기가 아주 쉽습니다. 그렇지요?

내가 만일 그날 치유의 기름부음에만 의존하고 집회를 하였다면 나는 그 목사님과 같은 일을 할 수밖에 없었습니다. 일찍 집회를 끝내고 사람들을 집으로 보냈겠지요. 실제로 느낄 수 있는 기름부음이 없는데 기름부음으로 사역을 할 수는 없었을 것입니다! 기름부음이 없는데 기름부음이 있는 것처럼 할 수도 없습니다. 기름부으심이 없으면 없는 것입니다.

그렇게 영적으로 부진하고 건조하게 느껴진 예배는 처음이었습니다. 사실, 내가 느꼈던 대로 했다면 나는 이렇게 말했을 것이 틀림없습니다. "여러분 내가 결신 시간을 갖기 전에 나를 위하여 여러분이 기도해 주기 바랍니다. 나는 내가 마치 타락한 것같이 느껴집니다!"

여러분도 그렇게 느낀 적이 있었습니까? 당신은 아무것도 줄 것이 없다고 느낀 적이 있었습니까? 당신은 마르고, 텅 비고, 열의도 없고, 또 능력이 없다고 느낀 적이 있었습니까?

물론, 우리 모두는 인생에서 그렇게 느낄 때가 한 두 번은 있습니다. 한 집회에서 나는 우리 모두의 삶이 마른 것같이 느낄 때가 있다고 한 적이 있습니다. 집회 후에 한 사람이 내게 와서 놀라며 이렇게 말했습니다. "해긴 목사님, 목사님들도 그렇게 느끼세요?"

나는 말했습니다. "그렇습니다. 목사들도 그렇습니다. 목사들도 당신과 마찬가지로 인간입니다. 그들도 당신과 마찬가지로 마귀가 역사하며, 육신을 가지고 있고 세상 안에서 살아가야 합니다."

그래서 나는 그날 저녁 그 예배를 끝냈어야 했을 것입니다. 그러나 나는 믿음에 대하여 알고 있었던 것입니다! 나는 내가 가지고 있던 느낌은 믿음과는 전혀 상관이 없다는 것을 알았습니다. 나는 내가 느끼고 안 느끼는 것 – 내가 기름부음을 느끼거나 못느끼거나 – 과 믿음과는 아무 상관이 없다는 것을 알고 있었습니다!

사람들을 일찍 집에 보내야 된다는 생각이 총에서 총알이 날아오는 속도로 내 생각 속으로 들어왔습니다. '왜 너는 예배를 빨리 끝내고 사람들을 집에 보내지 않니? 이런 분위기에서는 하나님께로부터 아무도 아무것도 받을 수 없어. 분위기는 죽었고 건조해 있잖아. 그리고 사람들은 모두 거의 자고 있어. 그들에게 잠이나 잘 자게하고 내일 맑은 정신으로 오게 하면 되지. 그러면 그들도 이 집회에서 무엇을 받을 수 있잖아.'

나는 이런 생각들이 마귀에게서 오는 것을 알았고, 그래서 나는 한마디도 못들은 것같이 행동하였습니다. 나는 그를 무시하였습니다. 나는 설교를 마치고 사람들에게 이렇게 말했습니다. "내가 무엇을 할 지 여러분에게 말씀드리겠습니다. 나는 강단으로 맨 먼저 나오는 사람에게 손을 얹고 기도하겠습니다. 그리고 그 사람은 치유를 받을 것입니다. 성령 세례를 받지 못한 사람도 가장 먼저 나오는 사람에게 내가 성령 세례를 받도록 기도할 것이고 그는 그것을 받을 것입니다. 누가 나오시겠습니까?"

나는 그것을 영감으로 그렇게 말한 것은 아니었습니다! 어떤 때는 그런 말을 하도록 영감을 받을 때도 있지만 영감을 못 받을 때는 상당히 어려운 일입니다! 그러나 나는 하나님의 말씀이 무엇을 말하는지 알고 있었으므로 그런 말을 한 것입니다. 이것은 나 혼자서 그런 말을 한 것 같았습니다. - 하나님의 도움을 전혀 받지 않고 나 혼자서 그런 것 같았다는 말입니다. 소위 말해서 나는 나 자신을 도마 위에 올려놓았던 것입니다.

믿음은 느낌으로가 아니라, 말씀으로 움직입니다
Faith Is Moved By the Word, Not By Feelings

내가 그런 말을 사람들에게 하였을 때 사람들은 그냥 앉아 있었습니다. 아무도 움직이지 않았습니다! 10분은 된 것 같았습니다. 집회가 이렇게 부진하고 말라 있을 때에는 10초도 10분같이 느껴집니다!

드디어 한 부인이 그 자리에서 일어났습니다. 군중 속에 몇 사람이 졸다가 깨어서 눈을 깜박거리고 있었습니다. 이 여인은 "나는 수 년 동안이나 성령 세례를 받기 위해 애썼답니다. 당신 생각에는 오늘 저녁 내가 그것을 받을 것 같습니까?"라고 말했습니다.

나는 이렇게 말했습니다. "받을 것 같다는 것은 없습니다. 이리로 내려오십시오. 나는 당신에게 손을 얹을 것이고 당신은 성령으로 충만하게 될 것입니다!"

그래서 그녀는 강단으로 내려 왔습니다. 나는 그녀에게 손을 얹었습니다. 그리고 그녀는 방언으로 말하기 시작하였습니다!

그 후에 몇 사람이 흥분하기 시작하였습니다. 그러나 그곳은 오순절 교회였습니다. 온 사람들 중 반은 이렇게 혼잣말을 하고 있었습니다. '저 강사는 기다리지 않고도 성령을 즉시 받을 수 있다고 가르치고 있구나. 그것은 진짜가 아닐거야. 우리가 받았던 것같은 진리가 아닐거야. 우리는 기다려야만 했어.'

나는 그것을 느낄 수 있었습니다. 나는 사람들 속의 분열을 느낄 수 있었습니다. 열 명이나 열두 명 정도의 사람들만이 이 여인이 성령으로 세례를 받은데 대하여 기뻐하고 있었습니다. 그러나 회중 가운데 분열이 있었습니다.

그래서 나는 재빨리 처음 하였던 초청을 다시 하였습니다. "나는 이곳에 맨 먼저 나오는 사람에게 손을 얹고 기도하겠습니다. 그러면 그 사람은 치유될 것입니다."

회중은 그냥 자리에 앉아서 나를 쳐다보고만 있었습니다. 마침내, 한 사람이 일어나려고 하고 있었습니다. 그는 한쪽 팔 밑에 집에서 만든 목발을 하고 있었고 다른 손에는 구부러진 나무 지팡이를 짚고 있었습니다. 그는 겨우 그의 자리에서 일어나 강단 쪽으로 나왔습니다.

나는 혼자 생각했습니다. '오 하나님, 만성 두통이 있는 사람을 보내 주시지요!' 그러나 이 사람이 나온 것입니다. 이 사람이 강단으로 나오는데 상당히 오래 걸렸습니다. 다른 사람들은 모두 앉아서 보고만 있었습니다.

이런 상황에서 당신이라면 어떻게 하겠습니까? 당신은 육신과 느낌에 대하여 대적해야만 합니다!

나는 돌아서서 도망치고 싶은 심정이었습니다. 나는 강단에 구멍이라도 있다면 그 속으로 들어가고 싶은 심정이었습니다. 그러나 나를 숨겨 줄 만큼 큰 것은 아무 곳에도 없었습니다!

그러나 벌써 초청을 하였으니 어떻게 하겠습니까? 그럴듯하게 행동을 해야 합니다! 하나님의 말씀은 진리이기 때문에 당신은 웃으며 그 사람이 거기 올 때까지 기다려야 합니다!

이 사람이 앞으로 나오는 동안 생각이 내 마음에 줄달음쳤습니다. '아, 이 사람이 드디어 나오는구나. 이 불쌍한 사람이 아무것도 얻지 못할 것이고 그러면 이 사람들은 모두 믿음이라는 것도 역사하지 않는다고 생각하겠지.'

내가 무엇을 했냐고요? 첫째, 나는 이것이 마귀가 나한테 말하는 것이라는 사실을 알아차리고 그것을 완전히 무시해 버렸습니다. 나는 그에게 전혀 주의를 기울이지 않았습니다.

당신이 믿음 안에 있는 동안 당신은 움직이면 안됩니다. 당신은 속으로 '나는 보는 것으로 움직이지 않는다' 라고 말해야 합니다.

그 가엾은 사람은 비틀리고 다리가 불구였습니다. 그래서 한 쪽에는 집에서 만든 목발을 짚고 다른 쪽에는 나무 지팡이를 가지고 비틀거리며 나왔던 것입니다! 그렇지만 나는 보는 것으로 움직이지 않았습니다. 나는 나의 느끼는 대로 움직이지도 않았습니다. (당신이 믿음 안에 있으면 아무것도 느낄 필요가 없습니다.)

나는 보고 느끼는 것으로 움직이지 않습니다. 나는 나의 믿음으로만 움직입니다!

불구인 그 사람은 드디어 통로를 지나 예배당 앞 강단으로 나왔습니다. 나는 그에게 손을 얹었고 하나님을 축복하였습니다. 그의 목발은 한 쪽으로 쓰러졌고 그의 나무지팡이는 다른 쪽으로 쓰러져 버렸습니다. 그의 몸은 똑바로 섰고 그는 온 교회 앞에서 뛰어 다녔습니다!

그리고 어떻게 됐는지 아십니까? 그 교회 전체가 살아났습니다! 강단 앞에서부터 뒤까지 사람들은 뛰고 소리를 지르고 악을 쓰며 하나님을 찬양했습니다. 그 집회가 그때까지는 부진하고 메말랐었지만 우리 모두는 그때 무엇을 느꼈습니다! 왜냐고요? 왜냐하면 하나님의 능력을 풀어놓았기 때문입니다!

기름부음 혹은 능력을 믿음으로 풀어 놓았던 것입니다.

그리고 그 능력은 다리 불편한 그 사람을 치유하였고 그의 몸에서 마귀를 쫓아내었던 것입니다!

기름부음을 인하여 하나님께 감사합니다! 나는 기름부음을 사랑합니다. 그러나 내게 기름부음이 없으면 나는 사람들에게 성경이 말하는 것을 말할 것이고 말씀대로 손을 얹고 기도할 것입니다.

기름부음 받음 말씀에는 치유하는 능력이 있습니다
There's Power To Heal In the Anointed Word

복음서에서 예수님이 말씀으로 악한 영들을 쫓아낸 것을 기억하십니까?(마 8:16) 실제로 느껴지는 기름부음이 임재하지 않는다면 나는 그냥 하나님의 말씀을 전할 것입니다. 어떤 말씀입니까? 믿음의 말씀입니다!

성경은 복음서에서 예수님의 사역에 관하여 "예수께서 모든 도시와 마을에 두루 다니사 그들의 회당에서 가르치시며 천국 복음을 전파하시며 모든 병과 모든 약한 것을 고치시니라"(마 9:35)라고 말하고 있습니다. 예수님은 이 세 가지 일 - 가르치고 설교하고 치유하는 일 - 을 하도록 기름부음을 받으신 것입니다.

성경은 마태복음 9장 35절에서 예수님이 모든 병과 모든 약한 것을 고쳤다는 것은 치유의 기름부음에 대하여 말하고 있는 것입니다.

하나님이 당신에게 특별히 기름을 부으셨다면 당신은 기름부음으로 치유의 사역을 할 수 있습니다. 그러나 당신에게 기름부음이 없더라도 하나님의 말씀을 믿는 믿음으로 같은 결과를 얻을 수 있습니다. "병든 사람에게 손을 얹은 즉 나으리라"(막 16:18)는 하나님의 말씀이 있습니다.

이것은 사람이 치유를 받는 방법들 중의 하나입니다. - 말씀에 근거하여 믿음으로 행동함으로써 받는 것입니다. 예를 들어서 나는 수 년 전에, 하나님의 말씀을 믿는 믿음으로 죽을 병에서 치유를 받아서 병상에서 일어났습니다. 하나님의 약속인 마가복음 11장 23절과 24절의 말씀을 내 자신에게 적용하여 행동을 함으로써 치유를 받았습니다.

막 11:23-24
23 내가 진실로 너희에게 이르노니 누구든지 이 산더러 들리어 바다에 던져지라 하며 그 말하는 것이 이루어질 줄 믿고 마음에 의심하지 아니하면 그대로 되리라
24 그러므로 내가 너희에게 말하노니 무엇이든지 기도하고 구하는 것은 받은 줄로 믿으라 그리하면 너희에게 그대로 되리라

나는 많은 사람들이 말씀에 근거하여 믿음으로 행동함으로써 치유를 받는 것을 보았습니다. 나는 세상의 의료기관이 포기한 많은 사람들을 위하여 기도를 했습니다. 이 세상 최고의 의사들이 그들의 최선을 다했습니다. 자연 세계에서는 더 이상 할 일이 없었습니다.

나는 의학적으로 사형 선고를 받은 여인을 위하여 기도한 일이 있습니다. 기도할 때 나는 아무런 느낌도 없었고 그 여자도 아무런 느낌이 없었습니다. 우리는 하나님의 말씀에 의하여 기도하였고 이틀 만에 그녀는 완전히 건강하게 되었습니다!

내가 기도하는 그 순간에는 그 여자는 전혀 나은 것같지 않았습니다. 그러나 그 다음날 그 여자는 많이 나아졌습니다. 그리고 그 다음 날, 그녀는 100% 나았던 것입니다!

그녀는 아무것도 할 수 없다고 말했던 의사에게 돌아갔습니다. 그 의사들은 그녀에게서 아무런 질병의 자취도 찾을 수 없었습니다! 질병이 완전히 사라졌던 것입니다!

이것은 어떤 치유의 기름부음의 나타나심도 없이 일어난 일입니다. 그녀는 기름부어진 말씀을 단순히 믿는 믿음으로 치유되었습니다!

당신은 치유의 기름부음으로 받는 치유와 똑같이 기름부어진 말씀을 믿는 믿음으로 동일한 결과를 얻을 수 있습니다!

하나님의 말씀을 믿는 믿음의 능력에 관한 예들
Examples of the Power of Faith in God's Word

이 점을 더 설명하기 위하여 나는 이와 비슷한 예들을 여러분과 나누려고 합니다. 수 년 전에 젊은 청년이 우리 치유학교에 왔습니다. 그의 어머니는 장로교인이었으나 성령 세례를 받고 은사주의 운동을 하는 쪽으로 왔습니다. 그 후에 그녀는 아들에게 주님에 대하여 이야기하려고 하였지만, 그 아들은 히피운동에 참여하고 있었기 때문에 그들은 서로 아무 연락도 하지 않고 지냈습니다.

그리고 그 아들이 27세에 변호사가 되려고 대학교에 다시 들어갔는데 그의 다리에 종기같은 것이 생기기 시작하였고 그것이 갑자기 성난 것같이 불어났습니다. 그러나 그는 얼마 동안은 대수롭지 않게 여겼지만 그것은 점점 악화되었으므로 의사를 찾았던 것입니다. 의사는 그를 암 전문의에게 보냈습니다. 전문의는 그것에 일부를 떼어내어 조직 검사를 하고는 그 젊은이에게 이것은 암 중에서도 최악의 종류라고 말해 주었습니다. 의사들은 즉시 그의 다리를 자르려고 하였습니다.

"안됩니다. 나는 그렇게는 못하겠습니다"라고 청년이 말했습니다.

그들은 말했습니다. "만일 그렇게 하지 않으면 당신은 한달 안에 죽을 것입니다."

"만일 내 다리를 잘라낸다면 살 수 있는 가망성이 얼마나 됩니까?"라고 젊은 청년이 물었습니다.

의사들은 다리를 잘라 낸 후에 치료를 하게 되면 50%의 가망성이 있다고 말했습니다.

"안됩니다. 나는 그렇게 하지 않겠습니다"라고 청년이 말했습니다.

그래서 이 청년은 다른 암 전문 병원으로 갔습니다. 그는 의사들에게 다른 곳에 갔던 이야기를 하지 않았습니다. 그들은 여러 가지 검사를 하였고 같은 말을 하였습니다. "암입니다. - 최악의 암입니다. 즉시 당신의 다리를 잘라 내야 합니다."

"안됩니다. 나는 그렇게 하지 않겠습니다"라고 청년은 말했습니다.

"그렇다면 당신은 한달 안에 죽을 것입니다"라고 그들이 말했습니다.

그 젊은 청년은 그것으로 만족하지 못했습니다. 그래서 그는 세 번째 암 전문의에게 갔습니다. 거기 있는 의사들도 그가 한달 안에 죽을 것이라고 같은 말을 했습니다.

젊은 청년은 그의 어머니에게 전화를 걸었습니다. 그리고 그의 어머니는 말했습니다. "해긴 목사님이 털사에서 치유학교를 지금 막 시작하였다. 거기에 가 보자." 이 젊은 청년은 믿지 않았습니다. 그렇지만 그는 그의 어머니와 함께 치유학교에 오기로 하였습니다.

치유학교에서 우리는 치유의 기름부음으로 사람들을 위하여 기도합니다. 하나님의 능력이 그들에게로 들어가고 그들은 하나님의 능력으로 바닥에 넘어지기도 합니다. 이 젊은 청년은 그것을 이해하지 못했습니다. 그는 기름부음으로 사역하는 것을 본 적이 없었습니다. 그는 물론 우리 교회 같은 곳은 고사하고, 교회에도 가보지 못했고, 교회 모임에도 가 본 적이 없었습니다.

그러므로 사람들이 하나님의 능력으로 넘어지는 것을 보고 그는 어머니에게 이렇게 말하였습니다. "나는 저것을 이해할 수 없어요."

그 당시에는 내가 치유학교에서 가르치고 있었고 치유를 가르치는 과정에서 나는 항상 나의 간증을 말하곤 하였습니다. 그래서 나는 내가 어떻게 기형의 심장과 불치의 혈액병으로부터 마가복음 11장 23절과 24절에 있는 하나님의 말씀을 믿음으로써 치유를 받았는지에 대하여 간증하였습니다.

이 젊은 청년은 그 어머니에게 이렇게 말하였습니다. "이제 알겠어요. 나는 그것은 이해할 수 있어요." 그래서 그는 치유학교의 강당의자에 앉아서 "나는 내가 치유를 받을 것을 믿습니다"라고 말했습니다. 그가 이렇게 말할 때에도 전혀 아무런 느낌이 없었다고 그가 나중에 말해 주었습니다. 그는 그가 치유를 받았다고 단순히 믿었을 뿐입니다.

느낌은 하나님의 말씀을 믿는 것과는 아무런 상관이 없는 것입니다. 누군가 치유를 받았다고 믿는 사람에게 '어떻게 느끼세요?' 라고 물어볼 수 있습니다.

"나의 느낌에는 아무런 차이가 없습니다. 그러나 성경은…"

이제 느낌과 성경이 말하는 것을 믿는 것과는 아무런 상관이 없다는 것을 아시겠습니까? 믿음은 느낌이 있거나 말거나 믿는 것입니다.

이 젊은 청년은 성경이 말하는 것을 믿었습니다.

이 청년에게 무슨 일이 일어났을까요? 이 청년은 기름부은 말씀을 믿는 믿음을 통하여 치유받았습니다. 그리고 수 년이 지난 후에도 그는 건강하게 살아 있었습니다! 그는 전에 진단을 받았던 한 병원으로 돌아갔는데 그들은 암의 흔적도 찾을 수 없었습니다. 암이 모두 사라진 것입니다. 할렐루야!

이 젊은 청년은 거듭나지도 않은 채 치유학교에 앉아 있었습니다. 그는 아무것도 느끼지 못했습니다. 그는 그가 치유를 받은 것을 단순히 믿었던 것입니다. 그리고 그는 치유를 받았습니다. 8개월 후에 그는 암 전문의에게 다시 가서 마지막 검사를 받았습니다. 그 중의 한 의사가 말했습니다. "이제 다시는 오지 마십시오. 암은 없어졌습니다. 잊어버리고 다시는 오지 마십시오."

그 젊은 청년은 그의 어머니에게 전화를 걸어서 좋은 소식을 전했습니다. 그는 이렇게 말했습니다. "예수님이 나를 치유하셨어요." 그의 어머니가 이렇게 대답하였습니다. "아들아, 예수님이 너의 치유자이신 것을 절대로 잊어버리면 안된다."

그의 어머니가 그렇게 말했을 때 그 청년은 울먹이며 말했습니다. "맞아요. 그리고 예수님은 나의 구원자도 되십니다." 그는 예수님이 그를 치유한 것을 알았고, 그는 예수님을 치유자로 알고 있었습니다. 그러나 그런 과정 가운데 예수님을 구원자로도 알게 되었던 것입니다!

어떻게 그 젊은 사람이 치유를 받았습니까? 치유의 기름부음을 통하여 치유받았습니까? 아닙니다. 하나님의 말씀을 믿음으로 치유받은 것입니다.

믿음은 하나님의 손을 움직입니다!
Faith Moves the Hand of God!

같은 맥락으로 한 여자가 그 가정의 검은 양(문제 있는 사람)으로 알려진 숙모를 위해 기도해 달라고 내게 말하였습니다. 거의 모든 가정에는 검은 양(문제 있는 사람)이 있게 마련입니다. 당신은 내가 '검은 양'이라고 하는 말을 알아들으셨습니까? 어떤 사전에서는 '검은 양'을 '존경할 만한 가정의 불명예스러운 사람'이라고 정의하고 있습니다.

그 여자는 숙모에게 이야기하려고 노력했다고 말하였습니다. 그녀의 숙모는 술을 마셨고 알코올 중독자였습니다. 그녀는 담배를 피웠고 삶의 대부분을 창녀로써 살아왔습니다. 그녀는 부도덕하고, 미련하고, 추한 삶을 산 것입니다. 그녀는 악으로 가득하였습니다. 이 여자가 그 숙모에게 주님에 관하여 말을 하려고 할 때마다 그녀의 숙모는 저주를 퍼붓곤 하였습니다.

그런데 그 숙모에게 육체적인 문제가 생겼던 것입니다. 그 숙모는 정기검진을 하러 병원에 갔습니다. 그런데 검사 결과가 나온 후 의사들은 그녀에게 "우리는 좋지 않은 소식이 있습니다"라고 말했습니다.

"무엇입니까?"라고 그녀는 물었습니다.

"당신은 암을 가지고 있습니다. 그리고 이것은 당신 몸 전체에 퍼져 있습니다. 당신은 열흘 안에 죽을 것입니다"라고 의사들이 말했습니다.

그 여자의 조카는 내게 "해긴 목사님, 나는 숙모를 만나 보려고 해요. 숙모가 또 욕하고 악담을 할지라도 가서 만나보고 말하려고 해요. 목사님 기도해 주세요"라고 말했습니다.

그래서 그 여자는 숙모를 방문하려고 갔습니다. 처음에는 물론 숙모에게 날씨나 다른 것들에 대하여 말했습니다. 그리고 그 여자는 "숙모님, 나는 숙모를 위하여 기도하려고 왔습니다"라고 말했습니다.

숙모는 울기 시작하면서 말했습니다. "그래 나를 위해 기도해 주렴." 그래서 조카는 숙모를 위해 영접 기도를 인도하였습니다.

그리고 나서 그 숙모는 "하나님, 구원해 주셔서 감사합니다. 나는 천국에 간다. 그리고 이제 나는 죽을 준비가 되었다"라고 말했습니다.

조카는 "그러나 숙모는 이런 나이에 죽을 필요가 없어요"라고 말했습니다. 숙모는 겨우 40대 후반이었습니다. 숙모는 지금 방금 구원받았기 때문에 하나님의 말씀에 대하여 잘 알지 못했습니다. 그래서 그녀의 조카가 마가복음 11장 23절과 24절을 읽어 주었습니다.

"그게 정말 성경에 있는 말이니?" 숙모는 물었습니다. 그래서 조카는 보여주고 숙모로 하여금 읽어 보게 하였습니다.

"이게 정말 성경에 있네!"라고 숙모는 말했습니다. "그렇다면 내가 기도하고 받았다고 믿기만 하면 된다는 말이지. 그렇다면 나는 받는다는 말이지. 그렇게만 하면 되는 거야?"

"그래요. 그것만 하면 돼요." 그의 조카가 대답하였습니다.
"그러면 기도해라. 내가 믿을 테니까!"

그래서 조카가 손을 얹고 기도하고 숙모는 치유받았음을 믿었습니다. 그리고 숙모는 모든 간호사들에게 말하였습니다. "마가복음 11장 24절에 의하여 나는 치유를 받았습니다!" 간호사들은 모두 동정심으로 머리를 흔들었습니다. 왜냐하면 그들은 모두 의사들이 그 여자가 열흘 안에 죽을 것이라고 말한 것을 알고 있었기 때문입니다. 그 숙모는 의사들 중 한 명에게도 이렇게 말했습니다. "마가복음 11장 24절에 의하면 나는 치유를 받았습니다!"

며칠이 지나갔습니다. 숙모는 겉으로는 상태에 아무런 차이가 없었습니다. 그러나 매일 같이 그녀는 나아가고 있었습니다. 열흘 후에는 죽는 것 대신 의사들이 "우리는 이해할 수가 없습니다. 암은 그냥 없어졌습니다!"라고 말했습니다.

그녀는 하나님이 "기도할 때 너는 받았다고 믿어라!"라고 하신 말씀에 대한 믿음이 있었던 것입니다.

우리는 믿음의 깊이를 헤아릴 수가 없습니다. - 하나님의 말씀을 믿는 믿음이 그 사람의 삶에 미칠 수 있는 깊이를 헤아릴 수 없습니다. 하나님을 믿는 믿음에는 무엇인가가 있습니다. 스미스 위글스워스는 이렇게 말했습니다. "하나님을 믿는 믿음에는 무엇인가가 있어서 하나님은 백만 사람을 지나서 믿는 당신에게로 오시게 되는 것입니다."

기름부음과 말씀에 대한 믿음은
치유라는 같은 결과를 낳습니다
The Anointing and Faith in the Word
Each Yield the Same Results – Healing!

나는 아직도 치유의 기름부음으로 치유를 받는 것과 치유의 기름부음 없이 하나님의 말씀을 믿는 단순한 믿음으로 같은 결과를 받는 것의 차이를 설명하고 있습니다.

특별한 기름부음을 받은 사람이 하나님의 기름부음으로 치유의 사역을 할 수 있습니다. 그가 그렇게 사역을 할 때 그는 하나님의 임재하심 – 하나님의 영 – 을 의식합니다. 다른 말로 하면, 하나님의 능력은 그에게 임하였고 그 안에 계십니다. 그리고 그 능력은 한 사람에게서 다른 사람에게로 전달될 수 있습니다.

예를 들어서, 우리는 혈루병 앓던 여인의 간증을 읽어 보았습니다. 그 간증은 치유의 기름부음 혹은 능력이 어떻게 전달되었는지 자세하게 말하고 있습니다.

> 막 5:25-30
> 25 열두 해를 혈루증으로 앓아 온 한 여자가 있어
> 26 많은 의사에게 많은 괴로움을 받았고 가진 것도 다 허비하였으되 아무 효험이 없고 도리어 더 중하여졌던 차에
> 27 예수의 소문을 듣고 무리 가운데 끼어 뒤로 와서 그의 옷에 손을 대니

28 이는 내가 그의 옷에만 손을 대어도 구원을 받으리라 생각함일러라
29 이에 그의 혈루 근원이 곧 마르매 병이 나은 줄을 몸에 깨달으니라
30 예수께서 그 능력이 자기에게서 나간 줄을 곧 스스로 아시고 무리 가운데서 돌이켜 말씀하시되 누가 내 옷에 손을 대었느냐 하시니

그러므로 이 사건은 능력의 전달을 말하고 있습니다. 그 능력은 성령의 치유의 능력, 혹은 기름부음입니다!

사실, 모든 성경에 있는 성경적 치유는 두 개의 큰 주제 중 하나입니다. (그러나 그 아래에는 많은 작은 주제들이 있을 수 있습니다!) 첫째는 (1) 하나님의 능력으로 치유되는 것입니다. – 기름부음이나 능력이 전달됨으로; 그리고 둘째는 (2) 하나님의 말씀을 믿음으로 치유되는 것입니다.

자, 이제 치유의 기름부음 혹은 성령의 능력으로 치유를 받는 것과 특별한 기름부음의 나타나심이 없이 하나님의 말씀을 단순히 믿는 믿음으로 치유를 받는 것의 차이를 더 자세히 설명하겠습니다.

치유의 기름부음으로 치유를 받다
Healed Through the Healing Anointing

1950년 텍사스 주 락웰에서 주님이 처음 환상으로 내게 나타나신 것을 말씀드린 것을 기억하실 줄 믿습니다. 예수님은

그의 오른 손 손가락을 내 양손의 손바닥에 대었습니다. 그리고 그는 내 머리에 손을 얹고 "나는 너를 불러서 아픈 사람을 위하여 사역할 수 있도록 특별한 기름부음을 주었다"라고 말씀하셨습니다.

그 후에 나는 그 기름부음에 대하여 의식하게 되었습니다. 이것이 나타났을 때 나는 양손에 불이 붙은 석탄을 쥐고 있는 것 같았습니다.

락웰에서 환상을 본 후 바로 다음에 있던 오클라호마의 집회에 알칸사스에서 오신 목사님이 그 부인을 기도 받게 하기 위하여 데리고 왔습니다. 그들은 7년 전에 교통사고를 당했습니다. 그녀는 머리에 심한 타박상을 입었고 그 사고 이후 장님이 되었습니다.

그 여자는 내게 이렇게 말했습니다. "나는 아침인지 저녁인지 잘 모릅니다. 어떤 사람이 내 앞에 빛이 있을 때 서 있으면 나는 무엇이 있는 것은 알지만 저에게는 그냥 컴컴한 물체같이 보일 뿐입니다."

다른 말로 하면, 그 여자 앞에 무엇이 있으면 무엇이 있는 줄은 알지만 그녀는 그것이 남자인지 여자인지 말인지 소인지 혹은 차인지 모른다는 것입니다. 그만하면 장님이 분명합니다. 그렇지요?

나는 그 집회에서 그 여자의 보지 못하는 두 눈에 손을 얹고 기도하였습니다. 그리고 나는 치유의 능력이 나로부터 그녀의 눈으로 가는 것을 알았습니다.

그래서 나는 그 여자에게 이렇게 말하였습니다. "자매님, 예수님께서 당신이 내가 기름부음을 받았다는 것을 믿으면 당신도 그 기름부음을 받고 그 기름부음이 자매님을 치유할 것이라고 말씀하셨습니다. 그러므로 당신은 그렇게 기대를 하셔도 됩니다." 나는 내 손을 그 여자에게 얹고 말했습니다.

우리가 있던 교회에는 벽에 큰 플랭카드가 걸려 있었는데 거기에는 "기도는 상황들을 바꾼다"라고 적혀 있었습니다.

나는 그녀에게 말하였습니다. "믿음은 행동입니다. 당신이 치유의 기름부음을 받아들이고 볼 수 있다면 – 치유의 기름부음은 이미 당신한테 들어갔습니다 – 당신은 읽을 수 있겠지요?

"물론입니다"라고 그 여자는 말했습니다.

"좋습니다. 내가 손을 떼면 당신 앞에 있는 벽에 걸려있는 글을 읽으시기 바랍니다."

나는 손을 그녀의 눈에서 떼었습니다. 그리고 한 일이 초 동안 그녀가 아무것도 볼 수 없는 것이 분명하였습니다. 그러나 갑자기 그녀의 얼굴은 어두운 곳에 있는 네온사인 같이 빛나기 시작했습니다. 그리고 이렇게 말했습니다. "보여요! 보여요! 보여요! '기도는 상황들을 바꾼다!' 라고 씌여 있어요."

나는 강단에서 찬송가 책을 집어 들었습니다. 나는 펴서 그녀에게 건네주고 말했습니다. "이것들을 읽어 보세요." 그녀는 그것을 읽었습니다.

나는 내 성경을 집어서 그냥 아무 곳이나 펴서 그녀에게 건네주고 말했습니다. "이 성경을 읽어 보십시오." 그녀는 그것을 줄줄 읽었습니다!

그녀는 치유의 기름부음으로 즉각적으로 치유함을 받았습니다. 그녀는 하나님의 치유의 능력 안에서 그녀의 믿음으로 치유함을 받았던 것입니다.

말씀을 믿는 믿음으로 치유받음
Healing Through Simple Faith In the Word

같은 집회에서, 다른 목사님과 그 부인이 나에게 이렇게 말했습니다. "우리 교회에 있는 4년 동안 한 발자국도 걷지 못한 한 여자를 목사님 집회에 데리고 오겠습니다. 의사들은 그 여자가 절대로 걸을 수 없다고 말했습니다." 그래서 그들은 그 여자를 집회에 데리고 왔습니다.

그 집회에서는 내가 치유의 줄에 서 있었던 그 여자에게 다가가기도 전에 치유의 기름부음이 소진되었습니다. 당신이 그것을 이해할 수 있는지 모르겠습니다. 내가 전에 암시는 하였습니다만 설교할 수 있는 기름부음이 있는 것과 같이 치유하는 기름부음도 있습니다.

> 눅 4:18
> 주의 성령이 내게 임하셨으니 이는 가난한 자에게 복음을 전하게 하시려고 내게 기름을 부으시고 나를 보내사 포로 된 자에게 자유를, 눈 먼 자에게 다시 보게 함을 전파하며 눌린 자를 자유롭게 하고

예를 들자면, 목사가 기도와 공부로써 설교를 준비합니다. 그러나 그가 사람들 앞에 서서 믿음으로 사역을 할 때 설교를 하는 기름부음이 그에게 오는 것입니다. 그리고 그는 그 기름부음이 있는 동안 설교할 수 있습니다. (그러나 어떤 목사들은 기름부음이 사라졌어도 계속하여 설교를 합니다!)

설교를 하는 기름부음은 항상 잠재해 있을 수도 있습니다. 그러나 그것이 항상 나타난다고 할 수는 없습니다. 만일 설교하는 기름부음이 항상 나타난다면 그 목사는 설교를 멈출 수 없을 것입니다. 그는 죽을 때까지 설교를 해야 할 것입니다. 그는 죽을 때까지 계속해서 설교만 해야 할 것입니다.

이와 같이, 치유의 기름부음도 항상 잠재해 있을 수 있습니다. 그러나 그것이 항상 나타나 있는 것은 아닙니다. 그리고 치유의 기름부음을 받으신 목사님이 피곤해지면 그는 더 이상 성령님께 순복하기가 어려워집니다. 그 목사는, 말하자면, 그릇이나 통로가 되어서 성령님이 그를 통하여 지나가게 하시는 것입니다. 우리가 벌써 발견한 바와 같이 성령의 능력은 전기와 비슷하게 흘러갑니다. 또 전기는 자연에 있는 능력으로 그것이 흐를 수 있게 하는 통로나 도관이 필요합니다.

마가복음 5장에서 혈루병 앓던 여인의 경우에는 예수님으로부터 그 여인에게로 능력이 흘러 나갔습니다. 그리고 예수님은 그것이 흘러나간 것을 알았습니다. 왜냐하면 예수님은 "예수께서 그 능력이 자기에게서 나간 줄을 곧 스스로 아시고 무리 가운데서 돌이켜 말씀하시되 누가 내 옷에 손을 대었느냐"(30절)

라고 말씀하셨기 때문입니다. 그리고 여인도 능력을 받은 것을 알았습니다(29절, 33절).

그러므로 치유의 기름부음이나 능력에 관하여 안수 기도를 받기 위해 치유의 줄에 선 사람들에게 나는 정직하게 말합니다. 치유의 기름부음이 더 이상 나타나지 않으면 나는 그들에게 "기름부음이 없어졌습니다. 나는 여러분들께 거짓말을 하지 않겠습니다. 나는 기름부음이 없어지기 전에 다른 사람들에게 한 것같이 여러분들에게 사역을 할 수 없습니다. 그러나 나는 아무라도 할 수 있는 것같이 믿음으로 여러분에게 손을 얹고 기도할 수는 있습니다. 왜냐하면 성경은 "믿는 사람이 병든 사람에게 손을 얹은 즉 나으리라"고 했기 때문입니다(막 16:18)"라고 말합니다.

다리를 쓰지 못하는 여인이 온 날은 치유의 줄에 많은 사람들이 서 있었습니다. 나는 많은 사람들에게 치유의 기름부음으로 손을 얹고 기도했습니다. 그리고 나는 그 사람들에게 기름부음이 흘러가는 것에 대하여 의식하고 있었습니다.

그러나 치유를 위해 기도 줄에 서 있던 사분지 일 정도의 사람들에게 아직 손을 얹어 기도해 주기도 전에 나는 이렇게 말해야 했습니다. "기름부음이 없어졌습니다. 당신이 내가 기름부음으로 사역하기를 원한다면 내일 밤에 다시 오셔야 하겠습니다. 왜냐하면 오늘 저녁에는 기름부음이 더 이상 없기 때문입니다. 나는 여러분에게 거짓말을 하여 기름부음이 있다고 하지는 않겠습니다. 그러나 내일 다시 올 수 없다면, 그냥 줄에서 계십시오. 나는 믿음으로 당신들에게 손을 얹어 기도하겠습니다."

그 다리를 쓰지 못하는 여인을 데려온 목사님과 그 부인은 그녀를 데려오기 위해 먼 길을 운전하고 왔기 때문에 그 다음 날 다시 올 수가 없었습니다. 그래서 그 목사님과 몇 명의 다른 사람들이 이 절름발이 여인을 내가 서 있는 곳으로 들어서 데려왔습니다.

나는 그 여자에게 성경을 열어서 치유에 관하여 읽게 하면서 믿음만을 근거로 할 수 있게 다루어야 했습니다. 그리고 그녀 자신도 하나님의 말씀에 근거하여 행동해야 했습니다.

나는 내가 해야 할 일을 하였고 그녀도 그녀가 할 일을 하였습니다. 그리고 하나님도 하나님이 하셔야 할 일을 하셨습니다! 하나님을 찬양합니다! 많은 사람들 앞에서 4년 동안 한 발자국도 걷지 못하던 이 여인은 발을 딛고 서서 춤을 추고 뛰었습니다. 완전히 치유받은 것입니다!

장님이었던 여자는 기름부음, 혹은 능력의 전달로 같은 집회에서 치유받았습니다. 그러나 다리를 쓰지 못하던 이 여인은 하나님 말씀에 대한 믿음만 가지고 치유를 받았던 것입니다. 그러나 이 두 사람은 모두 같은 결과를 얻었던 것입니다. – 치유라는 결과를 얻었습니다.

믿음은 당신을 위하여 하나님을 움직이게 하는 것입니다. 그러나 반면에 우리가 치유의 기름부음으로 사역하는 법을 배워야 하는 것도 진리입니다. 그러나 실제로 느낄 수 있는 하나님의 치유의 능력이 나타나든지 나타나지 않든지 당신은 치유를 위한 믿음을 가질 수 있고, 기름부은 말씀을 믿는 믿음으로 당신의 치유를 받을 수 있습니다!

06
치유의 기름부음으로 하는 사역

슥 4:6
6 그가 내게 대답하여 이르되 여호와께서 스룹바벨에게 하신 말씀이 이러하니라 만군의 여호와께서 말씀하시되 이는 힘으로 되지 아니하며 능력으로 되지 아니하고 오직 나의 영으로 되느니라

사 10:27
27 그날에 그의 무거운 짐이 네 어깨에서 떠나고 그의 멍에가 네 목에서 벗어지되 기름진 까닭에 멍에가 부러지리라(the yoke shall be destroyed because of the anointing)

우리는 벌써 질병은 멍에라고 말한 바 있습니다. (당신이 만일 질병이 멍에라는 것을 모른다면 당신은 병을 앓아 보지 못한 사람입니다.) 그리고 우리는 사람이 영적으로 포로가 되는 것같이 또한 육체적으로 포로가 될 수 있다고 말했습니다. 그러나 누가복음 4장 18절은 "주의 성령이 내게 임하셨으니 이는 가난한 자에게 복음을 전하게 하시려고 내게 기름을 부으시고 나를 보내사 포로된 자에게 자유를 눈 먼 자에게 다시 보

게 함을 전파하며 눌린 자를 자유롭게 하고"라고 말합니다. 멍에를 부수는 기름부음을 통한 치유와 자유함이 있습니다!

수 년 간, 하나님의 영의 기름부음 아래서 여러 가지 방법으로 여러 목사님들이 치유의 사역을 해 왔습니다. 그러나 우리 중 아무도 우리가 알아야 할 만큼 치유의 기름부음에 대하여 아는 사람이 없다는 것이 나의 의견입니다. 그러나 우리가 기름부음에 대하여 하나님의 말씀이 어떻게 말하고 있는지에 대하여 더 많이 알면 알수록 우리는 더 많이 성령님께 순복함으로, 더 많이 성령님으로부터 배울 수 있고, 우리는 더 많이 알게 되고 더욱 효율적으로 사용될 수 있을 것입니다.

우리는 성경의 치유에 대하여, 한 가지나 두 가지 만이 아니라, 모든 치유에 대하여 더욱 많이 탐구해야 합니다. 우리는 하나님이 치유하심을 압니다. 그리고 물론 우리는 하나님의 말씀에 의하여 기도할 때 치유를 받았다고 믿어도 금방 치유가 나타남이 없을 수도 있다는 것을 압니다. 많은 사람들이 그런 식으로 치유를 받습니다. 나도 그렇게 치유함을 받았습니다. - 말씀에 의거해서 내가 치유를 받은 것을 단순히 믿음으로써 나는 치유를 받았습니다.

그러나 또 치유의 기름부음이 당신에게 사역됨으로 말미암아 치유를 받는 방법이 있습니다. 내가 이미 말한 대로 우리는 치유의 기름부음을 더 공부하여야 하겠고 특별히 예수님의 사역에 대하여 연구해야 합니다.

우리가 치유의 기름부음으로 사역을 할 때에도 (그리고

하나님은 우리들 중 몇 명에게는 그것을 원하십니다) 우리들이 다 같은 방법으로 사역을 하지 않을 수도 있습니다. 그리고 때때로 사람들이 그 전에 보던 것과 다르게 사역하는 것을 보면 그것이 성경적이라 할지라도 사람들이 이해하지 못하기 때문에 비난을 받을 수도 있습니다.

1950년에 텍사스 주 락웰에 있었던 천막집회에서 주님이 환상 가운데 처음으로 나에게 나타나셨을 때, 많은 사람들이 강단 주위에서 기도하고 있었고 나는 어떤 목소리가 영어로 이렇게 말하는 것을 들었습니다. "이리로 올라오라." 나는 그것을 세 번 들었고 네 번째는 이렇게 말씀하셨습니다. "이리로 올라오라. 하나님의 보좌로 올라오라." 나는 눈을 떠서 천막의 꼭대기 쯤 되는 곳에 예수님이 서 계신 것을 보았습니다.

나는 그냥 거기로 올라가서 예수님과 같이 서 있었던 것 같습니다. 예수님은 이렇게 말씀하셨습니다. "하나님의 보좌로 가자." 그래서 우리는 올라가서 하나님의 보좌 앞에 섰습니다.

그런 과정에서 예수님이 그의 오른손의 손가락으로 나의 양손의 손바닥에 대셨습니다. 예수님이 그렇게 하셨을 때 나의 손바닥은 불이 붙은 석탄을 들고 있는 것같이 타는 것 같았습니다. 따뜻하게 느낄 정도가 아니라 나의 손바닥이 뜨거웠습니다.

그리고 예수님은 말씀하셨습니다. "내 앞에 무릎을 꿇어라." 나는 주님 앞에 무릎을 꿇었고 예수님은 그의 손을 내 머리에 얹고 이렇게 말씀하셨습니다. "나는 너를 불렀고 너에게 기름을 부었다. 그리고 네게 병든 사람을 위한 사역을 위하여 특별한 기름부음을 주었다."

환상 전체는 한 시간 반 정도의 시간이 걸렸습니다. 그때 강단 둘레에서 기도하던 모든 사람들이 내가 예수님과 한 대화 중에서 내가 한 말들을 들었습니다. 그래서 아무도 가지 않았습니다. 왜냐하면 사람들은 그것이 무엇이었는지 정말 알고 싶었기 때문입니다!

그 천막을 빌리고 나를 강사로 초빙한 목사님은 한 순복음 교단의 간부였습니다. 그 환상은 9월 어느 토요일 밤에 일어났습니다. 우리는 주일날 밤에 집회를 종료하였습니다. 그리고 그 다음주 화요일에 그 목사님은 같은 교단의 다른 간부와 가을 성경 회의에 같이 참석하였습니다.

이 목사님은 우리 집회에서 있었던 일에 대하여 너무 흥분한 나머지 내가 보았던 환상에 대하여 다른 목사님들에게 이야기 하였습니다.

그 목사님은 나중에 내게 이렇게 말했습니다. "해긴 목사님, 나는 그 목사님들이 거의 다 반대하는 데 너무 놀랐어요! 그들은 목사님을 불러 앉혀놓고 서류를 당신에게서 빼앗고 환상을 본 것 때문에 교단에서 쫓아내려고 하는 것 같았습니다!"

그들은 내가 예수님을 보았고 하나님의 능력을 내 손에 느꼈다는 것 때문에 교단에서 쫓아내려고 하였습니다.

결국 교단의 총회장 되시는 분이 나를 방어하며 이렇게 말하였습니다. "여러분 잠깐만 기다리십시오. 첫째 먼저 내가 여러분께 질문을 하겠습니다. 여기 있는 사람 중에 성경에 예수님의 몸에서 능력이 나가서 혈루병 여인에게 갔을 때 그 능력이 어떻게 느껴졌는지 아는 분이 있으십니까?"라고 말했습니다.

그리고 그는 계속하였습니다. "예수님은 기름부음을 받으셨습니다. 그리고 그 기름부음이 그에게서 나와서 여인에게 들어가서 치유를 한 것입니다." 그리고 그는 그들에게 또 질문을 하였습니다. "당신들은 그 기름부음이 어떻게 느껴지는지 아십니까?"

그 중에 아무도 아는 사람이 없었습니다. 그 총회장이 말했습니다. "그뿐 아니라 나는 해긴 목사님을 개인적으로 압니다. 그는 내 근처에서 목회를 몇 달만 한 것이 아니라 수 년 동안 하였습니다.

해긴 목사님과 수 년 동안 접촉하는 동안 나와 그의 관계는 좋은 것 뿐이었습니다. 그는 우리들 중에서 가장 영적인 사람입니다. 그는 우리 어떤 목사들보다도 더 거룩한 삶을 삽니다. 그는 제일 잘 훈련된 사람입니다."

"해긴 목사님이 바르고 훌륭한 삶을 사는 것 때문에 나는 개인적으로 그가 말하는 것은 다 믿을 것입니다. 그가 내일 아침은 해가 서쪽에서 뜰 것이라고 하면 나는 아침에 일어나 나와서 서쪽을 볼 것입니다."

이것은 총회장의 말이지 내 말이 아닙니다. 그러나 나는 그가 나를 위하여 이렇게 말해준 것에 대하여 너무 고맙게 생각합니다.

이것을 나한테 말해준 목사님은 이렇게 말했습니다. "총회장이 그렇게 말했을 때 나머지 사람들이 '그렇다면 잊어버리는 것이 좋겠군요'라고 말했습니다."

바르게 사는 것은 좋은 일입니다. 그렇지 않습니까! 당신이 하나님 앞에 더 거룩하게 살면 사람들이 당신을 더욱 믿어줄 것입니다.

기름부음으로 사역하는 것을 사양하지 마십시오
Don't Back Off From Ministering With the Anointing

시간이 지남에 따라 나는 락웰에서 본 환상에서 예수님이 내게 기름부으셨던 기름부음으로 사역을 하기 시작하였습니다. 내가 한 목사님을 위하여 집회를 하였는데 같은 동네에 있는 다른 목사님이 나에게 화를 내었습니다. 그 목사님은 내가 기름부음을 받았다는 사실에 대하여 화가 난 것입니다! 그는 하나님의 치유의 능력이 나로부터 흘러나와서 다른 사람들에게 가는 것을 좋아하지 않았습니다!

그래서 이 목사님은 그 교단에서 그 주에 속해있는, 그 지역에서 활동을 관할하는 위원회의 특별 모임을 요청하였습니다. 그 모임에서 그는 이렇게 말했습니다. "우리는 해긴 목사를 불러들여서 하나님의 능력을 자기 손에 느낀다든지, 혹은 예수님을 보았다고 주장하는 것 때문에 그를 교단에서 추출하여야 한다고 생각합니다."

나는 그 위원회의 회원 목사님 거의 전부의 교회에서 집회를 하였습니다. 그리고 그들은 모두 반대하며 말했습니다. "우리는 해긴 목사를 불러서 우리들을 위하여 부흥회를 할 수 있는지 물어보는 것에 100% 동의하였습니다."

나는 그 위원회 소집을 요청한 목사님에게 반감을 느꼈습니다. 그는 내가 다른 집회를 인도하고 있는데 내게 와서 나와 악수를 청하고 이렇게 말했습니다. "해긴 목사님, 나는 당신에 대하여 한 가지는 말할 수 있습니다. 당신이 집회를 한 모든 목사들이 다 당신을 좋아하더군요."

당신은 돌아다니면서 당신의 사역에 대하여 광고를 하고 다닐 필요가 없습니다. 당신이 그냥 바르게 살면, 그리고 당신의 사역이 진실하다면 주님이 당신을 도와줄 것입니다.

올라가고 있지 않은 사람들은 내려가고 있는 것입니다!
What Folks Are Not 'Up' On, They're 'Down' On!

나는 한 2년 후에 다른 주에서 집회를 하고 있었습니다. 나는 겨우 30대 초반이었고 그 교회 목사님은 은퇴할 때가 된 목사님이었습니다. 그 목사님은 내게 이렇게 말했습니다. "해긴 목사님, 수 년 전에 하나님이 지금 당신을 사용하시는 것같이 저를 사용하시려고 하였습니다. 나는 당신과 거의 동일한 경험들을 가졌습니다. 그리고 나도 당신과 같이 그렇게 사역하기 시작하였습니다. 그러나 동료 목사들이 나에게 그렇게 하지 말라고 하여서 그만 두었습니다. 당신은 주님께 받은 것을 다른 사람들이 하지 말라고 해도 그만 두지 마십시오. 그냥 계속하십시오."

나는 어떤 일이 있어도 계속하려고 이미 마음 먹은 상태였지만 그 목사님은 나를 격려하려고 하시는 것이었습니다.

그 다음해에, 다른 주에 계신 다른 목사님이 거의 같은 말을 내게 또 하셨습니다. 나는 그 주에서 설교를 하고 있었고, 그 지역 교회 사람들 사이에 교리에 대한 상당한 논쟁이 있었습니다. 이것은 마치 누군가 "올라가고 있지 않은 사람은 내려가고 있는 것입니다"라고 한 말과 똑같습니다.

내가 집회를 하고 있던 교회의 목사님은 한 70세 쯤 되었습니다. 그는 나에게 이렇게 말했습니다. "해긴 목사님, 나도 치유의 사역을 하였습니다. 나는 이 세기 초에 존 알렉산더 두이와 같은 때에 시작을 하였습니다. 그리고 오순절 운동이 시작될 무렵 성령의 놀라운 부어주심이 있었을 때도 그 자리에 있었습니다."

"하나님이 나를, 지금 당신을 사용하는 것같이 사용하시려고 하였습니다." 이 목사님은 계속하였습니다. "그러나 나는 몇 사람들이 그만두라고 하는 것을 받아들였던 것입니다. 어느 누구가 당신에게 그만두라고 하여도 듣지 마십시오."

나는 그런 관록이 있는 사람들에 대한 큰 신뢰가 있었습니다. 그러나 나는 이미 어떤 사람이 주님이 내게 하라고 하신 일을 그만 두라고 할지라도 듣지 않겠다고 결심하고 있었습니다.

주님께 간단히 순종할 수 있는 특권에 대하여 하나님께 감사합니다! 그러나 당신이 주님께 순종하면 마귀는 모든 종류의 방해물들을 당신에게 던질 것입니다. 그러나 하나님께 신실하게 남아있으면 반드시 보상이 있습니다.

나는 나의 기름부음에 대하여 반대하는 사람들을 절대로 비난하지 않았습니다. 그들이 잘 알지 못하고 있기 때문입니다. 사실 나도 기름부음에 대하여 잘 알지 못하고 있었습니다.

왜 우리가 기름부음이란 주제에 대하여 더 많이 알지 못할까요? 우리가 성경의 특별한 주제에 대하여 잘 알지 못하는 이유는 우리가 그런 것을 더 많이 공부하지 않기 때문입니다. 그러나 그렇다 해도 치유의 기름부음은 성경에 항상 있었던 것입니다.

1950년에 주님이 내게 나타나신 후 나는 자연스럽게, 치유의 기름부음에 대하여 더 많이 공부하기 시작하였습니다. 왜냐하면 나는 모든 것을 성경으로 증명하기를 원했기 때문입니다. 나는 나의 심령에 만족하게 되었으므로 계속하여 그 주제에 대하여 자꾸 설교하였습니다.

그런데 주님이 나중에 내게 "기름부음에 대하여 더 공부하여라"라고 말씀하셨습니다. 그래서 나는 더욱 공부를 하였습니다. 더 많이 공부를 하면 할수록 나는 과거에 벌써 보았던 일들을 더 분명하게 이해할 수 있게 되었습니다.

우리는 이미 사람이 치유의 능력으로 기름부음을 받을 수 있다는 것을 알았습니다. 그러나 사람이 자신에게 기름을 부을 수는 없듯이 사람들이 서로 피차에게 기름을 부어줄 수도 없습니다. 성경은 "하나님이 나사렛 예수에게 성령과 능력을 기름 붓듯 하셨으매 그가 두루 다니시며 선한 일을 행하시고 마귀에게 눌린 모든 사람을 고치셨으니 이는 하나님이 함께 하셨음이라"(행 10:38)고 말하고 있습니다. 그리고 또 다른 구절에서는 "하나님이 바울의 손으로 놀라운 능력을 행하게 하시니"(행 19:11)라고 말했습니다. 그래서 우리는 역사하시는 분은 하나님이라는 것을 알고 있습니다. 물론 하나님은 교회의 머리이신 예수님을 통하여 하십니다.

안에 계시고 위에 계신 성령
The Spirit Within and Upon

기름부음은 사람들 위에 와서 하나님이 하라고 하신 일을 사람들이 할 수 있게 해줍니다. 예수님은 복음서에서 "주의 성령이 내게 임하셨으니The Spirit of the Lord is upon me 이는 가난한 자에게 복음을 전하게 하시려고 내게 기름을 부으시고 나를 보내사 포로 된 자에게 자유를, 눈 먼 자에게 다시 보게 함을 전파하며 눌린 자를 자유롭게 하고"(눅 4:18)라고 말씀하셨습니다.

성령의 기름부음이 모든 믿는 자들 안에 있지만 이것은 믿는 자들로 하여금 사역을 하게 하는 것은 아닙니다. 예를 들어서 요한 일서 2장 27절은 이렇게 말하고 있습니다. "너희는 주께 받은 바 기름부음이 너희 안에 거하나니 아무도 너희를 가르칠 필요가 없고 오직 그의 기름부음이 모든 것을 너희에게 가르치며 또 참되고 거짓이 없으니 너희를 가르치신 그대로 주 안에 거하라"

그러므로 우리 안에 있는 기름부음은 사람들에게 임하는 기름부음과는 다른 기름부음입니다. 같은 성령이지만 다른 기름부음입니다. 당신 위에 임하는 기름부음은 느끼기에도 다르게 느껴집니다.

그리고 당신은 사람이 자신에게 기름부음을 줄 수 없다는 것을 기억하실 것입니다. 많은 그리스도인들이 하나님의 사역자로 그들 자신에게 기름부으려고 하였으나 그들은 할 수가 없었습니다. 하나님만이 기름부으시는 분입니다(행 10:38).

예수님의 사역의 기름부음에 관하여, 우리는 예수님이 얼마 동안 하나님을 대표하는 유일한 분이며, 하나님의 기름부음을 받은 자로, 땅에서 사역하시는 것을 볼 수 있습니다. 나중에 주님은 열두 제자를 부르시고 그리고 그들에게 이렇게 말씀하셨습니다. "나는 너희에게 능력을 주노라"(마 10:1; 막 6:7).

막 6:7,12-13
7 열두 제자를 부르사 둘 씩 둘 씩 보내시며 더러운 귀신을 제어하는 권능을 주시고
12 제자들이 나가서 회개하라 전파하고
13 많은 귀신을 쫓아내며 많은 병자에게 기름을 발라 고치더라

7절에서 예수님께서 제자들에게 권능을 주셨다고 했습니다. 당신은 당신한테 없는 것을 다른 사람에게 줄 수 없습니다. 그러나 예수님께는 마귀를 쫓고 병든 사람을 고치는 능력이 있었으므로 예수님이 그 능력을 제자들에게 주신 것입니다.

그리고 나중에, 예수님께서 또 다른 70명의 제자들을 부르셨고 그들에게도 권능을 주어서 내보냈습니다(눅 10:1). 예수님은 그들에게 같은 성령의 능력을 주어서 내보낸 것입니다.

하나님께서 사람에게 주신 일을 감당하게 하기 위하여 기름을 부으신다고 말한 것을 기억하시지요. 다른 말로 하면, 기름부음은 특별한 소명을 이루기 위하여 혹은 특별한 직임을 수행하기 위하여 사람에게 부어진다는 것입니다.

그 열두 제자와 칠십 명의 제자, 그리고 그리스도인으로서의 우리는 모두 같은 몸, 교회의 머리이신 예수 그리스도의 몸에 속해 있습니다. 그러나 사역에 있어서 우리 모두가 같은 직임을 가진 것은 아닙니다(롬 12:4).

하나님이 당신을 무슨 직임을 위하여 불렀든지, 하나님은 그 사역을 할 수 있게 그 자리에 잘 맞는 기름부음을 주실 것입니다. 그러나 기름부음이 더 강해지고 더 능력 있게 하기 위해 당신이 할 일이 있습니다. 금식이라든가 더 많이 기도해야 한다든가 - 혹은 하나님의 임재 가운데 하나님을 기다리는 일을 더 할 수도 있겠지요. 그러나 당신이 어떤 직임을 위해 하나님께 기름부음을 받았다면 당신은 언제나 그 분량의 기름부음을 가지고 있을 것입니다.

치유의 기름부음과 가르치거나 설교하는 기름부음
The Anointing To Heal Vs. the Anointing To Preach or Teach

　기름부음을 공부하는데 있어서, 우리는 하나님의 치유의 능력은 실제로 느낄 수 있는tangible 것이라는 것을 발견하였습니다. 이것은 '하늘나라'의 물질인 것입니다. 그렇게 말하는 것이 가장 좋은 표현인 것 같습니다. 왜냐하면 '실제적으로 느낄 수 있다tangible'라는 말은 만질 수 있다든가 혹은 만져서 지각할 수 있다는 뜻이 있기 때문입니다. 그러므로 우리는 치유의 기름부음을 만지고 느낄 수 있기 때문에 이것을 확실하다고 할 수밖에 없습니다.

　사역을 하는 사람들은 설교나 가르침을 위하여 일하는 기름부음에 대하여 좀 알고 있습니다. 설교나 가르치는 기름부음도 실제적으로 느낄 수 있습니다. 왜냐하면 치유 사역을 위해 기름부으시는 같은 성령이 사람들에게 가르치고 설교할 수 있도록 기름을 부으시기 때문입니다. 당신은 누가복음 4장에 예수님이 - 설교와 가르침을 위한 - 말씀의 기름부음을, 그리고 치유의 기름부음을 받으신 것을 기억하실 것입니다.

　그러나 말씀의 기름부음은 치유의 기름부음과는 다른 종류의 기름부음입니다. 그러나 목사는 설교하고 가르치는 기름부음에 대하여 느낄 수 있습니다. 그것은 같은 성령이 기름부음을 주시는 것입니다.

내 개인의 경험으로는, 종종 나는 강한 사역의 기름부음이 있어서 속에서 뛰고 약동하는 느낌을 가지고 강단에 나가곤 합니다. 다른 말로 하면, 기름부음은 내 안에서 진동을 하였고 나도 그것을 느낄 수 있었습니다.

당신에게 설교하고 가르치는 기름부음이 있으면 그 기름부음은 성령께서 하나님의 능력으로 채워주신 말씀과 함께 당신 입으로부터 나가는 것 같습니다. 다른 사람들도 느낍니다. 왜냐고요? 그 말씀은 성령으로 채워 있기 때문입니다.

그러나 지금은 우리가 치유의 기름부음을 말하고 있습니다. 치유의 기름부음은 가르치고 설교하는 기름부음과 비슷합니다. 치유의 기름부음도 만질 수도 있고 만져서 지각할 수도 있습니다.

병자를 위한 특별한 기름부음이 있습니다
There Is an Anointing Especially To Minister to the Sick

우리는 모든 믿는 자 안에 있는 기름부음과 하나님께 소명을 받은 특정한 믿는 자에게 임하는 사역을 위한 기름부음의 차이를 말하고 있습니다. 그러나 사람에게 주어지는 특별한 소명을 위한 기름부음과 치유의 기름부음 같은 특별한 기름부음과는 차이가 있습니다.

하나님이 무엇을 위하여 당신을 불렀든지 그 직임에 대한 기름부음은 자동적으로 오게 되어 있습니다. 그러나 치유의 기름부음은 좀 다르고, 다른 사역의 기름부음과는 좀 구별되어 있다고 할 수 있습니다.

예를 들어서 1950년 텍사스 주 락웰에서 본 환상에서 예수님은 내게 나타나셔서 이렇게 말씀하셨습니다. "나는 네가 태어나기도 전에 너를 불렀다. 나는 네 어머니의 모태로부터 사역을 위하여 너를 구별하였다. 사탄은 네가 태어나기도 전에 너를 죽이려고 하였고 그 후에도 여러 번 죽이려고 하였지만 나의 천사가 너를 지켜 주었고 지금까지 너를 돌보아 준 것이다."

예수님이 "내가 너를 불렀다"라고 말씀하실 때 이것은 1950년 9월 2일에 나를 부르셨다는 것이 아닙니다. 주님은 내가 태어나기 전에 사역을 위하여 소명을 주셨다는 것입니다. 나는 예수님이 "내가 너를 불렀다"라고 말씀하실 때 그것을 이해하였습니다.

예수님이 "내가 너를 불렀다"라고 말씀하신 후 "그리고 나는 너에게 기름부음을 주었다"고 말씀하셨습니다. 나는 또 예수님이 바로 그날 사역을 위하여 기름부음을 주신다고 말씀하시는 것이 아니라는 것을 알았습니다. 아닙니다. 기름부음과 소명은 같이 옵니다. 그리고 나는 그때 이미 그 기름부음으로 사역을 수 년 간 해오고 있었습니다.

그러나 주님은 또 나에게 이렇게 말씀하셨습니다. "그리고 나는 네게 병든 자를 위하여 손을 얹을 수 있는 특별한 기름부음을 주었다"라고 말씀하셨을 때 나는 예수님이 그날 1950년 9월 2일에 특별한 기름부음을 주시는 것을 알았습니다.

나는 이미 수 년 간이나 병든 자들에게 손을 얹어 왔고 그들이 낫는 것도 보아 왔습니다. 그러나 나는 특별한 기름부음으로 사역한 것은 아니었습니다. 나는 말씀에 의하여 병든 사람에게 손을 얹는 것으로 사역을 해 왔던 것입니다.

예수님이 그 환상에서 나에게 병든 자에게 손을 얹고 기도할 수 있게 특별한 기름부음을 주신 후 내게 이렇게 말씀하셨습니다. "네 발로 똑바로 서라." (예수님이 조금 전에 나보고 무릎을 꿇으라고 하셨었습니다. 그러므로 나는 환상 중에 줄곧 무릎을 꿇고 앉아 있었습니다.)

그리고 예수님은 다른 말씀들 중에 내게 이렇게 말씀하셨습니다. "네가 다른 사람들에게 내가 너에게 말한 것을 다 말하지 않는다면 이 특별한 기름부음은 역사하지 않을 것이다. 네가 기름부음을 받은 것을 그들이 믿는다면 그들은 기름부음을 받을 것이고 능력은 흘러갈 것이다. 기름부음은 그들을 위하여 역사할 것이다."

치유의 기름부음은 흘러갑니다. 그리고 이것은 믿음으로 역사하는 것입니다. 예를 들어서, 혈루병 앓던 여인의 경우에는, 그 능력이 예수님으로부터 나와서 그 여인에게 흘러갔던 것입니다. 예수님은 이렇게 말씀하셨습니다. "딸아, 네 믿음이 너를 온전하게 하였다."

그리고 그 여자는 그 군중들 중에 치유를 받은 유일한 사람이었던 것에 주목하십시오. 성경은 많은 군중 혹은 무리가 예수님을 따랐다고 말합니다(막 5:31). 예수님은 그 전부터 항상 치유의 능력으로 기름부음을 가지고 있었습니다. 그러나 그 여자가 그 많은 군중 속에서 치유를 받은 유일한 사람이라고 성경은 말하고 있습니다.

당신은 군중 가운데 있어본 적이 있습니까? 성경은 혈루병 앓던 여인이 무리 중에 "무리 가운데 뒤로 끼어 왔다"라고 말합니다(막 5:27). '끼어press'라는 말은 예수님을 사방에서 밀었다는 뜻입니다! 그리고 이 가운데 예수님은 "누가 나를 만졌다"라고 말씀하셨습니다.

예수님이 기름부음을 받았던 능력은 그냥 예수님으로부터 흘러서 여러 사람에게로 간 것이 아닙니다. 이것은 이 여자가 예수님의 옷을 만질 때 그 여자에게로 흘러 간 것입니다. 무엇이 능력을 예수님에게로부터 그 여자에게로 흘러가게 하였습니까? 그 여자의 믿음이었습니다.

기름부음은 그렇게 역사합니다. 많은 군중이 있을지라도 그 중의 하나만 치유를 받습니다. 물론 기름부음이 임재하고 나타나 있으면 그들 모두가 받을 수도 있었습니다. 그들도 하나님을 믿고 능력이 전달됨으로 치유함을 받을 수 있었습니다. (만일 기름부음이 임재하지 않더라도 하나님을 믿고 하나님의 말씀을 믿는 단순한 믿음으로 치유를 받을 수도 있습니다.)

어떤 것들은 기름부음을 역사하게 하지만 어떤 것, 즉 불신앙 같은 것은 기름부음이 역사하는 것을 방해합니다. 기름부음은 자동적으로 역사하지 않습니다.

기름부음이 유익하게 역사할 수 있도록
당신은 기름부음에 반응하여야 합니다
You Have To Respond to the Anointing
For It To Benefit You

많은 경우에 사람들은 이렇게 생각합니다. "만일 성령님이 무엇을 하시려면 알아서 하실 것입니다." 그러나 그것은 그렇지 않습니다. 사람들이 성령님께 반응을 하여야만 합니다.

예를 들어서, 예수님은 요한복음 6장 44절에서 "나를 보내신 아버지께서 이끌지 아니하시면 아무도 내게 올 수 없으니 오는 그를 내가 마지막 날에 다시 살리리라"라고 말씀하셨습니다. 아버지께서 그렇게 하는 방법은 성령을 통해서입니다.

성령님이 교회 예배 중에 계시며 죄인을 아버지께 이끈다고 가정해 봅시다. 성령이 머리카락을 잡고 그 사람들을 흔들어서 강단으로 데리고 오지는 않습니다. 죄인들이 성령님께 반응을 해야 하는 것입니다.

하나님의 영이나 기름부음에 대하여 사람이 반응해야 할 역할이 있습니다. 치유의 기름부음이 어떤 사람을 돕기 위하여 임하였을 지라도 그 사람이 반응을 하지 않는다면 그 기름부음이 그곳에 있기만 하지 그 사람에게 유익이 되지는 않습니다.

오늘날 있는 특별한 기름부음에 대한 성경적 전례
Scriptural Precedence for The Special Anointing Today

락웰에서 보았던 환상에서 예수님이 내게 "나는 너를 불렀고 너에게 기름부음을 주었으며 아픈 사람을 위하여 사역할 수 있는 특별한 기름부음을 주었다"라고 말씀하셨을 때 예수님은 그때 성경 구절, 사도행전 19장 11절과 12절도 같이 주셨습니다.

> 행 19:11-12
> 11 하나님이 바울의 손으로 놀라운 능력을 행하게 하시니
> 12 심지어 사람들이 바울의 몸에서 손수건이나 앞치마를 가져다가 병든 사람에게 얹으면 그 병이 떠나고 악귀도 나가더라

바울의 손을 통하여 하나님이 특별한 기적을 행하게 하심은 특별한 기름부음으로 하신 것입니다.

그리고 예수님은 이 환상에서 또 다른 말씀도 하셨습니다. 예수님은 이렇게 말씀하셨습니다. "내가 네 손을 통하여 특별한 일을 하려고 한다면 (그 특별한 기름부음을 말하고 있는 것입니다) 나는 교회 사람들을 다 모아 내가 그 일을 할 수 있는지 없는지 투표를 할 필요는 없다."

예수님은 교회의 머리입니다
Jesus Is the Head of the Church

예수님은 교회의 머리 혹은, 그리스도의 몸의 머리입니다.

우리는 몸입니다. 그리고 예수님은 머리입니다. 로마서 12장에서 사도 바울은 그리스도의 몸을 설명하기 위하여 인간의 몸을 사용하고 있습니다. 자연계에서는 당신의 머리가 몸 전체를 통제하고 있습니다. 당신의 머리는 "나는 나의 모든 손가락과 발가락을 모아 투표를 하게 하겠다"라고 말하지 않습니다. 아닙니다. 머리가 몸을 통제하는 것입니다.

내가 여러분에게 말하는 것은 이것입니다: 예수님은 아직도 직임과 사역과 기름부음을 분배하시고 계시다는 것입니다. 예수님이 열둘을 부르시고 그들에게 권능을 주시고 내보내신 것을 기억하시지요. 그리고 나중에 칠십 인을 부르시고 권능을 주셨습니다. 성경은 예수님이 그들에게 권능을 주셨다고 말합니다(눅 10:1, 19).

그래서 예수님은 머리입니다. 예수님께서는 사역과 기름부음을 분배하시는 분입니다. 그리고 하나님께서 그렇게 계획하신 것입니다. 다른 말로 하면, 성경은 하나님이 교회의 머리라고 하지 않습니다. 성경은 예수님이 머리라고 말합니다(엡 1:22). 예수님은 아버지의 권세를 침해하는 것이 아니라 예수님을 교회의 머리로 하신 것이 하나님이 계획하신 방법입니다.

요한복음 14, 15, 16장에서 우리는 교회의 머리인 예수님이 성령님에 대하여 하신 말씀을 읽어 볼 수 있습니다. 예수님이 하신 말씀 가운데 특별히 흥미로운 것은 성령님이 자신의 것을 말씀하시지 않을 것이라는 것입니다. 성령님은 예수님의 것으로 말씀하십니다.

요 16:13-14
13 그러나 진리의 성령이 오시면 그가 너희를 모든 진리 가운데로 인도하시리니 그가 스스로 말하지 않고 오직 들은 것을 말하며 장래 일을 너희에게 알리시리라
14 그가 내 영광을 나타내리니 내 것을 가지고 너희에게 알리시겠음이라

성령님은 자신의 말을 절대 하지 않습니다. 성령님은 예수님의 것을 가져다가 우리들에게 보여 주십니다. 그리고 성령님은 무엇이든 예수님께 듣고 그것을 그대로 말씀하십니다.

그리고 예수님은 지금도 사역을 배분하십니다. 예수님은 교회의 머리이시고 몸 된 교회에 직임을 세우고 사람들에게 기름을 부으시고 기름부음을 배분하십니다.

히 2:4
하나님도 표적들과 기사들과 여러 가지 능력과 및 자기의 뜻을 따라 성령이 나누어 주신 것(gifts of the Holy Spirit)으로써 그들과 함께 증언하셨느니라

당신이 신약에서 '은사'나 '은사들'에 대하여 읽을 때 그것들이 모두 같은 것이라고 생각을 한다면 히브리서 기자가 쓴 의도를 잘못 왜곡할 수가 있습니다. 신약에서 '은사들'이라고 번역된 헬라어는 네 가지가 있습니다.

나의 성경 관주에는 '성령의 은사들'이라는 것은 '성령이 나누어주신 것들'이라고 읽을 수도 있다고 말하고 있습니다.

그리고 히브리서 2장 4절에 쓰여진 '은사'라는 말은 '기적적 능력이나 혹은 분배'라는 뜻이 있습니다.

그래서 하나님은 성령의 기적적 능력이나 분배(새로운 탄생을 의미하는 것이 아니라 사역을 위하여)를 '자기의 뜻을 따라'(히 2:4) 배분하시는 것입니다. 누구의 뜻을 따른다고요? 나의 뜻입니까? 성령님의 뜻입니까? 아닙니다. 하나님은 하나님의 뜻과 예수님의 뜻에 따라 기적적 능력을 배분하십니다. 왜냐하면 예수님은 교회의 머리이시기 때문입니다!

그렇기 때문에 예수님이 내게 "나는 교회의 교인들을 모아서 내가 너에게 특별한 기름부음을 줄 수 있는지 없는지에 대하여 투표를 할 필요가 없다. 나는 교회의 머리이다"라고 말씀하신 것입니다.

다른 말로 하면, 예수님은 어떤 사람들에게 물어보고 허락을 받아서 기름부음을 배분할 필요가 없다는 말입니다. 예수님은 교회에서 위원회를 구성하여 그들로 일을 만들게 할 필요가 없습니다. 왜 그럴 필요가 없을까요? 왜냐하면 예수님은 교회의 머리이시기 때문입니다!

그래서 예수님은 사실 내게 이렇게 말씀한 셈이 됩니다. "내가 너의 손을 통하여 무엇을 하기를 원한다면 나는 특별한 모임을 만들어 투표할 필요가 없다."

예수님은 교회의 머리이시므로 내게 특별한 기름부음을 주셨습니다. 그리고 예수님은 예수님 자신의 뜻에 따라 지금도 특별한 기름부음을 배분하고 계십니다.

성령의 능력은 흐릅니다
The Holy Ghost Power Flows

그러면 이런 특별한 기름부음은 어떻게 역사할까요? 어떻게 기름부음을 받은 사람이 치유의 능력을 다른 사람에게 전달할 수 있습니까? 그 중에 하나 분명한 사실은 이 능력이 흐른다는 것입니다.

내가 이미 언급한 바와 같이 전기는 자연적 영역에서의 하나님의 능력입니다. 그러나 성령의 능력은 영적인 영역에서의 하나님의 능력입니다.

사람이 전기를 발견한 후, 처음에는 어떻게 전기를 흐르게 하는 줄을 몰랐습니다. 사람들은 전기를 다스리는 법과 규칙을 알지 못하였던 것입니다. 그러나 사람은 결국 그것을 알아내었고 어떻게 전기가 흐르게 할 수 있는지 알아내었던 것입니다!

예를 들어서, 모든 금속이 전기를 전달하는 것은 아닙니다. 그것과 비슷하게 성령님의 능력도 어떤 물질이나 실체라고 다 전달되는 것은 아닙니다.

혈루병 앓던 여인의 경우에는 옷이 – 예수님의 옷이 – 그 능력을 전달하였습니다. 성령의 능력이 전기와 같이 예수님께로부터 흘러서 그 여인에게로 갔다고 말할 수 있습니다. 혹은, 우리는 성령의 능력이 물이 흐르는 것과 같이 흐른다는 논리를 펼 수 있습니다.

이것은 철저하게 성경적입니다. 왜냐하면 예수님 자신이 요한복음에서 그렇게 말씀하셨기 때문입니다.

> 요 7:37-39
> 37 명절 끝날 곧 큰 날에 예수께서 서서 외쳐 이르시되 누구든지 목마르거든 내게로 와서 마시라
> 38 나를 믿는 자는 성경에 이름과 같이 그 배에서 생수의 강이 흘러나오리라 하시니
> 39 이는 그를 믿는 자들이 받을 성령을 가리켜 말씀하신 것이라 (예수께서 아직 영광을 받지 않으셨으므로 성령이 아직 그들에게 계시지 아니하시더라)

37절에서 예수님이 이렇게 말씀하셨습니다. "누구든지 목마르거든 내게로 와서 마시라." 우리가 목이 마른 것과 마시는 것을 생각하면 우리는 물을 생각합니다! 그리고 38절에서는 그의 배 혹은 그의 깊은 속에서 강이 흘러나오리라고 말합니다. 그것도 물을 말하고 있습니다. 당신은 강에서 모래가 흐르는 것을 보았습니까? 아닙니다. 그 모래가 물에 있지 않으면 흐를 수 없습니다. 왜냐하면 강에서는 물이 흐르기 때문입니다!

그러면 이 물은 무엇입니까? 39절은 우리에게 이렇게 말하고 있습니다. "이는 그를 믿는 자들이 받을 성령을 가리켜 말씀하신 것이라(예수께서 아직 영광을 받지 않으셨으므로 성령이 아직 그들에게 계시지 아니하시더라)." 그러므로 우리는 성령의 능력, 기름부음이 물과 같이 흐른다고 말할 수 있는 것입니다.

물론 예수님이 이 땅에서 사역을 하실 때에는 예수님은 기름

부음의 역사를 표현하는데 전기를 예로 들을 수는 없었습니다. 왜냐하면 사람들은 예수님이 무슨 말씀을 하시는지 알지 못했을 테니까요! 그러나 그 사람들도 물에 대해서는 알고 있었습니다!

성령의 능력의 이동
The Transfer of Holy Ghost Power

성령님은 전기같이 흐릅니다. 그리고 성령은 또 물같이 흐릅니다. 우리는 사람이 자기 자신에게 성령의 능력으로 기름 부을 수 없다는 것을 압니다. 하나님이 기름부으셔야만 합니다. 그러나 이동하고 전달될 수 있는 기름부음은 이 사람에서 다른 사람으로 흘러갈 수 있습니다.

우리는 열왕기하 2장 9-15절에서 엘리야와 엘리사의 경우에 기름부음이 이동하는 것을 읽어볼 수 있습니다. 그리고 분명히 예수님께서 12제자를 부르셔서 그들에게 권능과 능력을 주셨을 때도 이와 비슷한 일이 일어났습니다(마 10:1).

예수님은 성령님 혹은 기름부음을 한량없이 가지고 계셨으므로 예수님은 열두 제자를 예수님 앞으로 부르시고 내보내셨습니다. 예수님은 "내가 너희들에게 능력을 주노라"라고 말씀하셨습니다. 예수님은 어디서 능력을 얻으셨습니까? "하나님이 나사렛 예수에게 성령과 능력을 기름 붓듯 하셨으매 그가 두루 다니시며 선한 일을 행하시고 마귀에게 눌린 모든 사람을 고치셨으니 이는 하나님이 함께 하셨음이라"(행 10:38).

하나님이 예수님에게 기름을 부으셨던 것입니다. 거기서 예수님께서는 능력을 얻으신 것입니다. - 하나님으로부터.

우리는 하나님이 기름을 부으신다고 말했습니다. 사람은 사역을 위해서 자신에게 기름을 부을 수도 없고 다른 사람에게 기름을 붓겠다고 결정할 수도 없습니다. 그러나 사역에서 매우 빈번하게 기름부음은 이 사람에게서 저 사람에게로, 엘리야와 엘리사의 경우와 같이, 혹은 예수님과 열두 제자와 또 칠십 인의 제자의 경우와 같이 전달될 수 있는 것입니다. 하나님의 말씀은 구약에서, 모세와 여호수아에 대하여 이 분야에 대해 또 다른 것도 말씀하고 있습니다.

신 31:14, 23
14 여호와께서 모세에게 이르시되 네가 죽을 기한이 가까웠으니 여호수아를 불러서 함께 회막으로 나아오라 내가 그에게 명령을 내리리라 모세와 여호수아가 나아가서 회막에 서니
23 여호와께서 또 눈의 아들 여호수아에게 명령하여 이르시되 너는 이스라엘 자손들을 인도하여 내가 그들에게 맹세한 땅으로 들어가게 하리니 강하고 담대하라 내가 너와 함께 하리라 하시니라

신 34:9
모세가 눈의 아들 여호수아에게 안수하였으므로 그에게 지혜의 영이 충만하니 이스라엘 자손이 여호와께서 모세에게 명령하신 대로 여호수아의 말을 순종하였더라

여호수아는 모세가 그에게 손을 얹고 기도하였으므로 모세가 가졌던 것과 같은 지혜의 영을 가졌습니다. 그렇다면

분명히 모세가 기름부음을 받았던 하나님의 영적 지혜와 능력이 손을 얹음으로 인하여 여호수아에게 이동되었다는 것입니다.

하나님의 능력은 이동할 수 있습니다. 우리는 그것을 복음서에서 찾아볼 수 있습니다. "예수께서 그의 열두 제자를 부르사 더러운 귀신을 쫓아내며 모든 병과 모든 약한 것을 고치는 권능을 주시니라"(마 10:1).

나는 여기에 있는 권능이라는 말의 헬라어로는 권세라고도 번역될 수 있는 것을 압니다. 그러면 이것이 권능이든지 혹은 권세이든지 어떻게 제자들이 아픈 사람을 치유하고 귀신을 쫓아내었겠습니까? 하나님의 능력으로 하였던 것입니다.

예수님은 주로 치유의 능력으로 사역하셨습니다
Jesus Ministered Primarily By the Healing Power

이것이 주로 예수님이 병든 자를 고치고 귀신을 쫓아내신 방법입니다. 하나님의 치유의 능력의 기름부음으로 하신 것입니다. 그리고 예수님이 병든 자를 고치셨고 귀신들린 자들을 기름부음으로 쫓아냈는데 어떻게 예수님은 그의 제자들에게 같은 일을 할 수 있도록 내보낼 수 있었을까요? 예수님께서는 제자들의 능력으로 병든 자를 고치고 귀신을 쫓아내라고 내보내셨을까요?

제자들은 예수님이 인간의 능력으로 하라고 하였기 때문에 주님이 하신 같을 일을 하려고 나아갔을까요? 아닙니다. 만일 그들이 그렇게 할 수 있었다면 그들은 이미 전부터 그런 일을 하고 있었을 것입니다. 그들은 예수님이 하신 것과 같은 일을 하려면 성령의 능력을 받아야 했던 것입니다.

믿음과 능력의 균형
The Balance of Faith and Power

여기에 매우 흥미로운 점이 있어서 내가 먼저 세워놓았던 논리로 다시 돌아가 보려고 합니다. (그렇기 때문에 나는 같은 것을 여러 가지 다른 각도에서 살펴보면서 반복하여 이야기하곤합니다. 이것은 우리들 대부분에게 새로운 분야입니다. 그래서 나는 여러분에게 보여주기 원합니다.)

예수님은 우리가 지금 말하고 있는 일을 하기 위하여 사도들을 보낼 때 분명히 능력을 주시고 권세를 주신 것에 틀림없습니다. 그러나 여기에서 다른 것에 주목하시기 바랍니다. 사도들은 나가서 예수님이 안수하시지 않은 다른 사람을 만났습니다. 그렇지만 이 사람도 같은 일들을 하고 있었습니다.

제자들 중 하나가 예수님께 이렇게 말하였습니다. "요한이 예수께 여짜오되 선생님 우리를 따르지 않는 어떤 자가 주의 이름으로 귀신을 내쫓는 것을 우리가 보고 우리를 따르지 아니하므로 금하였나이다"(막 9:38).

예수님은 "금하지 말라 내 이름을 의탁하여 능한 일을 행하고 즉시로 나를 비방할 자가 없느니라"(막 9:39)라고 말씀하였습니다.

예수님은 이 사람에게 능력을 주시지 않았습니다. 그러나 예수님은 "금하지 말라"고 말씀하셨습니다. 이 사람은 본질적으로 능력을 받지는 않았던 것입니다. 그는 그냥 믿음으로 귀신을 내쫓았던 것이었습니다. 그는 아마 예수님의 사역에서 예수님이 하시는 것을 보았을 것입니다. 그래서 이 사람은 믿음이 있었던 것입니다. 하나님을 축복합니다. 예수님이 하시는 것을 보고 귀신을 쫓아낼 믿음이 있었던 것입니다! 그래서 그는 믿음으로 그렇게 한 것입니다.

제자들이 본 귀신을 쫓는 이 사람은 제자들이 모르는 사람이었습니다. 예수님은 다른 사람을 부른 것같이 이 사람을 부르지는 않았습니다. 예수님은 "나는 네게 권세를 준다. 나는 네게 능력을 준다"라고 말씀하지 않았습니다. 그런 것이 아닙니다. 이 사람은 예수 그리스도의 이름을 믿는 믿음으로 귀신을 쫓아내고 있었습니다. 그는 그냥 믿음으로 그렇게 하고 있었던 것입니다.

믿음의 말씀을 통해 악한 영으로부터 자유함을 받은 예들
Examples of Deliverance Through the Word of Faith

나는 이런 맥락에서 수 년 전에 존 G. 레이크 박사가 말한 것을 기억합니다. 거의 모든 교단들이 남아프리카에 선교사를 파송하고 있었습니다. 그리고 존 G. 레이크는 이 선교사 단체를 방문하기 위하여 아프리카로 초청받았습니다.

이 선교사들은 마술사들의 마법의 능력을 다루는데 완전히 실패를 하였기 때문에 많이 혼란되어 있었습니다. 대부분의 선교사들이 절망으로 포기할 상태에 이르렀습니다. 그들은 이렇게 말하였습니다. "우리는 이제 어떻게 해야 하지? 이 마술사들은 대단한 능력이 있는데." 이 마술사들은 대단한 기적적인 일들을 행하였던 것입니다.

그래서 존 G. 레이크는 선교사들에게 이렇게 말했습니다. "왜 당신들은 그 사람 안에 있는 귀신을 쫓아내지 않으십니까?"(레이크는 그런 사람이었습니다. 그는 상당히 직선적인 사람이었습니다.)

한 선교사가 반은 농담으로 이렇게 말했습니다. "그들에게서 귀신을 쫓아 내라고요? 그들이 오히려 당신 안에 있는 귀신을 쫓아 낼 것입니다!" 이 선교사는 레이크 박사 안에 귀신이 있다고 말한 것은 아닙니다. 다른 말로 하면, 그가 말한 것은 마술사들이 레이크보다 더 큰 능력이 있다는 말이었습니다.

레이크는 말했습니다. "그들은 나보다 더 능력이 많지 않습니다. 왜냐하면 내 안에 계신이가 세상에 있는 자보다 더 크시기 때문입니다"(요일 4:4).

레이크는 수천 명의 사람들이 모이는 세계적인 심령술사들의 영성 모임에 초청을 받아 가곤 하였습니다. 레이크는 이렇게 말하곤 하였습니다. "여러분들이 내게 2시간만 말할 시간을 주신다면 가겠습니다." 그리고 그는 그런 마술적인 모임에 가서 하나님의 능력을 2시간 이야기하곤 했습니다!

레이크는 이렇게 말합니다. "여기 계신 여러분들은 영적인 영역에서 놀라운 영의 활동을 잘 알고 있는 사람들입니다. 그러면 여러분들이 나보다 더 큰 기적을 할 수 있는지 보십시다." 그는 이런 일에 아주 담대하였습니다. 하나님을 축복합니다. 왜냐하면 그는 더 크신 분이신 성령님이 자기 안에 거함을 알았던 것입니다. 더 크신 분은 모든 귀신과 마귀를 다 합한 것보다 더 크십니다.

레이크가 한번은 아프리카 숲에 있을 때 그 추장이 그에게 이렇게 말하였습니다. "나는 마술사가 이번 주일에 다른 추장에게 저주를 부르겠다고 하는 것을 들었습니다. 그러면 그 추장은 죽는답니다."

그래서 레이크는 말을 타고 마술사가 저주를 불러 그를 죽이겠다고 한 날인 주일 전에 그 추장을 볼 수 있도록 될 수 있는 대로 빨리 갔습니다. 레이크가 추장한테 도착하는데 이틀이 걸렸습니다.

추장들은 나가서 그들의 양을 돌보는 것이 그들의 관습이었습니다. 주일 날 같이 나가서 소를 세는 것이 그의 취미였습니다.

레이크는 이렇게 말하였습니다. "나는 말을 타고 나가서 마술사가 저주한 추장과 양들이 같이 있는 것을 보았습니다. 그리고 갑자기 그의 온 몸에 고열이 나기 시작하였습니다."(마술사는 수 마일 밖에서 '주일 날 나는 그를 태워 죽일 것이다'라고 말한 것입니다.)

그 추장은 처음에 따뜻하기 시작했고 그리고 뜨거워지더니 시원해지기 위해 옷을 벗기 시작하였습니다. 그러다가 갑자기 의식을 잃고 말에서 떨어졌던 것입니다.

과학과 의술에 대하여 좀 아는 레이크는 이렇게 말했습니다. "관찰한 바로는 추장이 뇌졸증을 일으킨 것 같았습니다. 그의 얼굴이 온통 새빨갛게 되었습니다."

레이크는 계속하여 이렇게 이야기합니다. "나는 수 마일이나 떨어져 있는 마술사가 실제로 누군가에게 저주를 부를 수 있는지 보고 싶었습니다. 그만하면 충분히 보았습니다. 그대로 둔다면 그 추장은 죽을 것입니다. 그래서 나는 그를 잡고 이렇게 말했습니다. '예수 그리스도의 이름으로 나는 저주를 부서뜨린다!'"

레이크는 예수 그리스도의 이름으로 마귀와 그의 졸병에게 떠나가라고 명령하였습니다. 그리고 그 사람은 건강하게 일어났습니다!

레이크는 기름부음을 받은 사람이었습니다. 그러나 그는 그 마귀의 능력을 기름부음으로 부서뜨린 것은 아니었습니다. 그는 예수 그리스도의 이름을 믿는 믿음으로 한 것입니다. 그는 말씀을 말했던 것입니다.

그렇습니다. 예수님의 이름은 어떤 이름보다 더 크고, 천국과 이 세상과 지옥에 있는 어떤 이름보다 더 크십니다. 할렐루야! 하나님은 예수를 죽음에서 일으키시고 모든 이름 위에 뛰어난 이름을 주신 것입니다(빌 2:9)!

빌립보서 2장 10절은 "하늘에 있는 자들과 땅에 있는 자들과 땅 아래에 있는 자들로 모든 무릎을 예수의 이름에 꿇게 하시고"라고 말합니다. 그것은 천사들과 사람들, 그리고 마귀들 모두를 뜻하는 것입니다. 그것을 단순하게 믿으십시오. 이것은 성경이니까요.

스미스 위글스워스도 하나님께 기름부음을 받은 사람이었습니다. 그리고 또 그는 기름부음 아래에서 사역을 하였습니다. 그러나 항상 그런 것은 아니었습니다.

위글스워스는 영국에 살았습니다. 그는 어떤 어머니와 아버지가 그를 만나려고 한 것에 대하여 이야기해 주었습니다. 그들의 갓 결혼한 딸이 정신병에 걸렸던 것입니다. 그들은 위글스워스에게 전화를 걸고 전보를 치고 편지를 써서 와서 도와 달라고 하였습니다.

위글스워스는 오라고 요청받은 곳마다 다 간 것은 아닙니다. 만일 그렇게 하였다면 그는 언제나 사람들을 찾아다녀야 했을 것입니다. 그러나 하나님이 가라고 하시면 그는 갔습니다.

주님은 위글스워스에게 그 어머니와 아버지를 방문하라고 하셨습니다. 그래서 그는 어느 날 아침 10시에 가겠다는 간단한 편지를 써서 보냈습니다.

위글스워스가 그곳에 도착하였을 때, 그는 궁궐 같은 그 집의 문에서 벨을 눌렀고 그 부부는 문을 열었습니다. 그들은 아무 말도 하지 않았습니다. 그들은 양쪽에서 위글스워스의 손을 각각 잡고 복도를 지나 계단을 올라가 잠겨있는 문 앞으로 그를 인도하였습니다.

딸의 아버지는 문을 밀어서 열었습니다. 그리고 그와 그 어머니가 뒤로 한 발자국 물러났고 위글스워스만 문에 남았습니다. 위글스워스가 방 안을 들여다보니 아름다운 젊은 여자가 앉아 있는데 장성한 남자 다섯 명이 그녀를 붙잡고 있었습니다. 그녀는 위글스워스 쪽을 보더니 눈을 번쩍이며 그 다섯 명의 남자들을 흔들어 물리쳐 버렸습니다!

다섯 명의 장정들이 이 젊은 여자를 붙잡을 수 없었던 것입니다! 종종 귀신의 역사가 있을 때는, 귀신이 역사하는 사람은 초자연적, 혹은 초인적인 힘을 가지고 있곤 합니다.

장정들로부터 벗어나자 그녀는 위글스워스와 얼굴을 맞대었는데 그녀의 눈은 불을 뿜는 듯 하였습니다. "너는 나를 쫓아 낼 수 없어!" 한 목소리가 이렇게 말하였습니다. 왜냐하면 귀신이 그녀를 붙잡아 그녀의 목소리를 사용하고 있었습니다.

위글스워스는 말했습니다. "예수님은 할 수 있다. 그리고 나사렛 예수 그리스도의 이름으로 명하노니 이 여자에게서 나와라!"

서른일곱 명의 귀신들이 이름을 대고 나왔습니다. 그리고 나서 이 젊은 여자의 마음은 온전히 회복되었습니다. 그녀는 계단을 걸어 내려와서 자신의 가족과 저녁을 같이 먹었습니다.

어떤 사람이 위글스워스에게 이렇게 물었습니다. "당신의 비밀은 무엇입니까?" (만일 당신이 그의 비밀을 안다면 당신도 같은 일을 할 수 있을 것입니다!)

"어떻게 당신은 그런 일을 하실 수 있었습니까?"

"오, 나는 그냥 성경이 내 안에 계신 이가 세상에 있는 자보다 크다고 말하는 것을 기억했을 뿐입니다"(요일 4:4).

여러분, 그것은 기름부음의 문제가 아니라 믿음의 문제입니다. 나를 오해하지는 마십시오. 때로는 위글스워스가 기름부음 아래서 사역을 하였습니다. 그러나 이 특별한 경우에는 "내 안에 계신 이가 더욱 크다: 그녀 안에 몇 명의 마귀가 있든지, 내 안에 계신 이가 더욱 크다!"라는 성경 말씀을 기억한 것입니다.

그러므로 우리는 믿음에 대하여 배워야 할 필요가 있습니다. 당신과 나는 언제나 기름부음 아래서 사역을 할 수는 없습니다. 그러나 기름부음이 있든지 없든지 우리는 하나님의 말씀을 가지고 있기 때문에 우리는 그것을 믿는 믿음으로 역사하게 할 수 있습니다.

하나님의 말씀을 믿는 것은 항상 역사합니다. – 매일, 매번, 매 시간 역사합니다. 하나님의 말씀을 믿는 것은 정말 최고입니다. 그것이 내가 항상 하나님 말씀을 최고에 두는 이유입니다. 나는 항상 말씀을 믿는 것을 가장 먼저 가르치지만 다른 것, 즉 기름부음도 빼놓아선 안됩니다. 하나님은 우리가 기름부음이 어떻게 역사하는지 이해하기를 원하십니다.

당신은 단순한 믿음을 활동하게 하여 귀신을 쫓아낼 수 있습니다. 당신은 성경에서 우리가 예수님의 사역을 공부할 때, 더러운 영이 있던 사람들이 치유를 받았고 또 온전하게 되었다는 것을 인식하셨습니까? 그들은 악한 영으로부터 자유함을 받았다는 말입니다.

그러한 특별한 경우에서는, 다른 곳에서와 같이 "예수는 그의 말씀으로 더러운 영을 쫓아내었다"라고 말하지 않았습니다. "온 무리가 예수를 만지려고 힘쓰니 이는 능력이 예수께로부터 나와서 모든 사람을 낫게 함이러라"(눅 6:19)라고 말하였습니다.

그리고 바울의 손수건과 앞치마에 대하여 이렇게 말하고 있는 것입니다. "하나님이 바울의 손으로 놀라운 능력을 행하게 하시니 심지어 사람들이 바울의 몸에서 손수건이나 앞치마를 가져다가 병든 사람에게 얹으면 그 병이 떠나고 악귀도 나가더라"(행 19:11, 12). 무엇이 악한 영들로 나가게 하였습니까? 그것은 기름부음이었습니다!

믿음과 기름부음은 둘 다 중요합니다
Both Faith and the Anointing Are Important

우리는 이미 믿음으로 기름부음과 같은 결과를 생산하여 낼 수가 있다고 말하였습니다. 그러나 이 주제에 있어 나누어질 필요는 없습니다. 우리는 이 두 가지, 믿음과 기름부음을 다 알아야 하겠습니다. 예를 들면, 기름부음 아래서 사역하는 어떤 사람들은 믿음에 대하여 전혀 알지 못합니다. 그것은 '치유의 목소리' 시대에 있던 가장 큰 문제 중의 하나였습니다.

1947년부터 1958년까지 미국 대 치유 부흥 시절에는 대부분의 목사들이 기름부음, 혹은 하나님의 능력으로 사역을 하였습니다. 그러나 그들 중 몇 명은 성경에 대하여 아주 조금밖에 몰랐습니다. 그들은 당신이 일생동안 들었던 말 중 가장 어리석은 말과 같은 것들을 성경에 대하여 말하곤 하였던 것입니다. 그러나 그들은 기름부음으로 사역을 하는 것에 대하여는 잘 알았습니다.

'치유의 목소리'라는 기관은 추수감사절 즈음에 연례 회의를 하였습니다. 나는 기름부음 아래서 사역하는 것과 믿음으로 사역을 하는 것에 대한 차이를 알고 있었습니다. 그래서 나는 1954년 추수감사절 필라델피아에서 있었던 '치유의 목소리'의 연례 회의에서 몇 명의 다른 형제들에게 이런 말을 하였습니다.

"여기 있는 모든 목사님들이 다 가고 사역을 더 이상 하지 않을 때에도 나는 아직 남아 있을 것입니다." 왜냐고요? 나는 두 가지로 사역을 하였기 때문입니다. - 기름부음으로 하는 사역과 믿음으로 하는 사역입니다. 나는 나의 사역의 근거를 기름부음이나 영적인 은사에만 근거를 두지 않았습니다. 나는 나의 사역을 말씀에 근거하였던 것입니다. 그래서 나는 아직도 사역을 하고 있는 것입니다!

믿음이 능력과 균형을 이루지 않으면 어떤 일이 일어납니까?
What Happens When Faith Is Not Balanced With the Power

그때 그 목사님들 대부분은 기름부음으로 사역을 하였습니다. 그들 중 몇은 하나님께 크게 사용을 받았습니다. 나는 내가 본 것 중 가장 놀라운 기적들을 여러분께 말씀드릴 수 있습니다. 사람들이 죽음에서 즉시 일어났던 일같은 것들이지요! 이런 목사님들의 사역 중에 정말로 놀라운 일들이 일어났습니다.

그러나 이 목사님들 중 몇은 그들 자신이 병들어 버렸습니다. 그들 중 하나가 내게 이렇게 말한 적이 있습니다. "이 기름부음, 이 은사 혹은 사역, 내가 가진 것이 무엇이든지, 그것은 다른 사람에게는 역사하는데 나에게는 역사하지 않아요."

나는 이렇게 대답하였습니다. "물론, 그렇습니다! 하나님은 사도들에게 다른 사도들에게 사역하라고 하시지는 않았습니다. 하나님은 그리스도의 몸에게 사역하라고 주신 것입니다! 당신은 우리 모두가 치유를 받는 것과 같은 방법으로 믿음으로 치유를 받아야 합니다. 믿음으로만 됩니다." 내가 그렇게 말할 때 이 목사님의 눈은 귀신을 보기라도 한 듯 굉장히 커졌습니다.

"그렇다면 안되는 것이겠군요. 왜냐하면 나는 믿음에 대하여 아는 바가 없기 때문입니다"라고 그가 말했습니다.

나는 말했습니다. "당신은 우리처럼 믿음에 대하여 알고 설교하고 가르치는 사람들에게 들었어야 했습니다."

(나는 이 목사님에게 심하게 하려고 한 것이 아닙니다. 나는 그 목사님에게 말씀에 그의 믿음을 두는 것에 대한 중요성을 알려주고 싶었습니다. 당신이 어떤 일에 기름부음을 받았다고 하여서 모든 것을 다 아는 것은 아닙니다. 나도 다 안다는 것이 아니고 당신도 마찬가지입니다!)

나는 많은 목사님들이 '치유의 목소리' 시대에 병이 들어 아픈 것을 보았습니다. 그럼에도 불구하고 그들이 다른 사람들에게 사역을 할 때에는 하나님께 크게 사용을 받았던 것입니다. 예를 들어서, 어느 날 저녁 집회에서 나는 한 목사님이 귀먹고 벙어리 된 다섯 명의 성인에게 사역하는 것을 보았습니다. 그들은 장애인 학교에서 그 집회에 참석하려고 왔던 것입니다. 그리고 그들은 모두 그 집회에서 즉각적으로 치유를 받았습니다!

같은 목사님이 또 다른 눈 먼 여인에게 손을 얹었습니다. 그리고 그녀의 눈은 즉각적으로 보게 되었습니다. 다른 사람이 이 목사님의 집회에 들것에 실린 채로 데려와졌습니다. 의사들은 이 사람의 질병에 대해 아무것도 할 수 없다고 포기하였습니다. 그러나 그 사람은 이 목사님의 사역에서 즉각적으로 치유를 받았습니다. 치유의 기름부음 혹은 하나님의 능력으로 치유를 받았던 것입니다.

그러나 이 목사님은 성경에 있는 믿음에 대하여는 하나도 몰랐습니다. 그는 치유에 대하여 아주 조금밖에 몰랐습니다. 나는 이 사람이 믿음과 치유에 대하여 너무나 엉뚱한 말을 하는 것을 듣고 놀라서 의자에서 떨어질 뻔 한 적도 있습니다!

그러나 예배 드릴 때 이 목사님에게 기름부음이 오는 것입니다. 그리고 그는 그 기름부음으로 사역을 하였던 것입니다. 그 집회에서는 놀라운 일들이 일어났습니다. 그러나 기름부음이 걷히면 이 목사님은 능력이 없는 자로 남겨지게 됩니다. 왜냐하면 이 목사님은 믿음과 능력의 균형을 이해하지 못했기 때문입니다.

**측량할 수 없는 하나님의 능력으로부터
조금만 받아도 그 능력은 대단합니다!**
There's Power in Just a Measure
Of the Immeasurable Power Of God!

치유의 기름부음이 어떤 사람의 삶과 사역에 있을 수 있지만 그 기름부음이 항상 나타나는 것은 아닙니다. 만일 그랬다면 그 사람은 육체적으로 너무 피곤하여 지쳐버릴 것입니다.

이것은 마치 전선을 잡고 있는 것과 같습니다. 당신은 전선을 잡고 오래 있을 수 없습니다! 나는 내게 기름부음이 너무 강하여서 육체적으로 덜덜 떤 적도 있습니다. 하나님의 능력 아래 나의 몸이 진동을 하였던 것입니다.

나는 내게 기름부음이 너무 강하여서 사람들을 제대로 볼 수 없었을 때도 있었습니다. 회중 속에 앉아있는 사람들은 내가 그들을 똑바로 보고 있다고 생각합니다. 그들은 "해긴 목사님이 나를 정면으로 보고 있어. 목사님은 하나님으로부터 나에 대하여 어떤 말씀을 들었음에 틀림이 없어"라고 생각합니다. 그러나 사실을 말하면 나는 종종 그들이 거기 있는지 조차도 몰랐습니다!

왜 그럴까요? 왜냐하면 당신이 기름부음 아래 있으면 당신은 다른 영역, 즉 영적인 영역에 있기 때문입니다. 기름부음이 크면 클수록 당신은 더 많이 그 영적인 영역으로 갑니다. 그리고 당신이 다른 영역에 더 깊이 들어가면 들어 갈수록 더 큰 결과를 얻습니다.

그것은 나의 사역에서도 그랬습니다. 나는 지금은 그 영역에 오래 머무르지 않습니다. 내가 말한 대로, 사람은 기름부음 아래 오래 머무를 수 없습니다. 사람은 그것을 오래 감당할 수 없습니다.

우리의 몸은 아직도 죽어가는 mortal 육체입니다. 우리는 큰 하나님의 능력 아래 너무 오래 머물러 있을 수 없습니다. 나는 주님에게 이렇게 말할 수밖에 없었습니다. "주님, 그만하세요. 그만 꺼 주세요. 나는 견딜 수가 없어요. 더 이상 견딜 수가 없어요."

나는 나의 친구 목사님과 이런 것에 대하여 대화를 나눈 적이 있습니다. 그는 나에게 이렇게 말했습니다. "수년 동안 나는 항상 기름부음에 들락날락 하였지요. 그러나 최근에는 나에게 기름부음이 더 규칙적으로 오는 것 같습니다. 우리 집에서 내가 방에 들어가면 기름부음이 내게 임합니다. 어떤 때는 기름부음이 너무 강하여 견딜 수가 없습니다. 나는 '주님, 그만 주세요. 나는 견딜 수가 없어요.' 라고 말할 수 밖에 없어요."

나는 그가 무슨 말을 하는지 정확히 이해할 수 있습니다. 육체적으로 사람은 그만한 기름부음을 견딜 수가 없는 것입니다. 왜냐하면 기름부음은 능력이기 때문입니다! 그리고 그 능력이 병들고 묶인 자들에게 역사하여 치유하고 치료하며 하나님께 영광을 돌리는 놀라운 결과를 가져옵니다!

07
더 강한 치유의 기름부음

성경은 예수님이 성령으로 한량없이 부음을 받았다고 말하고 있습니다(요 3:34). 그러나 당신과 나는 예수님과 같이 '한량없이' 기름부음을 받을 수 없습니다. 우리는 강한 기름부음 아래 너무 오랫동안 견딜 수 없습니다.

예수님이 제한 받지 않는 기름부음을 가질 수 있던 이유 중에 하나는 그의 몸은 죽어가는 몸이 아니었기 때문입니다His body was not mortal. 자, 내가 말하는 것에 주의를 집중해 주십시오. 그렇습니다. 예수님은 우리와 같이 모든 점에서 유혹을 받을 수 있었습니다(히 4:15). 왜냐하면 그는 인간이었기 때문입니다. 그러나 예수님의 몸은 아담이 죄를 짓기 전에 가졌던 몸과 같았습니다. 이것은 불멸의 몸도 아니었고, 우리 몸과 같이 죽을 수밖에 없는 몸도 아니었습니다.

아담도 유혹을 받을 수 있었습니다. 그러나 아담이 죄를 짓기 전에는 그의 몸은 불멸의 몸도 아니었고, 죽어가는 몸도 아니었습니다. 그것이 무슨 뜻이냐고요? 만일 아담의 몸이 우리와 같이 죽어가는mortal 몸이었다면 그것은 죽을 수밖에 없는 몸입니다. 그러나 아담이 죄를 짓기 전까지는 아니었습니다. 죄를 짓고 영적으로 죽었기 때문에 그의 몸이 죽어가는 몸이 된 것이고 그는 결국 육체적으로 죽었던 것입니다.

> 롬 5:12
> 그러므로 한 사람으로 말미암아 죄가 세상에 들어오고 죄로 말미암아 사망이 들어왔나니 이와 같이 모든 사람이 죄를 지었으므로 사망이 모든 사람에게 이르렀느니라

그러므로 죽음은 아담이 죄를 짓기 전까지는 그에게 오지 않았던 것입니다. 그러나 다른 편으로 보면 아담이 죄를 짓기 전에도 그는 먹어야만 그의 육체를 유지할 수 있었던 것입니다. 그렇기 때문에 성경은 아담이 어떤 나무에 있는 과일을 먹을 수 있다고 한 것입니다.

예수님도 그 자신을 유지하기 위하여 먹어야 했습니다. 그렇습니다. 예수님이 이 세상에 사람으로 오실 때 그의 놀라운 능력과 영광을 다 내려놓으셨지만 예수님은 아담이 죄를 짓기 전에 가졌던 것과 같은 몸을 가지셨습니다. 이것은 불멸의 몸도 아니요, 죽을 수밖에 없는 몸도 아니었습니다.

그렇기 때문에 예수님의 적들이 예수님을 죽일 수 없었습니다. 그들은 예수님이 죄를 짓기 전까지는 그를 죽일 수 없었습니다(고후 5:21). 예수님이 겟세마네 동산 이전에 이 땅에서

살아가는 동안 예수님의 적들이 그를 죽이려고 할 때마다 그는 그들 중에서 빠져나간 것입니다.

> 눅 4:29-30
> 29 일어나 동네 밖으로 쫓아내어 그 동네가 건설된 산 낭떠러지까지 끌고 가서 밀쳐 떨어뜨리고자 하되
> 30 예수께서 그들 가운데로 지나서 가시니라

그러나 겟세마네 동산에서, 예수님께서는 그 자신에게 - 그의 영적 본성에 - 우리의 죄와 질병을 짊어지셨던 것입니다. 그때 그의 몸은 죽을 수밖에 없는 몸이 되었고 그의 적들이 예수님을 죽일 수 있었습니다.

물론 당신은 그들이 예수님을 죽이지 않았다는 것을 이해하실 것입니다! 예수님 자신도 이렇게 말씀하셨습니다. "이를 내게서 빼앗는 자가 있는 것이 아니라 내가 스스로 버리노라 나는 버릴 권세도 있고 다시 얻을 권세도 있으니 이 계명은 내 아버지에게서 받았노라 하시니라"(요 10:18). 그러므로 그들이 예수님을 죽인 것이 아니라, 예수님이 그의 목숨을 스스로 내려놓으신 것입니다.

예수님이 우리를 위하여 죄를 담당하기 전에는 그가 불멸의 몸도 아니요, 죽을 수밖에 없는 몸도 아니라는 것을 이해하십니까? 그리고 예수님의 이 땅에서의 사역에서 그는 한량없는 능력과 성령을 가지고 계셨습니다. 왜냐하면 그의 몸은 죽을 수밖에 없는 몸이 아니었기 때문입니다!

우리는 전기가 자연적 영역에서 하나님의 능력이라고 했습니다. 육체적으로 우리는 약간의 전기를 감당할 수 있습니다. 약한 전기가 몸에 오면 놀라겠지만 곧 흔들어 버리면 크게 영향을 받지 않을 수 있을 것입니다.

그러나 만일 당신이 전기가 누전되는 전등을 손으로 잡으면, 예를 들어서 110 볼트가 당신을 치면 당신은 놀라서 뛰면서 소리를 지를 것입니다! 당신은 하루 종일 서서 그 전등을 붙잡고 있을 수 없습니다. 사실 110 볼트의 전기는 어떤 상황에 있는 사람을 죽일 수도 있습니다. 그리고 물론 220 볼트나 그 이상의 전기를 잡는다면 그 사람은 상당한 문제에 봉착할 것입니다!

그러므로 예수님이 한량없는 성령의 능력을 가지신 것을 상상해 보십시오. 그것은 예수님께 아무 해도 입히지 않고 예수님의 몸을 통해 흘렀던 것입니다.

나의 사역에서의 더 강한 치유의 기름부음
The Stronger Healing Anointing In My Own Ministry

나는 기름부음이 내게 강하게 올 때 그것을 압니다. 나는 가끔 넘어질 것같이 느끼기도 합니다. 어떤 때는 내 다리가 내 밑에서 빠져나가는 것같이 느껴질 때도 있습니다. 내 손과 팔은 따끔따끔하기도 합니다. 어떤 때는 내 온 몸이 따끔따끔합니다.

내가 이미 말한 대로 치유의 기름부음이 내 손에 올 때는 내 손은 불타는 것 같습니다.

나는 하나님의 능력, 혹은 기름부음을 어느 정도 밖에 견딜 수 없습니다. 나는 그 능력 아래서 오래 견딜 수 없습니다. 그래서 나는 제한된 조금의 분량만 가질 수 있습니다.

주님이 1950년 9월에 내게 나타나신 후, 병든 자를 위하여 특별한 기름부음을 주셔서 나는 그 기름부음으로 사역을 하기 시작하였습니다. 나는 1950년과 1951년에 그 기름부음으로 사역을 하였습니다.

그런데 1952년 1월에, 나는 텍사스 주 포트아더라는 곳의 제일 순복음 교회에서 집회를 인도하고 있었습니다. 그리고 그 당시에는 내가 설교를 한 후 결신의 시간에 구원받기 위하여 나온 사람들을 기도실로 보내곤 하였습니다. 그리고 나머지 사람들을, 치유와 성령 충만을 받기 원하는 사람들을, 같은 줄에 세웠습니다(나는 그것을 기도의 줄이라고 불렀습니다).

그 당시에는, 나는 강단에서 의자에 앉아 그들이 오는 대로 손을 얹고 기도를 하였습니다. 그 당시, 기도 받으러 나온 사람들이 많지 않았기 때문에 보통 기도 받으러 나온 사람들과 하나 하나 이야기하고 기도해 주곤 하였습니다. 아마 하루 밤에 25명에서 50명 정도 쯤 되었을 것입니다.

그래서 포트아더의 집회에서 내가 의자에 앉아서 사역을 하고 있는 중에 갑자기 더 강한 기름부음이 나에게 임하였습니다.

각 사람에게 오는 기름부음은 측량할 수 있습니다
The Anointing That Comes Upon a Person Is Measurable

우리는 벌써 치유의 사역을 위하여, 혹은 복음을 전파하는 데 있어서, 혹은 어떤 직임을 수행하는 데 있어서, 더욱 강한 기름부음이 있을 수도 있고, 혹은 조금 덜한 기름부음이 있을 수 있다는 것을 살펴보았습니다. 예를 들어서 엘리사는 엘리야가 가졌던 성령의 분량의 갑절을 가졌었습니다(왕하 2:9).

내가 이 주제에 대하여 말할 때, 기름부음에 대하여 한 가지를 분명하게 말하고 싶습니다. 우리가 갑절의 분량을 이야기할 때, 우리는 사역을 하는 기름부음이나 한 개인에 대한 기름부음을 이야기하고 있는 것입니다. 우리는 엘리야와 엘리사의 경우에 엘리사는 사역을 하기 위하여 갑절의 분량으로 기름부음을 받았던 것입니다. 엘리야의 자리를 대신하여 이스라엘의 하나님의 선지자로서 사역을 하기 위해서입니다. 그리고 엘리야의 사역에서 보다 엘리사의 사역에서 두 배나 많은 기적들이 일어났던 것입니다(왕하 2-13장을 보십시오).

그러나 거듭나고, 성령 충만한 믿는 자의 경우에는 우리 모두는 우리 안에 같은 분량의 성령, 혹은 기름부음을 가지고 있습니다(요일 2:27). 그러나 그 기름부음은 사역의 기름부음과는 다릅니다. 사역의 기름부음은 증가될 수도 있지만 믿는 자 안에 있는 기름부음은 절대로 증가되지 않습니다.

모든 믿는 자 안에 있는 기름부음을 통하여 당신은 성령과 함께 행하는 것을 배울 수도 있고 성령에 대하여 더 많이 배울 수도 있습니다. 성령님은 당신의 영 안에 어떤 목적을 가지고 계십니다. 첫 번째 목적은 당신을 가르치는 것입니다. 성경에는 당신이 그런 기름부음의 갑절을 가질 수 있다는 말이 없습니다.

그러나 사역을 하기 위한 기름부음에 있어서 당신은 갑절의 분량을 받을 수 있습니다. 그 기름부음은 사역을 위하여 오는 기름부음이며 그 기름부음에 있어서는 더 기름부음을 받을 수도 있고 혹은 덜 기름부음을 받을 수도 있습니다.

한 사람에게 임한 기름부음은 겉옷이나 망토 같습니다
The Anointing Upon a Person Is Like a Mantle or Cloak

내가 말하였듯이 내가 이미 기름부음으로 병자를 위하여 포트아더에서 사역을 하고 있을 때 갑자기 더 강한 기름부음이 내게 임하였습니다. 나는 그냥 강단의 접는 의자에 앉아서 병자를 위하여 사역을 하고 있었는데 더 강한 분량의 능력이 내게 왔던 것입니다.

기도를 받기 위해 줄에 섰던 사람들이 내 앞에 걸어와서 내가 앉아 있는 곳에 오면 나는 손을 그들에게 얹고 사역을 하였습니다. 그런데 갑자기 어떤 사람이 지나가면서 겉옷을 내게 던진 것 같았습니다. 이것은 그렇게 강한 기름부음이었습니다. 이것은 영적인 영역에 있던 사람이 나에게 무엇을 던져준 것 같은 느낌이었습니다. 나는 나의 몸 전체로 그것을 느낄 수 있었습니다. 이것은 겉옷과도 같았습니다. 그리고 그 기름부음은 나의 몸 구석구석까지 진동하게 하였습니다.

나는 어떻게 알게 되었는지는 모르겠지만 이 강한 기름부음이 오래 가지 않을 것이라는 것을 알았습니다. 물론 내 머리로 아는 것은 아니었습니다! 나는 내 영으로 그것을 알았습니다.

왜 오래가지 않을까요? 중요한 이유는 나는 그것을 육체적으로 오래 견딜 수 없기 때문입니다.

나는 이 기름부음이 오래가지 않을 것을 영으로 알고는 벌떡 일어났습니다. 나는 강단을 내려오는데 계단을 사용하지도 않았습니다. 나는 그냥 강단에서 뛰어 내려와 뛰기 시작하였습니다.

나는 영으로 너무 넘쳐서 무슨 일이 일어났는지 당신에게 잘 말해줄 수 없을 정도였습니다. 나는 나중에 목사님이 내게 이야기해 준 것을 말해줄 수밖에 없습니다. 내가 아는 것은 내가 뛰어 다니며 사람들의 머리에 손을 얹었다는 것 뿐입니다.

그리고 나는 기름부음이 더 강해진 것을 기억합니다. 내가 뛰고 있을 때 나는 정말 아무것도 볼 수 없었습니다. (나는 어떻게 설명을 해야 할지 모르겠습니다. 영적인 일은 자연적인 영역에 '가져 와서' 설명하기가 어렵습니다.) 나는 눈을 크게 뜨고 있었지만 거의 아무것도 볼 수가 없었습니다.

그날 밤 전에는 내가 손을 얹었을 때 하나님의 능력에 의하여 넘어진 사람은 한두 사람 밖에는 없었습니다. 그러나 이번에는 내가 만진 사람은 다 넘어졌습니다! 나는 그 목사님이 나에게 그렇게 말해 주었기 때문에 그 사람들이 넘어졌다고 이야기하는 것입니다.

그것은 마치 당신이 누군가의 코트를 받아주는 것과 같았습니다. 벗겨지더니, 없어진 것입니다. 갑자기 기름부음이 내게서 떠나고 있을 때 나는 여러 사람을 다시 볼 수 있었습니다. 내가 돌아보니, 여러 사람들이 바닥에 넘어져 있었습니다. 나는 시간을 내어서 그 수를 세어 보지는 않았습니다. 나는 강단으로 돌아가서 의자에 다시 앉았습니다. 그리고 다시 기도와 치유를 받기 위해 줄에 선 사람들에게 보통의 기름부음으로 사역을 하고 마쳤습니다.

목사님은 나중에 나에게 물어 보았습니다. "당신은 뛰면서 몇 사람이나 만졌는지 아세요?"

"모릅니다."

"서른 네 명입니다. 그들 중 대강 반은 성령 세례를 받기 위하여 온 사람들입니다. 당신이 손을 얹고 난 후, 하나님의 능력으로 모두 넘어져서 누워서 그들은 모두 방언으로 말하고 있었습니다!"라고 그 목사님이 말했습니다.

그 목사님은 계속하여 말하였습니다. "그 사람들 대부분은 이 교회 교인들입니다. 그리고 그 중 몇 명은 성령 세례를 받기 위하여 수 년간 노력하였습니다."

"나는 정말 놀랐습니다. 나는 이런 것을 본 적이 없습니다!"라고 목사님이 말했습니다.

수 년 동안 성령 세례를 받도록 노력하는 사람들은 만성적으로 구하는 자입니다. (사람들은 성령 세례를 받도록 애를 쓸 필요가 없었습니다. 성령 세례는 성경에 있는 약속으로써 그 약속대로 행함으로써 간단히 받을 수 있는 것입니다.) 그러나 즉각적인 기름부음을 통하여 그들은 성령 세례를 받았고 방언을 말했던 것입니다.

이것은 1952년 1월에 있었던 일입니다. 나는 나머지 1952년에도 사역을 하였고, 1953년 내내 그리고 1954년 8월 까지 사역을 하였지만 그런 일은 다시 일어나지 않았습니다.

나는 이런 일이 또 다시 일어날지 알지 못하였습니다. 하나님은 말씀에서 이런 일이 일어나겠다고 말씀하시지 않았고 나는 하나님이 약속하지 않은 것을 믿을 수도 없었습니다. 내가 할 수 있는 것은 기도하고 준비하여 하나님을 그 말씀대로 믿는 것밖에 없었습니다. 그러나 나는 1952년 1월부터 1954년 8월까지 나의 집회에서 사람들에게 계속하여 손을 얹어서 사역을 하였고 많은 사람들이 치유받는 것을 보았습니다.

그런데 1954년 9월에, 나는 캘리포니아주 산호세에 있는 제일 포스퀘어 교회에서 하루만 하는 집회를 인도하고 있었습니다. 나는 주일 아침에 설교를 하였고 주일 오후와 저녁에 설교하였습니다.

주일 날 아침 내가 설교를 한 후 나는 사람들을 돌려보냈습니다. 나는 시간을 내어 손을 얹어 사역을 하지 않았고 교인들에게 이렇게 말하였습니다. "오늘 오후에 오십시오. 우리는 믿는 자들에게 성령 충만을 위하여 손을 얹고 기도하겠고 병자들은 치유를 받을 수 있도록 위하여 기도할 것입니다."

그래서 나는 오후 예배에서 설교를 한 후 사람들에게 기도받기 위한 줄에 서게 하였습니다. 나는 성령 세례를 받기를 원하는 사람들에게 한 쪽에 서게 하였는데 두세 줄의 사람들이 와서 성령 충만을 받기 위해 섰습니다. 그리고 치유를 위하여 온 사람들은 다른 줄에 서게 하였습니다.

나는 사람들에게 손을 얹고 하나씩 기도하고 있었는데 갑자기 더 강한 성령의 기름부음이 내게 임하였습니다. 이것은 마치 어떤 사람이 뛰어서 지나가면서 내게 겉옷을 던진 것 같았습니다.

나는 나의 몸 전체에 이것을 느꼈습니다. 그리고 나는 이것이 오래 가지 않을 것을 이번에도 알았습니다. 왜 오래 가지 않을까요? 왜냐하면 육체적으로 내가 견딜 수가 없었기 때문입니다.

그래서 더 강한 기름부음이 내게 다시 임하자 나는 뛰기 시작하였고 나는 내 손가락으로 사람들을 만지기 시작하였습니다. 나는 손으로 그 사람들을 만지려고 시간을 낭비하지 않았습니다. 그리고 내가 만진 모든 사람이 하나님의 능력으로 넘어졌습니다.

진실로 말하면, 나는 성령의 영광에 잡혀 있었던 것입니다. 나는 정말 무슨 일들이 일어났는지 알지 못합니다. 그러나 사람들이 나중에 내가 만진 모든 사람들이 다 넘어졌다고 말해 주었습니다.

그 후에 그 기름부음이 내게서 그냥 떠나갔습니다. 내가 더 이상 견딜 수가 없었고 그래서 기름부음은 나를 떠났던 것입니다.

그리고 1952년부터 1970년까지 그 강한 기름부음이 내게 네 번 왔습니다. 그리고 1970년 9월에 나의 아내와 내가 뉴욕주 버펄로에서 집회를 하고 있었습니다. 어느날 우리가 기도를 하는데 주님이 내게 "네가 털사로 돌아가거든 치유 세미나를 하여라"라고 말씀하셨습니다. 우리는 그 당시 다른 목사님의 낡은 건물에 사무실을 가지고 있었습니다.

나의 사역의 새로운 시작
A New Beginning in My Ministry

우리는 그 사무실 건물 안에 작은 예배실을 가지고 있었습니다. 이것은 300석 밖에 안 되는 작은 건물이었습니다. 그러나 사람들은 꼭 끼어 앉게 한다면 600명까지 앉게 할 수 있었습니다. 우리는 그곳에서 가끔 세미나를 하곤 하였습니다.

주님은 우리가 10월에 치유 세미나를 그 예배당에서 해야 한다고 말씀하셨습니다. 주님께서는 그 도시에 있는 다른 교회 예배에 방해가 되지 않도록 평일날 저녁과 주일 날 오후에 집회를 하라고 하셨습니다.

주님은 또 월요일부터 금요일까지 낮에 기도 세미나를 할 것이며 중보기도에 대하여 가르치라고 말씀하셨습니다. 여기서 가르친 것이 나의 책, '중보하는 그리스도인'이 되었습니다.

주님은 주일 날 오후에 '구속에 있어서의 치유'라는 것을 가르침으로 세미나를 시작하라고 하셨습니다. 주님은 내게 모든 사람에게 속한 하나님의 구속의 계획에 관하여 가르치라고 하셨습니다. 사람은 새로운 탄생에서 구원을 주장하듯이 믿음으로 그의 치유를 주장할 수 있습니다. 이것은 누구라도 언제든지 할 수 있는 것입니다.

그리고 월요일과 화요일 저녁에는, 치유의 다른 길 혹은 치유를 받는 여러 가지 방법에 대하여 가르치라고 하셨습니다. 그리고 수요일 밤에는 특별한 사역과 기름부음에 관하여 가르치라고 하셨습니다. 주님은 또 내게 20년 전에 텍사스 주 락웰에서 내게 나타나셨을 때 주님께서 병자를 위한 특별한 기름부음을 주신 경험을 이야기하라고 말씀하셨습니다.

주님은 이렇게 말씀하셨습니다. "네가 경험한 이야기를 사람들에게 한 후 손을 얹고 기도하면 지난 20년 동안 네 번 네게 있었던 더 강한 기름부음이 와서 너와 같이 거할 것이다."

그러나 그것은 항상 나타날 것이라는 뜻은 아니었습니다. 그것은 더 강한 기름부음이 사오 년 만에 한 번씩이 아니라 나의 집회에 더 규칙적으로 나타날 것이라는 말이었습니다. 주님은 또 내게 이렇게 말씀하셨습니다. "이것이 네게는 새로운 시작이 될 것이다." 그리고 이것은 내게 새로운 시작이 되었습니다.

그 후 내가 또 다른 집회를 시작하기 6주 전에 나는 그 집회에 대한 환상을 보았습니다. 환상에서 나는 교회 앞과 강단에 하나님의 능력으로 쓰러진 많은 사람들이 누워 있는 것을 보았습니다.

나는 집회가 시작되기 6주 전에 벌써 무슨 일이 일어날 줄을 알고 있었던 것입니다. 그러나 나는 아무에게도 이런 말을 하지 않았습니다. 나는 한 사람에게도 이런 말을 하지 않았습니다. 왜냐하면 나는 한 사람이라도 무슨 일이 일어나는 것이 심리적인 것으로 일어난다든지 혹은 내가 그렇게 만들려고 한다고 생각할까봐 이야기를 하지 않았습니다.

그 집회의 시간이 되었을 때, 나는 설교를 한 후 기도 줄에 선 사람들에게 손을 얹고 사역을 하기 시작하였습니다. 그리고 확실하게도 내가 그 기름부음으로 손을 얹자 사람들은 여기저기 넘어지기 시작하였습니다.

자연적인 사람에게 나타나는 강한 기름부음의 효과들
Effects of the Stronger Anointing On the Natural Man

그 집회에서 내게 있던 기름부음은 너무 강해서 그 집회가 끝난 후 나는 집으로 운전을 하여 갈 수가 없을 정도였습니다. 나는 차에도 갈 수가 없었습니다! 누군가 나를 붙잡아 안내를 해야 했습니다. 나는 술 취한 사람같이 비틀거렸습니다!

교회에 있던 어떤 사람이 나를 집에 운전하여 데려다 주었습니다. 그리고 차에서 내리는 것도 도와주었습니다. 그들은 나를 집안으로 데리고 들어와 큰 의자에 앉게 하였습니다. 내가 정상으로 다시 돌아와서 그 의자에서 나와서 걸을 수 있게 되는데 2시간이나 걸렸습니다!

그러므로 나는 치유 순회 집회로 다닐 때는 집회가 끝나면 군중들로부터 나와서 기름부음이 내 다리로부터 정리될 때까지 기다립니다. 종종 한참 동안 걸을 수 없었습니다.

그리고 내가 그 기름부음 아래서 사역을 할 때는 사람들에게 나에게 말을 걸지 말도록 부탁을 합니다.

그 이유는 내가 자연적 영역, 지적인 영역에 오면 그 기름부음을 잃어버릴 것이기 때문입니다. 내가 그 강한 기름부음에서 사역을 할 때 누군가가 어떤 일로 나를 육신적, 자연적 영역으로 불러오게 되면 나는 그 기름부음을 잃어버릴 수 있기 때문입니다.

내가 말했듯이, 나의 사역에서 아주 놀라운 일들은 내가 그 강한 기름부음으로 사역을 할 때 일어났습니다. 그리고 가끔은 아주 우스운 일들도 생깁니다! 예를 들어, 수년 전에 집회에서 나는 치유를 위해 기도 받으려고 줄에 서 있던 어떤 가발을 쓴 여인에게 사역을 하고 있었습니다. 그 당시에는 가발이 아주 인기가 있던 때였고 많은 여자들이 가발을 사용하였습니다.

내가 그 여자에게 손을 얹었을 때 그녀는 하나님의 능력에 의하여 넘어졌고 그녀의 가발이 벗겨져서 그 여자의 머리 옆에 떨어졌습니다! 나는 나와 같이 여행을 하던 사람들이 나중에 이야기하여 줄 때까지 그렇게 된 줄 몰랐습니다. 그들은 내게 그 여자가 두 개의 머리가 있는 것같이 보였다고 말해 주었습니다!

그런 일들이 생길 때 나는 보통 인식하지 못합니다. 나와 같이 여행하며 노래하는 찬양팀 단원들이 내가 그런 기름부음 안에 있을 때 일어난 그런 우스운 일들을 내게 말해주곤 합니다. 그들은 나를 보고 웃지만 나중에 기름부음이 떠난 후에 어떤 일이 일어났었는지 내게 말해주곤 합니다. 왜냐하면 내가 그들과 함께 웃기 시작하면 자연적인 영역에 들어오게 되므로 나의 기름부음을 잃게 되기 때문입니다.

주님이 1970년에 이렇게 말씀하셨습니다. "그 기름부음이 네게 와서 거할 것이다." 그 기름부음은 내게 늘 잠재해 있습니다. 그러나 기름부음이 나타날 때는 더 크게 나타날 수도 있고 더 적게 나타날 수도 있습니다. 내가 이미 말한 바와 같이, 주님이 내게 환상으로 보여준 집회에서는 기름부음이 너무 커서 내가 자연적 영역으로 돌아오는데 2시간이나 걸렸습니다.

여러분이 영 안에 있었던 경험이 있는지 없는지 모르겠지만 나는 많은 경험이 있습니다. 내가 여러분께 매우 정직하게 말합니다. 기름부음이 당신에게 임하면 자연적인 입장에서는 당신은 거의 무서워 할 것입니다. 왜냐고요? 왜냐하면 당신은 자연적 영역에 다시 돌아올 수 없을 것 같아서 무서워하게 됩니다.

어느 날 저녁 집회에서는 내게 기름부음이 너무 강하여서 나는 영어로 한마디도 할 수 없었고 내가 자연적인 영역에 돌아오는데 시간이 상당히 오래 걸렸습니다. 나는 창세기 5장 24절에 나오는 에녹에게 무슨 일이 있었는지 알 것 같았습니다.

"에녹이 하나님과 동행하더니 하나님이 그를 데려가시므로 세상에 있지 아니하였더라." 에녹은 영적인 영역에서 돌아올 수 없었던 것입니다!

한 번은 집회에서 내가 영 안에 있을 때 '나는 돌아갈 수 있을 것같지 않아. 나는 너무 많이 나와 버렸어. 나는 돌아갈 수 없어!' 라고 계속 생각한 적도 있습니다.

나는 항상 돌아오기를 원했습니다. 그러므로 나는 너무 멀리 나가기를 원치 않았습니다. 사람이 영적인 영역, 혹은 천국의 영역에 너무 멀리 나와 있으면 거기에 그냥 머물러 있기를 원할 수도 있습니다.

영적인 영역을 탐구하기
Exploring the Realm of the Spirit

내가 여러분에게 사실을 말씀드리겠습니다. 우리는 영적인 영역을 탐험하고 있고 우리는 어제 알았어야 할 것들을 오늘에야 배워가고 있습니다.

현대에는, 사람들이 우주에 나가서 탐험하고 있는 시대입니다. 그러나 사람들이 우주에 처음 나갔을 때 그냥 달로 가지 않았습니다. 처음에는 겨우 몇 마일 높이로 우주에 갑니다. 그들은 겨우 인력을 벗어나 우주라는 곳에 겨우 들어가 봅니다.

왜 그럴까요? 왜냐하면 사람들은 거기에 무엇이 있는지 모르기 때문입니다. 그들은 그 영역에서 어떤 법칙과 규칙이 그 곳을 다스리는지 알지 못했습니다. 그들은 다시 돌아올 수 있을지도 몰랐습니다! 그래서 그들은 아주 조금 나가서 답사를 하는 것입니다. 그리고 그 다음에는 조금 더 멀리 나갑니다. 그리고 결국은 달까지 가서 내려서 답사를 하게 된 것입니다.

자연적 지식을 증가시켜 나가는 것과 영적인 지식을 증가시켜 나가는 일에는 유사한 점이 있습니다. 다니엘은 마지막 날에 지식이 증가할 것을 오래 전에 예언하였습니다.

> 단 11:32
> 그가 또 언약을 배반하고 악행하는 자를 속임수로 타락시킬 것이나 오직 자기의 하나님을 아는 백성은 강하여 용맹을 떨치리라 (do exploits)

> 단 12:4
> 다니엘아 마지막 때까지 이 말을 간수하고 이 글을 봉함하라 많은 사람이 빨리 왕래하며 지식이 더하리라

지식은 계속하여 증가하고 있습니다. 그리고 영적으로 우리들 중 몇은 영의 가장자리로 나가고 있습니다. 다른 사람들은 성령으로 세례를 받고 다른 방언으로 말하고 있습니다. 그들은 소위 말해서 그들의 발가락을 적신 셈입니다. 그리고 '이것이다!' 라고 생각합니다.

그러나 아닙니다. 그렇지 않습니다. 다른 말로 하면, 그것이 영과 영적인 영역에 대하여 알아야 할 모든 것이 아니란 것입

니다. 우리들 중 몇은 다른 사람보다 조금 더 영의 영역으로 나아갔습니다. 그러나 우리는 아직 너무 많이 나간 것이 아닙니다. 만일 그렇다면 어떻게 우리가 돌아올 수 있습니까?

이제 우리가 자연적인 영역에서 우주를 탐험하는 것에 비추어 볼 때 과학자와 우주인들이 우주에서 탐험을 하는 것과 같이 우리들은 영 안에서 탐험을 합니다! 우리는 영적인 남녀를 보내어 탐험을 하게 할 것입니다!

예수님은 오늘날도 변하시지 않았습니다. 예수님은 아직도 치유하시고 계십니다. 교회의 머리인 예수님은 은사와 기름부음을 오늘도 배분하고 계십니다. 그리고 예수님의 말씀은 오늘도 또 앞으로도 항상 진리입니다.

우리가 배우고 들어야 할 치유의 기름부음이 있습니다. 치유의 기름부음의 영역에서 우리는 아직도 더 많은 공부를 해야 하고 더 많이 배워야 합니다. 그러나 우리는 이 기름부음을 경험하는 일과 성령이 더 많이 나타나는 일에 가까이 와 있습니다!

08
치유의 기름부음의 결과들

사 10:27
…그의 멍에가 네 목에서 벗어지되 기름진 까닭에 멍에가 부러지리라 (… and the yoke shall be destroyed because of the anointing)

　멍에를 부서뜨리는 기름부음이나 치유의 능력에 대하여 공부하면서 우리가 정립한 한 사실은 하나님의 치유하시는 능력은 느껴지는 실체이고 천국의 물질이라는 것입니다. 우리는 그것을 알고 믿어야 합니다!
　존 G. 레이크는 하나님께 크게 사용 받은 분입니다. 그는 하나님의 치유의 능력에 대하여 흥미 있는 말을 아래와 같이 서술하였습니다.

　　치유의 사역에 친밀하지 않은 사람들에게는 전기와 같이, 혹은 다른 어떤 땅의 능력과 같이, 성령(기름부음)이 확실하고 실체적이고 살아있는 분량이라는 것을 이해하는 것이 가장 어려운 일입니다. 정말 그렇습니다. 모든 생명체의 현상 뒤에 있는 생명의 원리는 어디에나 있습니다.[1]

레이크 박사는 다음과 같은 말도 하였습니다.

만일 우리가 하나님의 영의 잠재적인 생명력(권능)을 세상으로 이해하게 할 수만 있다면 사람들은 치유가 믿음의 문제만이 아니요 하나님의 은혜의 문제만이 아니요 사람의 필요에 대한 하나님의 영의 온전한 과학적 적용이라는 것을 발견할 것입니다.[2]

하나님의 치유 능력에 대한 또 다른 사실은 하나님의 치유의 능력은 전달되고 이동될 수 있다는 사실입니다. 이것은 한 사람으로부터 다른 사람에게 손을 얹음으로, 혹은 옷이나 손수건으로 (예를 들어 예수님의 옷이나 바울의 손수건) 이동 혹은 전달될 수 있다는 것입니다. 이러한 각각의 경우에, 헝겊은 치유의 능력의 배터리 저장소가 되는 것입니다.

우리는 치유의 기름부음의 모든 부문을 철저히 이해해서 기름부음을 우리의 삶에 유용하게 사용해야 합니다. 우리는 기름부음의 이익이나 결과를 얻기 위하여 치유의 능력을 다스리는 규칙과 법을 알아야 합니다.

이것은 좋은 식사를 하는 것과 마찬가지입니다. 예를 들어서 나는 티본 스테이크를 좋아하는데 "내가 지난 주일에 스테이크를 먹었으니까 또 그것을 먹지 않겠습니다"라고 말하지 않습니다. 나는 스테이크를 먹을 수 있을 때마다 먹습니다!

아시다시피, 치유의 기름부음의 주제는 아주 좋은 음식입니다! 하나님의 말씀은 좋은 음식입니다! 나는 하나님의 말씀으로 계속하여 축복을 받습니다.

기름부음의 다른 결과
Other Results of the Anointing

우리는 병든 자에게 사역하기 위하여 어떤 사람에게 하나님이 주시는 특별한 치유의 기름부음의 효과들에 대하여 말하였습니다. 우리는 예수님과 바울의 사역에서 성경에 나오는 많은 치유의 경우들을 보았습니다. 우리는 또 나의 사역에서와 다른 현대 목사들의 사역에서의 치유도 살펴보았습니다.

그러나 치유의 기름부음은 연약함과 질병을 내쫓는 것에만 역사하는 것이 아닙니다. 우리의 주제 구절은 "그날의 무거운 짐이 네 어깨에서 떠나고 그의 멍에가 네 목에서 벗어지되 기름진 까닭에 because of the anointing 멍에가 네 목에서 부서지리라"(사 10:27)라고 말하고 있습니다. 우리가 지난 장에서 멍에는 사람을 묶고 있는 것이라고 말하였습니다. 사람은 질병이나 연약함만이 아니라 다른 여러 가지 때문에 묶여 있거나 잡혀있을 수 있는 것입니다.

특별한 기름부음은 또 악령을 몰아내기도 합니다
The Special Anointing Also Drives Out Evil Spirits

내가 이미 암시를 주긴 하였지만 나는 치유의 기름부음에 대하여 항상 보지 못했던 다른 사실에 대하여 좀 더 자세히 살펴보려고 합니다.

이것은 사실입니다. 치유의 기름부음은 연약함과 질병만 내쫓을 뿐 아니라 이것은 악한 영도 쫓아내는 것입니다.

> 눅 6:17-19
> 17 예수께서 그들과 함께 내려오사 평지에 서시니 그 제자의 많은 무리와 예수의 말씀도 듣고 병 고침을 받으려고 유대 사방과 예루살렘과 두로와 시돈의 해안으로부터 온 많은 백성도 있더라
> 18 더러운 귀신에게 고난 받는 자들도 고침을 받은지라
> 19 온 무리가 예수를 만지려고 힘쓰니 이는 능력이 예수께로부터 나와서 모든 사람을 낫게 함이러라

17절과 18절은 더러운 귀신에게 고난 받는 자들과 병든 자들이 다 치유받은 것에 대해 말해주고 있습니다. 어떻게 그들이 치유를 받았습니까? 19절은 "능력이 예수께로부터 나와서 모든 사람을 낫게 함이러라"라고 말하고 있습니다.

그리고 마태복음 8장에서 예수님이 "말씀으로 귀신들을 쫓아내시고 병든 자들을 다 고치셨다"라고 말합니다.

> 마 8:16
> 저물매 사람들이 귀신 들린 자를 많이 데리고 예수께 오거늘 예수께서 말씀으로 귀신들을 쫓아내시고 병든 자들을 다 고치시니

이 성경 구절은 어떻게 아픈 사람들이 고침을 받았는지 말하여 주고 있지 않습니다. 그냥 그들이 고침을 받았다고 말합니다. 예수님께서 병든 자들을 기름부음을 가지고 치유하셨을 수도 있고 기름부음이 없이 치유하실 수도 있었습니다. 그러나 예수님은 귀신들을 말씀으로 쫓아내셨습니다. 귀신에 사로잡힌 사람에 관하여는 성경은 "예수께서 말씀으로 귀신들을 쫓아내시고"라고 말합니다.

그러므로 우리는 마태복음 8장 16절에서 치유와 악한 영으로부터의 자유롭게 됨에서 연관성을 볼 수 있는 것입니다.

그러나 누가복음 6장 17절부터 19절까지의 성경 구절을 주목하시기 바랍니다. 18절은 이렇게 말합니다. "더러운 귀신에게 고난 받는 자들도 고침을 받은지라." 분명히 이 경우에는, 더러운 귀신에게 고난 받는 자들도 치유의 기름부음으로 고침을 받은 것입니다. 왜냐하면 19절에 "온 무리가 예수를 만지려고 힘쓰니 이는 능력이 예수께로부터 나와서 모든 사람을 낫게 함이러라"라고 말했기 때문입니다.

그러나 마태복음 8장 16절에는 "저물매 사람들이 귀신들린 자를 많이 데리고 예수께 오거늘 예수께서 말씀으로 귀신들을 쫓아내시고 병든 자들을 다 고치시니"라고 말하고 있습니다.

어떤 사람은 "악한 영들은 항상 쫓아내야 합니다"라고 말합니다. 그러나 그렇지 않습니다. 여기에서 사람들이 가끔 놓치는 부분이 있습니다. 확실히 당신은 믿음의 말씀으로 악령을 쫓아낼 수 있습니다. 그러나 당신이 기름부음 아래서 역사를 하면 기름부음이 그것들을 쫓아내는 것입니다!

사도행전 19장 11절과 12절로 돌아갑시다.

> 행 19:11-12
> 11 하나님이 바울의 손으로 놀라운 능력을 행하게 하시니
> 12 심지어 사람들이 바울의 몸에서 손수건이나 앞치마를 가져다가 병든 사람에게 얹으면 그 병이 떠나고 악귀도 나가더라

12절에서 그 헝겊들이 사람들에게 얹혀지면 악귀가 나갔다고 말하고 있습니다. 이것은 어떤 사람이 악령을 분별하는 문제가 아니고 어떤 사람이 말씀을 하여 그것을 쫓아내는 것도 아닙니다. 이것은 기름부음으로 그것들을 쫓아내는 것을 말하고 있는 것입니다!

하나님이 어떻게 역사하는 지를 배워서 하나님과 함께 일하십시오
Learn How God Works and Work With Him

우리의 문제는 많은 경우에 우리가 모든 것을 작은 상자 하나에 모두 넣으면서 "이것이 이 일을 하는 유일한 길이다"라는 태도를 가지는데 있습니다.

많은 경우에 우리의 좁은 생각 때문에 우리는 하나님이 원하시는 모든 일을 할 수 없게 됩니다. 왜냐하면 우리는 하나님이 하시는 일은 무엇이든지 어떤 특정한 방법으로 해야 한다고

생각하고 만일 그렇지 않으면 안된다고 생각합니다. - 다른 길이 없다고 생각합니다.

어떤 사람은 마귀나 귀신이 항상 분별되어야만 하고 내어쫓아야 나간다고 생각합니다. 그러나 그렇지 않습니다. 우리는 지금 바울의 손수건이 아픈 사람에게 얹혀질 때 질병이 그들에게서 떠났다는 것을 읽었습니다(행 19:12). 악령들도 분별되지도 않았지만 그들에게서 떠나갔습니다. 성경은 손수건이나 헝겊들을 병든 사람에게 얹었을 때 질병도 아픈 사람에게서 떠나고, 악령 들도 나갔다고 말합니다.

사람들에게 질병을 고치려고 사용되었던 기름부음이 악령들을 내어쫓기도 한 것입니다.

사람들이 치유의 줄에 서서 기도를 받은 후 내게 와서 이렇게 말합니다. "나는 치유를 위하여 기도 받기 위한 줄에 섰습니다. 나는 치유에 대한 믿음은 있었다고 생각합니다. 그런데 어쩌면 내가 귀신이 들린 것이 아닌가 하는 생각도 들었습니다."

나는 항상 그들에게 이렇게 말합니다. "무엇이 다릅니까? 질병을 떠나가게 하는 같은 능력이 귀신도 내쫓는 것입니다. 그리고 그 능력이 당신에게 들어간 것입니다. 그러므로 당신 안에 귀신이 있었든지 없었든지에 대해서는 잊어버리시기 바랍니다. 그냥 믿기만 하십시오. 당신은 자유함을 받았습니다."

"그렇습니다. 그렇지만 나는 귀신은 분별되어야 한다고 생각했는데요" 혹은 "귀신은 쫓아내야 나간다고 알았는데요"라고 말합니다.

그것이 문제입니다. 사람들은 성경이 말하는 대로 하지 않고 자기들의 생각대로만 하려고 합니다!

어떤 멍에보다도 더 큰 권능!
A Power Greater Than Any Yoke!

만일 당신이 기름부음이 없이 믿음에서 역사하게 한다면 당신은 믿음으로 말씀을 말해야 합니다. 그러나 치유의 기름부음이 나타났다면 질병과 연약함을 치유하는 같은 기름부음이 악령도 내쫓습니다!

사람들에게 손수건을 얹을 때 바울이 어떤 말씀을 선포했다고 성경은 말하고 있지 않습니다(행 19:11, 12). 그리고 예수님이 누가복음 6장에서 어떤 말씀을 하셨다고 말하고 있지 않습니다.

> 눅 6:17-19
> 17 예수께서 그들과 함께 내려오사 평지에 서시니 그 제자의 많은 무리와 예수의 말씀도 듣고 병 고침을 받으려고 유대 사방과 예루살렘과 두로와 시돈의 해안으로부터 온 많은 백성도 있더라
> 18 더러운 귀신에게 고난 받는 자들도 고침을 받은지라
> 19 온 무리가 예수를 만지려고 힘쓰니 이는 능력이 예수께로부터 나와서 모든 사람을 낫게 함이러라

19절에서 말한 '모든 사람'은 누구를 말하는 것입니까? 그것은 질병을 가진(17절) '모든 사람'과 더러운 귀신에게 고난

을 받던 '모든 사람'(18절)입니다! 기름부음은 질병과 연약함 그리고 악령을 다 쫓아냅니다!

나는 나의 사역에서 그것을 경험하였습니다. 사람들이 치유를 받기 위해 나의 치유의 줄에 섭니다. 그러나 실제로 느낄 수 있는 치유의 기름부음 아래서 그들은 치유 이상의 것을 받습니다. 악한 영으로부터 해방을 원하는 사람은 자유함을 받았습니다.

나는 과거에 마술 같은 것에 관여했던 사람들을 다룬 경험이 있습니다. 그때 그들은 거듭나고 성령 충만을 받고 바른 삶을 살기 시작했습니다. 그럼에도 불구하고 악한 영들이 나타나는 것을 경험합니다.

악한 영들은 그 사람들의 삶에 계속하여 나타났습니다. 악한 영이 이 그리스도인들 안에 있는 것이 아닙니다. 그러나 그것들은 그 사람들 주위에 있어서 그들을 괴롭힙니다. 예를 들어서, 사람들이 벽에서 두드리는 소리를 듣는다든지, 밤에 목소리를 듣게 되는 것입니다.

그러나, 이런 사람들이 치유를 받기 위해 치유의 줄에 설 때 그들은 그 악령으로부터도 자유함을 받습니다!

많은 사람들이 알코올 중독 때문에 내게 기도 받으러 왔었습니다. 그 중 몇 명은 술 중독으로부터 자유함을 받기 위하여 기도를 받으러 왔었습니다. 다른 사람들은 치유를 받기 위해 왔었습니다.

나는 기름부음으로 말미암아 악령으로부터 자유함을 받은 사람들의 많은 간증들을 들을 수 있었습니다. 그들은 나에게 이렇게 말합니다. "해긴 목사님, 내가 치유의 줄에 서 있을 때 목사님이 내게 손을 얹었습니다. 나는 25년이나 술에 매여 있었습니다. 그러나 나는 하나님의 능력으로 자유함을 입었습니다!"

한 미국 육군 장교로 있던 사람이 알코올 중독에서 자유함을 받은 지 일 년 만에 내게 이렇게 간증을 하였습니다. "내가 군대에 있을 때 나는 술 중독에서 자유함을 받기 위해 세 개의 다른 정부 병원에 갔었습니다. 그러나 나는 병원에서 나오면서도 술을 마시고 있었습니다."

군대에서 제대를 한 후에도 그는 병원을 세 군데나 찾아갔습니다. 그러나 그때까지도 그는 병원에서 나오면서 술을 마시고 있었습니다.

물론 그는 이 모든 기간에 하나님과 멀리 떨어져 있었습니다. 그러나 그는 열세 살 때 주님을 알고 있었던 것을 기억했습니다. 그는 이렇게 말했습니다. "나는 탕자의 이야기(눅 15:11-24)를 기억하였습니다. 그래서 나는 무릎을 꿇고 이렇게 기도를 하였습니다. '사랑하는 주님, 나는 탕자같이 집으로 돌아옵니다. 나를 용서해 주세요.'"

"나는 주님이 나를 다시 받아 주신 것을 알았습니다. 나의 영에는 평안함이 있었습니다. 이것은 마치 이천 파운드의 무게가 내 가슴에서 굴러 떨어진 듯한 기분이었습니다. 그러나 나의 몸은 아직도 술 귀신으로 묶여 있었습니다. 나는 술 마시는 것을 멈출 수가 없었습니다."

그는 다시 말했습니다. "나의 친구 중 하나가 '내가 가는 집회에 같이 갑시다!' 라고 말했습니다." (내가 인도하는 집회를 말한 것입니다.)

그래서 이 은퇴한 장교는 나의 집회에 왔습니다. 거기서 그가 본 것은 그 사람에게는 모두 새로운 것들이었습니다. 그는 나중에 이렇게 말했습니다. "나는 무슨 일들이 일어나는지 전혀 이해하지 못하였습니다. 물론 나는 수년 동안 교회에 나가지 않았습니다. 그래서 나는 손을 얹고 기도한다든지, 혹은 모든 사람이 손을 들고 찬양한다든지, 한꺼번에 소리를 크게 내어 기도한다든지 하는 것에 대하여 알지 못했습니다." 그가 어린 소년으로 교회에 갔을 때 그 교회는 매우 조용한 교회였다는 것입니다.

그는 내게 이렇게 말하였습니다. "목사님이 손을 얹은 사람은 거의 다 넘어졌습니다. 그리고 그것이 저를 놀라게 하였습니다." 그러나 그는 그를 초청했던 친구에게 이렇게 말했습니다. "나는 저기 내려가서 기도를 받겠어요. 왜냐하면 나는 정말 도움이 필요하니까요. 그러나 나는 저 사람들처럼 저렇게 넘어지지는 않을 것입니다."

군대 장교는 계속하여 말하였습니다. "내가 내려가서 치유의 줄에 섰을 때 목사님은 손을 내 위에 얹으셨습니다. 그 다음 내가 아는 것은 내가 바닥에서 일어나고 있었다는 것입니다. 나는 넘어진 것도 기억하지 못합니다."

그는 이렇게 말을 했습니다. "목사님이 내게 손을 얹을 때

두 가지의 놀라운 일이 내게 일어났는데 그 능력은 나의 몸 전체를 덮었습니다. 이것은 전기와 같은 것이였는데 따뜻함이 내 몸에 퍼졌습니다."

"첫째로, 나는 위대한 영적인 체험을 하였습니다. 나는 예수님께 가까워졌습니다. 그 경험은 나를 예수님께 가까이 가게 하였고 예수님을 더욱 사랑하게 만들었습니다. 둘째는, 오랫동안 나를 묶고 있었던 술 귀신이 나를 떠났습니다. 나는 그 후에 한 방울의 술도 입에 대지 않고 있습니다. 나는 술을 마시고 싶지도 않습니다."

하나님의 그 능력, 기름부음을 인하여 하나님께 감사합니다!

성경은 이렇게 말합니다. "심지어 사람들이 바울의 몸에서 손수건이나 앞치마를 가져다가 병든 사람에게 얹으면 그 병이 떠나고 악귀도 나가더라"(행 19:12)!

마귀의 능력보다 더 크신 능력이 여기 있는 것입니다. 질병과 연약함보다 더 크신 능력이 여기 있습니다. 이것은 하나님의 능력입니다!

당신은 무엇인가가 존재한다는 것을 알아야만 그것의 유익을 얻을 수 있습니다
You Must Know Something Exists To Benefit From It

우리는 하나님의 놀라우신 치유의 능력인 치유의 기름부음의 결과에 대하여 말하고 있습니다. 왜 우리가 더 큰 치유의 기름부음의 결과를 볼 수 없었을까요? 그 이유의 일부분은 많은 사람들이 그런 능력이 있다는 것도 모르기 때문입니다. 그리고 그것이 있다는 것을 아는 사람들도 어떻게 능력을 받는지, 그래서 어떻게 해야 결과를 만들어 내는지에 대하여는 모르고 있습니다.

내가 벌써 말한 바와 같이, 자연적인 영역의 전기와 초자연적인 영역의 하나님의 능력에는 비슷한 점이 있습니다. 그리고 사람이 전기의 작동 원리를 발견하였듯이 우리도 하나님의 능력, 하늘나라의 전기의 작동 원리를 발견할 수 있습니다.

우리는 하나님이 세상을 창조하신 때부터 전기가 있었다는 것을 압니다. 전기가 창조의 시작부터 있었다면 왜 그것이 자동적으로 작동을 하거나, 혹은 자신을 나타내 보이지 않았을까요? 왜냐하면 전기가 작동하는데 특별한 법칙이 있기 때문입니다.

사람들은 하늘나라의 전기, 기름부음에 대하여도 같은 질문을 합니다. "만일 하나님의 능력이 항상 있다면 왜 그것이 나타나지 않습니까? 아마 항상 있는 것이 아닐 것입니다. 아니면 전혀 존재하지 않았는지도 모릅니다."

그러나 하나님의 능력은 실제입니다. 그리고 이것은 어디에나 있습니다. 사람들은 이것을 작동하는 영적인 법칙을 모르고 있을 뿐입니다.

발견한 것을 사용하기
Putting Discoveries to Use

자연에서는 사람들이 전기를 어떻게 사용하는가 혹은 어떻게 이것을 사람에게 유익하게 하는가를 탐색하기 전에 먼저 전기를 발견하여야 했습니다. 당신이 있는 것을 모른다고 해서 그것이 존재하지 않는 것은 아닙니다. 이것은 단지 당신이 그것에 대하여 모르고 있다는 뜻일 뿐입니다. 그러므로 당신은 그것에서 아무런 이익도 얻을 수 없습니다. 그러나 당신이 어떤 것, 전기, 혹은 하나님의 능력이 있다는 것을 안다면 당신은 이제 그것들의 유익을 얻을 수 있는 자리에 와 있는 것입니다.

예를 들어서, 사람이 전기가 있는 것을 모르고 보낸 세월들을 생각해 보십시오. 사람들은 동굴에서 살았고, 밝힐 빛도 없고, 덥게 할 불도 없었습니다. 마침내 사람들이 어떻게 불을 만들 수 있는지 발견하였으나 그들은 아직도 전기로부터 어떤 유익도 얻지 못했던 것입니다.

사람들이 전기가 있는 것을 발견하였을 때에도, 이것들을 어떻게 삶에 사용하여야 되는지 알지 못했습니다. 그리고 현대에는 벤자민 프랭클린이 전기를 어떻게 동력화하여 유용하게 사용하는지 발견한 것입니다. 그는 어떻게 사용하는 지를 알아낸 것입니다. 그리고 전기는 인류에게 그 후로는 얼마나 큰 축복이었는지요!

축복은 능력이 역사할 때 옵니다
The Blessing Comes When the Power Is Put Into Action

전기의 발견에서 그것을 어떻게 사용하는지를 배움으로 인류는 큰 유익을 얻었습니다. 사실, 오늘날 우리는 무슨 사고가 생겨서 우리 가정에 전기 공급이 중지되기 전에는 전기를 그냥 당연한 것으로 생각합니다.

우리는 태풍이 불어와 전기줄을 모두 파괴할 때까지는 전기가 얼마나 큰 축복인지 깨닫지 못합니다. 그런 일이 일어나면 냉장고나 냉동기가 작동을 하지 않게 되고 얼었던 고기와 야채들은 다 상해 버릴 것입니다. 에어컨이나 전열기도 작동을 멈추어 버리면 집안이 너무 덥거나 너무 춥게 되겠지요.

우리들 중 몇은 수 년 전에 이런 가전제품들이 없던 때를 기억할 만큼 나이가 들었습니다. 그 전에는 이런 것들이 아직 발명되지 않았습니다.

나는 내가 아직 어린아이일 때 우리 집에 전기 냉장고가 없었던 것을 기억합니다. 우리들은 아이스박스를 가지고 있었습니다. 어떤 사람이 동네마다 다니며 얼음을 배달해 주어서 그들의 아이스박스를 항상 차게 할 수 있었습니다. 그는 말로 끄는 마차에 얼음을 싣고 다녔습니다. (나중에 그는 마차와 말 대신 T형 포드 자동차로 바꾸었습니다.)

그러나 냉장고가 발명되었을 때, 사람들은 하나씩 하나씩 냉장고를 들여놓기 시작하였습니다. 나와 내 아내가 처음 결혼

하였을 때, 우리는 아이스박스만 가지고 살았습니다. 우리가 냉장고를 갖게 된 것은 우리가 두 번째 목회를 하고 있던 교회에서였습니다. 그것은 우리 아이들, 켄과 팻이 태어난 후였습니다. 우리가 처음 그 냉장고를 들여왔을 때 우리는 천국에 사는 것같이 생각되었고 정말 사람같이 사는 것 같다고 생각하였습니다. 우리들은 전기의 능력으로부터 대단한 유익을 얻고 있었습니다.

우리가 두 번째 교회를 목회하고 있을 때 우리는 집 안에 수돗물이 없었습니다. 우리들은 욕조 대신에 물가로 나가는 통로가 있었을 뿐입니다! (요즘 젊은 사람들은 우리들이 젊었을 때와 비교하면 너무 쉽게 삽니다.)

우리가 세 번째 교회를 목회할 때도 집 안에 수돗물이 없었습니다. 물론 그것은 부엌에 물이 없다는 것을 의미하므로 물을 물통으로 길어 날라 와야만 했던 것입니다.

우리가 네 번째 교회를 목회할 때 우리는 아직도 집 안에 수돗물이 없었습니다. 1943년이었습니다. 바깥 마당에 소화전이 있어서 물통으로 거기서 물을 받곤 했습니다.

결국 내가 이렇게 말했습니다. "나는 내가 무엇을 해야 할지 알겠어." 나는 수 년 동안 전기와 수도 설비에 대하여 조금 배웠습니다. 왜냐하면 나는 집을 짓는 사람을 도와 준 적이 있었기 때문입니다. 나는 또 목수 일도 조금 배웠고 페인트 칠하는 것과 벽지를 도배하는 일도 조금 배웠습니다. 그래서 내가 "나는 소화전으로부터 물을 집으로 끌어와야지"라고 말한 것입니다.

소화전은 부엌에서 15피트쯤 되는 거리에 있었습니다. 소화전으로부터 부엌까지 조금만 땅을 파서 15피트 쯤 되는 관을 넣어서 부엌으로 물을 끌어오는 일은 그렇게 어려운 일이 아니었습니다.

나는 조리대 밑에 찬장을 만들어야 했습니다. 그리고 나는 찬장을 만들 수 있는 성령과 지혜가 충만한 목사님을 알고 있었습니다. 나는 저녁에 그 목사님에게 설교를 부탁했고 낮에는 찬장을 제작해 달라고 했습니다!

이 목사님은 아름다운 찬장을 만들었고 우리는 수돗물을 실내에 갖게 되었습니다! 우리는 아직 더운 물은 없었기 때문에 물 주전자를 난로에 올렸놓고 끓여야 차를 마실 수 있었습니다. 그러나 우리는 수돗물이 있었던 것입니다!

그리고 교회의 몇몇 사람들이 이것을 알고 불평을 하였습니다. "우리 집에는 아직 수돗물이 없는데!"라고 말하며 불평을 했습니다. 대답은 이랬습니다. "당신이 너무 게으르지 않았다면 당신도 수돗물을 가질 수 있었습니다!"

나는 아무에게도 그 수도관을 놓아 줄 것을 요구하지 않았습니다. 나는 땅을 파내고 배관을 놓는 모든 일을 내가 한 것입니다. 내가 찬장을 직접 지을 수도 있었지만 그 목사님이 거기에는 전문가였습니다. 그는 전문 목수였습니다. 내가 만일 찬장을 내 자신이 만들었다면 그것은 아마도 가정에 보다는 창고에나 어울리는 것을 만들었을 것입니다.

그래서 우리는 방 세 개짜리 목사관에 수돗물과 냉장고가 있었습니다. 우리는 정말 '다 된 것' 같이 생각했습니다. 우리는 그 보다 더 좋을 수는 없다고 생각했습니다!

그러나 그 당시 그 목사관에 우리는 나무를 때는 난로로 온 집에 열을 공급하고 있었습니다. 사실, 거실만 따뜻했지 침실들은 추웠습니다. 부엌에는 오래 된 등유 난로가 있었습니다. 그러나 1943년은 제 2차 세계대전 중이었으므로 어떤 기구든 부속을 사는 것이 참 힘들었습니다. 그래서 우리가 먹는 모든 음식에는 등유나 석탄기름 냄새가 났습니다.

마침내 내가 이렇게 말했습니다. "나는 우리 집에 가스난로를 놓을 것이다." 우리가 그 전에 살던 목사관에는 가스난로가 있었습니다. 우리는 가스히터와 스토브를 가지고 있었지만 그것들을 그 목사관에서는 사용할 수 없었습니다. 왜냐하면 집에 가스선이 들어오고 있지 않았기 때문에 그것을 장치할 수 없었습니다.

아직 전쟁 중인 시기였기 때문에 집에 연결할 가스관을 살 수가 없었고 그 당시 '우선권' 허가 없이는 관을 살 수 없었습니다. 그래서 나는 가스회사에 가서 모든 서류들을 적어 넣어야 했습니다.

가스회사에서는 당신이 어디서 왔고, 당신의 할머니, 고조할머니가 누군지, - 당신의 할아버지, 사촌, 삼촌, 그리고 삼촌댁이 누구인가까지 알기를 원했습니다. 그들은 당신이 몇 살인지, 얼마나 오래 살지, 당신의 몸무게는 얼마인지도 알기를 원했습니다!

물론 내가 좀 과장을 하고 있긴 합니다만 서너장의 서류를 적어야 했습니다.

그 사람들이 내게 물었습니다. "당신은 지난해에 집안 난방으로 어떤 연료를 사용했습니까?"

나는 그들에게 나무와 등유를 사용했다고 말했고 그들은 나에게 '우선권'으로 인정될 수 없다고 하였으므로 나는 그들로부터 가스관을 살 수 없었습니다.

그러나 나중에 나는 우연히 철공소 앞을 지나가게 되었고 나는 보도 옆에 여러 가지 많은 가스관들이 차에서 내려지고 있는 것을 보았습니다. 나는 멈추어서 배관공에게 이것에 대하여 물어 보았습니다. 그는 이렇게 말했습니다. "나는 이 가스관들을 포트 워스에서 발견하였습니다. 나는 '우선권' 없이 그것들을 가져왔기 때문에 당신이 원하면 살 수 있습니다. 그렇지만 내가 가진 것 안에서 고르셔야 합니다."

그때 가스회사 사람이 이렇게 말했습니다. "나는 변전소 뒤에서 가스관들을 보았습니다. 잡풀로 덮여 있었기 때문에 우리는 그것들이 있는 줄도 몰랐습니다. 그 가스관들을 이어서 사용하여 어떤 허가증 없이도 당신의 집 앞까지 가스관을 놓을 수 있을 것입니다."

그래서 나는 가스관들을 그 연관공에게 샀고 교회의 한 젊은이에게 도와달라고 하여 땅을 파고 가스관들을 놓았습니다. 그리고 가스회사 사람이 그의 가스관들을 가지고 와서 집 앞까지 가스관을 놓았습니다. 그리고 우리는 가스관을 그것에 연결하였습니다. 그래서 가스가 목사관까지 들어오게 된 것입니다.

우리는 방마다 난로가 있었으므로 목사관 전체가 따뜻하였습니다. 그뿐 아니라 부엌에서 등유 스토브 대신 가스 스토브를 사용하게 되었습니다.

이제 우리는 그것보다 더 좋을 수는 없다고 생각했습니다. 우리는 정말 우리가 더 이상 필요한 것이 아무것도 없다고 생각하였습니다. 왜냐하면 우리는 냉장고와 수돗물과 가스가 있었기 때문입니다!

내가 말하려는 것은 이것입니다. 당신이 어떤 것이 있는지도 모를 때는 그것으로부터 어떤 유익도 얻을 수 없다는 것입니다. 그리고 당신이 전기나 하나님이 능력같은 것이 있다는 것을 알 때, 당신은 아직도 어떻게 그것이 작동되는지 혹은 그것으로부터 유익을 얻으려면 무엇을 어떻게 해야 하는지를 알아야만 합니다. 그러나 당신이 그것을 사용하게 되면 그것이 당신에게 얼마나 큰 축복이 될 것인지요!

하나님의 말씀이 기름부음을 이해하는 열쇠입니다
God's Word: The Key To Understanding the Anointing

사람이 처음 전기를 발견하였을 때 그들은 이것이 집을 덥히고, 시원하게 하며, 집에 빛을 비춰 줄 것을 알지 못했습니다. 그러나 전기는 이 모든 일을 할 수 있습니다. 가능성은 항상 거기 있었던 것입니다.

만일 어떤 사람이 동굴에 살던 시대의 남녀에게 "당신의 동굴에 전기를 연결해야 합니다"라고 말했다면 그들은 "전기가 무엇입니까?"라고 물을 것입니다.

"그것은 말입니다, 능력인데요, 그것은 전선을 타고 흐릅니다." 그러면 동굴에서 사는 사람은 이렇게 말할 것입니다. "전선이란게 무엇입니까?"

그리고 그 사람이 전기와 전선에 대하여 동굴에 사는 남녀에게 이야기를 끝낸 후, 그 동굴에 사는 사람은 그의 아내에게 이렇게 말할 것입니다. "저 친구 어디다 가두어 놓아야 할 사람이군. 저 사람은 미쳤어! 그런 것들이 세상에 어디 있다구! 말같지도 않은 소릴 하는구먼!"

그것은 하나님의 능력을 하나도 모르는 교인들에게 하나님의 능력을 설명하려는 것과 비슷한 이야기입니다. 그들은 그런 것들에 대해 전혀 들어본 적이 없습니다. 그리고 만일 그들이 성경을 읽어보았다면 그들은 '능력'이라는 부분을 전통이라는 안경을 쓰고 읽어 넘겼을 것입니다. 그들은 이렇게 말합니다. "권능이라는 것을 믿는 사람들은 좀 이상한 사람들이야. 우리는 하나님의 능력이 존재하지 않는 것을 알거든. 만일 존재하였다면 우리들이 분명히 가지고 있었을 거야."

그들의 사랑스런 심령과 어리석은 머리를 축복하소서! 그들은 잘못 알고 있습니다.

그들은 시간을 내어 성경으로 들어가 무엇이 있는지 알아볼 생각을 하지 않습니다. 그들은 그들 나름대로 하나님이 어떻게 역사하는지 상상을 하고는 그렇게 믿어버리며 하나님의 능력에 대하여 더 이상 배울 것이 없다고 생각합니다. 그들은 상상하기를 만일 하나님의 능력이 실제적인 것이라면 그것은 그냥 나타날 것이라고 생각합니다. 그래서 나타나지 않으면 그 능력이 실제적인 것이 아니거나 존재하는 것이 아니라고 생각하는 것입니다.

그리고 또 다른 한편에서는 하나님의 치유의 능력이 존재한다는 것을 많은 사람들이 알았습니다. 어떤 사람은 하나님의 능력과 접해본 적도 있지만 어떻게 하나님의 능력이 역사하는지 알지 못했습니다. 그러나 하나님께 감사합니다. 우리에게는 어떻게 그 능력이 역사하게 되는지에 대한 이해를 도와줄 말씀이 있습니다!

의학도 기름부음을 인정하였습니다
Even Medical Science Has Recognized the Anointing

나는 일반 잡지에 게재된 글을 읽어 보았습니다. 이것은 세 명의 과학자인 동시에 의사들이 합동으로 쓴 글이었습니다. 그들은 이렇게 말하였습니다. "우리는 오래된 인디언의 치료법들 중에서 우리가 찾을 수 있는 것은 모두 실험실에서 실험을 하여 보았습니다."

"우리는 과학자로서 그런 치료법들이 효력이 있으리라고는 생각하지 않았습니다. 그러나 우리는 거의 모든 치료제들이 효력이 있었다는 것을 알아냈습니다. 그리고 우리는 왜 그런지도 알아냈습니다.

우리들은 인디언들이 치료를 위해 사용하던 풀들과 뿌리들과 그 외의 것들이 오늘날 의료계가 쓰고 있는 약들의 성분을 포함하고 있다는 것을 발견하였습니다.

그래서 우리는 옛날 민속 치료제와 옛날 민간요법들을 찾아서 그것들도 시험해 보았습니다. 그런데 정말 놀랍게도, 대부분의 민속 치료제들이 사람들이 무엇에 좋다고 했든지 그것에 정말 좋은 성분을 가지고 있었습니다."

최근에, 나는 다른 의료단체의 사람들이 쓴 것을 신문에서 읽어보았습니다. "우리는 왜 그런지는 모르지만 감기가 들면 치킨 수프를 끓여 먹어야 한다던 '할머니'들의 요법이 옳았다는 것을 발견했습니다."

의학은 아직 보편적인 감기에도 치료제를 발견하지 못하였습니다. 그러나 이 과학자들은 치킨 수프야말로 그들이 아는 한 감기를 이기는 가장 효과적인 도움이 된다는 것을 발견하였다는 말입니다.

'할머니'들은 이미 그것을 알고 있었습니다. 감기가 들면 그들이 첫 번째로 해주는 것이 치킨 수프입니다.

그 잡지에 글을 쓴 세 명의 의사는 이렇게 말했습니다. "우리가 하고 있는 일은 병을 고치는 일이므로 우리는 사람들이 어떤 방식으로 치료를 받는지에 대해 제한을 할 권한은 없습니다. 만일 인디언 요법이 효과가 있다면 인디언 요법도 좋습니다.

만일 오래된 민간요법이 효과가 있다면 그것도 좋습니다."

그리고 그들은 말했습니다. "우리는 신유divine healing가 역사한다는 것도 발견하였습니다." (그들은 신유라고 일컬었습니다.) "우리는 그것도 역사한다는 것을 증명하였습니다."

이 의사들은 계속하여 말하였습니다. "우리가 신유를 실험실에서 실험할 수 있다면 우리는 이것이 어떻게 역사하는 것인지 알아낼 수 있을 것입니다."

그들이 다른 치료법들은 실험실에서 실험을 하여 그것들의 성분이 무엇인지 알아낼 수 있었습니다. 그들은 이 치료법들에 어떤 열이나 다른 병을 이길 수 있는 무슨 성분이 있다는 것을 알아냈다는 것입니다. 그리고 그것들을 실험실에서 실험을 함으로서 그 성분들이 무엇인지도 알아냈던 것입니다.

그러나 신유는 실험실에서 실험을 하거나 현미경 아래 놓고 볼 수 없습니다. 그 의사들은 이렇게 말했습니다. "우리는 신유가 역사하는 것을 증명하였습니다. 우리들은 과학적 사실들도 가지고 있고 그것들을 보고서에 다 적어 놓았습니다. 그러나 이것이 어떻게 역사하는 것인지는 알지 못합니다."

이 의사들은 현대의학이 어떤 병원에서 죽을 수 밖에 없다고 포기한 한 사람에 대하여 쓰고 있었습니다. 그 사람은 암 말기에 있었습니다. 그들은 이렇게 쓰고 있었습니다. "어떤 사람이 헝겊을 가지고 와서 그에게 기름을 바르고 손을 얹었습니다. 그리고 사흘 후에 암 환자는 건강하여 졌습니다."

그리고 그들은 증거자료가 있는 많은 다른 경우들을 인용하였습니다. 이 의사들은 기름부음의 결과에 대하여 알고 있었지만 어떻게 그런 기름부음의 결과를 얻거나 생산해 내는지에 대하여는 알지 못하였습니다.

그들은 증언하였습니다. "신유는 역사합니다. 우리가 어떻게 역사하게 만드는지 안다면 우리는 신유를 사람들에게 줄 수 있을 것입니다. 그러나 우리는 어떻게 그것이 작용을 하는지 모릅니다."

내가 그것을 읽었을 때 '어떻게 그것을 작용하게 하는지 나는 알고 있어!' 라고 생각해습니다.

하나님의 말씀은 현미경입니다
The Word of God Is a 'Microscope'

당신은 하나님의 치유의 능력이나 신유를 현미경으로 들여다 볼 수 없고 이것을 실험실에서 실험을 하여 어떻게 작용하는지 알아낼 수도 없습니다. 그러나 하나님을 축복합니다. 당신은 신유에 대하여 하나님의 말씀을 들여다봄으로써 답을 얻을 수 있습니다. 믿음은 신유가 역사할 수 있게 합니다. 믿음은 능력을 활성화시킵니다!

예수님은 혈루병 앓던 여인에게 "딸아 네 믿음이 너를 온전케 하였느니라"(막 5:34)라고 말씀하셨습니다. 믿음이 능력을 일하게 만드는 것입니다.

"나는 믿음으로 치유한다든지 믿음으로 치유하는 사람들 같은 것은 믿지 않습니다"라고 어떤 사람들은 말합니다.

나는 과거에 어떤 사람이, 혹은 목사님들이 우리 같은 목사들을 '믿음 치유사'라고 부르는 것을 아주 싫어하였습니다.

그 사람들은 그들이 우리를 '믿음 치유사'라고 부르는 것이 부당하다고 생각했고 우리도 그렇게 부르는 것이 부당하다고 느꼈습니다. 그러나 내가 성경을 공부하면서 나는 그들이 우리를 '믿음 치유사'라고 부르는 것에 대하여 자랑스럽게 생각하기 시작하였습니다. 예수님과 같이 분류되는 것을 누가 마다하겠습니까? 예수님은 믿음의 사람이었습니다. "그러므로 내가 너희에게 말하노니 무엇이든지 기도하고 구하는 것은 받은 줄로 믿으라 그리하면 너희에게 그대로 되리라"(막 11:24)라고 말씀하신 것은 내가 아니라 예수님이셨습니다.

예수님은 "믿음이 너를 구원하였으니 평안히 가라 네 병에서 놓여 건강할지어다"(막 5:34)라고 말씀하셨습니다. 예수님 자신이 믿음을 가르치는 선생님이였고 믿음으로 선포하는 분이셨습니다. 그러므로 '믿음으로 치유하는 것'을 놀린다면 그들은 예수님을 놀리는 것이 됩니다.

예수님과 사도들이 가르치던 것을 가르친다고 비난을 받는 것을 누가 마다하겠습니까? 나는 그분들과 같은 부류입니다! 당신은 어떤 부류든지 원하는 대로 들어갈 수 있습니다. 그러나 나는 지금 있는 부류에 그대로 있겠습니다. 하나님께 영광 돌립니다!

어떤 목사님들은, 그들의 귀여운 심령을 축복하옵소서, 불신앙에 있습니다. 그 사람들 중 어떤 사람은 만일 그들 속에 하나님이 있었다면 그들은 하나님까지도 교육 시켜서 내보냈을 것입니다! 그들은 신학원seminary이 아닌 무덤cemetery에 갔던 것입니다. 거기서 소위 신학자들이 하나님은 죽었고 더이상 아무 일도 하시지 않는다고 그들에게 말해 준 것입니다.

왜 그 사람들이 하나님의 능력을 아는 목사님들 곁에 있을 때 비웃고 이상한 말들을 하는지 당신은 이해할 수 있을 것입니다.

나는 하나님과 하나님의 능력과 믿음에 대하여 정말 무지한 말들을 하는 것을 들어보았습니다. 그런 말을 한 사람들은 그들이 성경에 반대되는 말을 한다는 것도 잘 몰랐습니다. 그리고 그들은 그들의 주님이시며, 구세주인 예수 그리스도를 비난하고 있다는 것도 잘 몰랐던 것입니다.

그뿐 아니라 예수님 자신도 "내가 진실로 너희에게 이르노니 너희가 여기 내 형제 중에 지극히 작은 자 하나에게 한 것이 곧 내게 한 것이니라"(마 25:40)라고 말씀하셨습니다. 그래서 만일 사람이 그의 형제나 자매에게 비난하거나 반대되는 말을 하는 것은 그의 예수님에 대하여 그렇게 말하는 것이 됩니다. 성경에 의하면 마태복음 25장 40절에 예수님이 그렇다고 말씀하십니다.

우리들을 '믿음의 치유사' 라고 부르는 사람들은 영적으로 성숙한 사람들이 아니거나 성경을 읽지 않아서 더 잘 알 수가 없었던 것입니다. (그들은 우리들을 칭찬하느라 '믿음의 치유사'라고 부른 것이 아닙니다.) 그들은 하나님의 능력이나 치유나 믿음에 관하여 하나님께서 무엇이라 하시는지 공부를 하려고 하나님의 말씀에 현미경을 대고 들여다 본적이 없습니다.

이것은 울고 싶을 만한 일입니다. 정말로 그런 사람들은 불쌍합니다. 영적으로 이야기하면 그들 중 많은 사람이 아직 영적 아기 상태에 있는 것입니다.

그의 크신 자비로 하나님께서는 영적인 아기 상태에 있는 사람들이 하는 일을 너그럽게 봐줍니다. 그리고 하나님께 감사합니다. 믿음을 가르치고 믿음으로 설교하고 하나님의 능력을 좀 더 아는 우리도 그것을 너그럽게 받아줄 수 있는 넓은 아량을 가지고 있습니다.

집단적인 기름부음
The Corporate Anointing

우리는 주로 하나님이 어떤 특정한 개인을 병자들을 위한 사역을 하기 위하여 치유의 기름부음이나 특별한 기름부음으로 기름부으시는 것에 대하여 말하여 왔습니다. 그러나 우리가 집단적인 기름부음을 이야기하지 않고는 진정한 기름부음의 결과에 대하여 이야기를 할 수 없을 것입니다.

우리가 지금까지 서술하여 왔던 개인적인 기름부음이 있습니다. 우리는 모든 믿는 자 속에 있는 기름부음을 이야기 하였습니다. 그리고 하나님이 뜻하시는 대로 특정한 개인에게 오는 기름부음에 대하여 나누었습니다. 우리는 사람이 자기 자신에게 사역을 위하여 기름부음을 줄 수는 없다고 나누었습니다. 그리고 또 그는 자신이 병든 자들에게 사역할 수 있도록 자기 자신에게 특별한 기름부음을 줄 수도 없습니다. 하나님이 기름 부으셔야만 합니다. 사람이 자신에게 기름부을 수 없습니다.

그러므로 병든 자를 위한 사역을 위하여 개인적인 기름부음이 있습니다. 그러나 기름부음 중 가장 큰 기름부음은 집단적인 기름부음입니다. 나는 병든 사람을 위하여 손을 얹는 사역을 위해 기름부음이 있을 수 있습니다. 그들 중 몇 퍼센트는 믿음으로 치유를 받을 것이고 또 몇은 기름부음으로 치유를 받을 것입니다. 그러나 집단적인 기름부음은 더 강하고 더 큰 효과를 줄 수 있습니다.[3]

집회에서 많은 경우에, 우리들 중에 있는 하나님의 영의 임재를 우리는 의식할 수 있습니다. 그러나 왜 하나님은 그 자신을 더 자주 집단적인 기름부음으로 나타내지 않으실까요?

성경은 노래하고 악기를 연주하는 사람들이 하나님을 찬양하는 찬양에서 하나가 되는 것에 대하여 말합니다. 그리고 또 '구름' 혹은 기름부음인 하나님의 영광이 들어와 건물을 채웠고 그게 너무 대단하여서 제사장들이 일어나 사역을 할 수 없는 정도였다고 말합니다.

하나님의 임재, 성령은 가끔 구름으로 그 자신을 나타내시기도 합니다. 하나님이 역대하 5장 13절과 14절에서 그렇게 하셨습니다. 그 성경 구절은 "나팔 부는 자와 노래하는 자들이 일제히 소리를 내어 여호와를 찬송하며 감사하는데 나팔 불고 제금 치고 모든 악기를 울리며 소리를 높여 여호와를 찬송하여 이르되 선하시도다 그의 자비하심이 영원히 있도다 하매 그때에 여호와의 전에 구름이 가득한지라 제사장들이 그 구름으로 말미암아 능히 서서 섬기지 못하였으니 이는 여호와의 영광이 하나님의 전에 가득함이었더라"라고 말합니다.

전체 믿는 자들이 다 같이 하나님을 찬양함으로 그의 영광을 불러오는 것은 정말 장관일 것입니다!

어느 날 내가 설교를 하는 데 우리가 있던 건물 안을 바람이 휩쓰는 것 같았습니다. 모든 사람이 들었습니다. 그 안에 있던 모든 죄인들이 다 구원을 받게 되었습니다. 타락한 모든 사람들이 다시 헌신을 하게 되었습니다. 성령 세례를 받지 못한 모든 사람들이 방언으로 말하기 시작하였습니다. 그리고 모든 병든 자들이 치유함을 받았습니다! 무슨 일이 일어났을까요? 집단적 기름부음이 우리 가운데 나타났던 것입니다!

나는 하나님의 능력이 집회 가운데 들어오시는 것을 본 적도 없었는데 회중들에게는 놀랍고 거룩한 경외심으로 충만하였습니다. 아무도 한마디도 하지 않습니다. 어린아이도 울지 않았습니다. 작은 핀이 떨어져도 들을 수 있을 정도로 조용했습니다.

그것이 무엇이었을까요? 그것은 하나님의 영광의 나타나심이었습니다. – 믿는 자들의 몸 가운데 나타나는 집단적인 기름부음입니다. 하나님의 영광이 그곳에 들어온 것입니다. 마치 영광의 일부를 잘라내어 집에 가지고 갈 수 있을 것 같았습니다!

몇 년 전에, 나의 사위가 나의 사무실의 사무장이었을 때 우리는 덴버에서 라디오 집회를 하였습니다. 그런 후에 우리는 콜로라도 주 롱몬트에서 3일 밤 집회를 하였습니다.

남편과 같이 온 한 여인이 나중에 내게 편지로 말해 주었습니다. 그 여자는 이렇게 말했습니다. "나의 남편은 그리스도인이라고 주장합니다. 그는 교회의 교인이었습니다. 나는 그의 심판자가 되기를 원치 않습니다. 그러나 그가 정말 구원을 받았다면 … 정말 … 그는 구원의 열매가 전혀 없었습니다. 그는 정말 죄인과 같이 행동을 하였던 것입니다."

"그는 심한 심장마비를 일으켰습니다. 그리고 덴버에 있는 심장마비 전문의는 그들이 할 수 있는 일을 다 했고 남편은 6개월 밖에 살 수 없다고 말했습니다."

이 여인은 남편이 치유받기를 원했습니다. 그는 겨우 사십 대였습니다. 그는 나이가 많은 사람이 아니었습니다.

그 여자는 계속 말하였습니다. "나는 그를 조르고 또 졸라서 목사님 집회에 데리고 왔습니다. 마지막날 집회에 막 도착했을 때 건물은 거의 차 있었습니다. 마침내 안내자가 발코니 자리 둘을 우리를 위해 찾아 주었습니다. 그 안내자가 남편의 상태를 보고 사람들을 옮겨서 자리를 만들어준 것 같았습니다."

"집회가 시작된 후에 나는 우리가 안 왔더라면 더 좋았을 것이라고 생각했습니다. 나는 너무 부끄러워서 고개를 못 들

정도였습니다. 나의 남편은 되어가는 모든 일과 목사님이 말하는 모든 것을 비난하였습니다."

"그런데 목사님이 사람들에게 손을 얹고 기도하기 시작했고 그 사람들은 바닥에 쓰러지기 시작했습니다.

나의 남편은 이렇게 말하였습니다. '아, 저 사람이 사람들에게 최면을 걸고 있어. 최면 당하는 거라고…'"

나는 그 집회에서 병든 사람을 위한 치유의 줄을 만들고 그 줄에 선 사람에게 하나씩 손을 얹고 기도하고 있었습니다. 그리고 대부분의 사람들이 내가 손을 얹었을 때 하나님의 능력으로 넘어졌습니다. 그리고 이것이 집회의 마지막 날이었으므로 우리는 두 번째 줄을 만들어서 계속하여 사람들에게 손을 얹고 기도하였습니다.

내가 강단에 가까이 다가갔을 때 나는 이 하나님의 영광 구름이 들어오는 것을 보았습니다. 나는 아주 분명하게 보았습니다. 이것은 하얀 구름같이 혹은 짙은 안개같은 것이 바다의 물결같이 몰려왔습니다.

내가 그 구름을 보았을 때(나는 가끔 봅니다) 나는 무슨 일이 일어날지 알았습니다. 그래서 내가 그 구름이 회중위에 파도같이 몰려오는 것을 보자마자 나는 사람들 위에 손을 얹는 것을 중지하였습니다. 그리고 그 구름이 치유의 줄에 선 사람들 위에 있었을 때 나는 손을 흔들었고 그들은 마치 도미노같이 모두들 넘어졌습니다! 나는 그들 중 아무에게도 손을 대지 않았습니다!

그 구름은 하나님의 영광이었고 하나님의 능력이었습니다. 이것은 내가 기름부음을 받은 것보다 더 많은 분량의 기름부음이었습니다. 그리고 더 많은 분량의 기름부음을 불러 왔던 것은 사람들의 믿음이었습니다.

사람들의 믿음이 기름부음을 도와줄 수도 있고 방해할 수도 있다고 내가 말한 것을 기억하십시오. 그날 밤 대부분의 사람들은 나와 같은 마음을 가지고 있었습니다. 그들은 나로부터 믿음을 끌어내지 않았습니다. 결과적으로 그들은 연합하였고 분위기는 그 능력으로 채워지고 충전되었던 것입니다.

그 집회를 비난하고 있던 그 여자의 남편은 구름이 지나간 쪽에 앉아 있었습니다. 그녀는 말했습니다. "남편은 그냥 거기 앉아 있었습니다. 그런데 갑자기 그는 이렇게 말했습니다. '오, 이게 내 위에 있어요! 내 몸을 전부 덮고 있어요! 내 몸을 전부 덮고 있어요!'

나는 말했습니다. '무엇이 당신을 덮고 있는데요?'

그는 말했습니다. '저 목사가 말하던 따뜻한 빛 말이요.'"

그런데 그 사람은 완전히 치유되었던 것입니다. 발코니에 앉아서 말입니다! 그는 내가 기름부음을 받았던 것과 같은 기름부음으로 치유되었던 것입니다. 이것은 오히려 더 큰 기름부음이었습니다. 그것은 집단적인 기름부음이었습니다.

그 여자는 편지에 이렇게 썼습니다. "집회 후에 나의 남편은 전에 진단을 맡았던 그 심장 전문의에게 갔습니다. 검사를 마친 후, 의사가 나의 남편을 보고 이렇게 말했습니다. '한 가지 확실한 것은 위에 있는 누군가가 당신을 좋아하나 봅니다. 당신은 아예 새 심장을 받았습니다. 당신의 심장에는 아무것도 잘못된 것이 없습니다.'"

이 여자는 또 이렇게 말했습니다. "해긴 목사님, 나는 내가 완전히 새로운 남편을 가지게 된 것을 목사님에게 알려드리고 싶습니다." 그녀는 그 남편이 육체적으로 새로워진 것만을 말한 것이 아닙니다. 그녀는 영적으로 완전히 새로운 남편임을 말하고 있었습니다. 기름부음을 인하여 하나님께 감사합니다!

기름부음은 멍에를 부서뜨립니다. 멍에는 기름부음 때문에 부서지는 것입니다!

그리고 치유의 기름부음은 실제로 느낄 수 있는 것입니다. 이것은 만져서 감지할 수 있습니다. 당신은 그 기름부음을 느끼고 감각할 수 있습니다. 그리고 당신은 멍에를 부서뜨리는 기름부음의 결과를 당신의 삶에 받을 수 있는 것입니다!

---

1) 고든 린지, 악령과 질병과 죽음을 지배하기에 관한 잔 지 레이크의 설교문, Christ for the Nations, Inc,달라스, 1979, p. 56
2) Ibid., p.47
3) 다른 종류의 기름부으심에 관한 좀 더 깊은 공부를 위하여 해긴 목사님의 '기름부으심을 이해하기Understanding the Anointing'를 보십시오.

09
당신이 치유를 받을 수 있는 방법

사 10:27
그날에 그의 무거운 짐이 네 어깨에서 떠나고 그의 멍에가 네 목에서 벗어지되 기름진 까닭에(because of the anointing) 멍에가 부러지리라

우리의 귀중한 본문, 성경 구절은 "…기름진 까닭에 멍에가 부서지리라"고 말합니다. 우리는 가끔 이렇게 말합니다. "기름부음이 멍에를 벗게 한다" 혹은 "기름부음이 멍에를 부러뜨린다." 기름부음이 멍에를 부서뜨립니다.

우리는 주로 치유의 기름부음에 대하여 이야기하여 왔기 때문에 나는 이사야 10장 27절을 치유에 적용하였습니다. 그러므로 질병의 멍에를 부서뜨리는 것은 바로 기름부음이라고 말할 수 있습니다. 기름부음을 인하여 하나님께 감사합니다!

나는 또 치유의 기름부음과 하나님의 놀라운 치유의 능력의 결과에 대하여 말하여 왔습니다. 그러나 기름부음이 당신의 삶에서 역사하여 결과를 생산해 내는 방법에 대하여 말하지

않고는 치유의 기름부음에 대하여 철저히 공부했다고 할 수 없겠지요.

기름부음이 역사하기 위해서는 기름부음이 작동하는 법을 알아야 하는데 그것에 대해서는 이미 공부했습니다. 예를 들어서 기름부음은 이동될 수 있으며 헝겊 같은 어떤 특별한 물질을 통하여 전달되고 이동합니다. 우리는 또 엘리야와 엘리사의 경우 같이 기름부음에는 분량이 있다는 것도 알았습니다. 엘리사는 엘리야가 받은 기름부음의 갑절의 분량을 받았던 것입니다.

그리고 또 기름부음은 혈루병 앓는 여인의 경우에서 보여진 것과 같이 실제로 느낄 수 있는 것임을 알았습니다. 예수님께서 능력이 나간 것을 알고 이렇게 말씀하셨습니다. "누가 나의 옷을 만졌느냐?" 그리고 그 여인도 능력이 들어온 것을 알았던 것입니다. "그의 혈루 근원이 곧 마르매 병이 나은 줄을 몸에 깨달으니라"(막 5:29).

만일 당신이 무엇인가를 느낄 수 있다면 이것은 실제로 느껴지는(tangible) 것입니다. 실제로 느껴진다는 뜻은 만질 수 있고 만져서 알 수 있다는 말입니다.

치유의 기름부음의 유익을 사용함
Appropriating the Benefits Of the Healing Anointing

이제 우리는 기름부음과 하나님의 능력에 대하여 더 많이 이해하고 있습니다. 그 능력은 이동할 수 있고 분량을 잴 수 있고 실제로 느낄 수 있는 것입니다. 그러나 그 능력을 효율적으로 사용하기 위해서는 능력과 믿음을 혼합하는 것을 배워서 기름부음의 축복과 유익을 누려야 합니다.

당신은 내가 사람들이 실제적으로 느낄 수 있는 치유의 기름부음이 있다면 그 능력이 저절로 나타나서 일을 할 것이라는 상상을 함으로써 기름부음을 놓치고 있다고 말한 것을 기억할 것입니다. 그러나 그렇게 생각하는 것은 옳지 않습니다.

나는 또 우리가 성경이 치유의 기름부음에 대하여 무엇이라고 말하고 있는지 알아야 한다고 말했습니다. 그리고 물론, 성경이 말하는 것을 본다면 우리는 예수님의 사역을 그냥 지나칠 수는 없을 것입니다. 왜냐하면 예수님은 이 땅에서 행하시는 동안 기름부음으로 사역을 하셨기 때문입니다.

예수님은 기름부음으로 사역하셨고
기름부음 없이도 사역을 하셨습니다
Jesus Ministered With and Without the Healing Anointing

우리는 치유의 기름부음에 대하여 말하고 있습니다. 그러나 물론 여러분은 예수님이 여러 가지 방법으로 사람들에게 치유 사역을 하신 것을 알고 있습니다. 언제나 치유의 능력이나 혹은 기름부음이 예수님으로부터 사람들에게 간 것은 아닙니다.

어떤 때는 능력이 이동하였지만 어떤 때는 능력의 이동이 없었습니다.

열 명의 문둥병자의 경우
The Case of the Ten Lepers

예를 들어서, 예수님은 열명의 문둥병자를 만지지 않고도 치유하셨습니다. 능력이 예수님으로부터 문둥병자들에게 간 것도 아닙니다. 예수님은 그냥 그들에게 말씀하셨습니다. "가서 제사장들에게 너희 몸을 보이라 하셨더니 그들이 가다가 깨끗함을 받은지라"(눅 17:14). 성경은 그들이 가는 중에 깨끗함을 받았다고 했습니다.

백부장과 그의 하인
The Centurion and His Servant

우리는 마태복음 8장 5절과 6절에서 예수님께 그 하인을 치유해 달라고 온 백부장의 경우를 읽어볼 수 있습니다. 그의 하인은 중풍으로 많은 괴로움을 당하고 있었습니다.

> 마 8:5-6
> 5 예수께서 가버나움에 들어가시니 한 백부장이 나아와 간구하여
> 6 이르되 주여 내 하인이 중풍병으로 집에 누워 몹시 괴로워하나이다

예수님이 어떻게 반응하셨는지 주목하시기 바랍니다.

마 8:7-10
7 이르시되 내가 가서 고쳐 주리라
8 백부장이 대답하여 이르되 주여 내 집에 들어오심을 나는 감당하지 못하겠사오니 다만 말씀으로만 하옵소서 그러면 내 하인이 낫겠사옵나이다
9 나도 남의 수하에 있는 사람이요 내 아래에도 군사가 있으니 이더러 가라하면 가고 저더러 오라하면 오고 내종더러 이것을 하라 하면 하나이다
10 예수께서 들으시고 놀랍게 여겨 따르는 자들에게 이르시되 내가 진실로 너희에게 이르노니 이스라엘 중 아무에게서도 이만한 믿음을 보지 못하였노라

13절은 "예수께서 백부장에게 이르시되 가라 네 믿은 대로 될지어다 하시니 그 즉시 하인이 나으니라"라고 말하고 있습니다.

여기서는 어떤 기름부음도 예수님께로부터 나와 그 하인에게로 가지 않았습니다. 아닙니다. 백부장은 단순히 "가라 네 믿은 대로 될지어다!"라는 예수님의 말씀에 따라 행동했습니다.

우리가 벌써 이야기한 바와 같이, 하나님의 말씀을 믿는 믿음은 실제로 느낄 수 있는 기름부음이 있든지 없든지 역사합니다. 왜냐하면 하나님의 말씀은 이미 기름부어져 있기 때문입니다. 예수님은 이렇게 말씀하셨습니다. "살리는 것은 영이니 육은 무익하니라 내가 너희에게 이른 말은 영이요 생명이라"(요 6:63).

성경은 또, 말씀에 대하여 "예언은 언제든지 사람의 뜻으로 낸 것이 아니요 오직 성령의 감동하심을 받은 사람들이 하나님께 받아 말한 것임이라"라고 말하고 있습니다(벧후 1:21). 오래 전 거룩한 사람들이 성령에 의하여 감동을 받아서 쓴 것입니다! 이 말씀은 하나님이 기름부으신 말씀인 것입니다!

왕의 신하와 그의 아들
The Nobleman and His Son

우리는 왕의 신하가 요한복음 4장에서 그 아들을 위하여 예수님을 찾아 온 것을 읽을 수 있습니다. 이 왕의 신하의 아들은 병이 들어 죽어가고 있었습니다.

> 요 4:50
> 예수께서 이르시되 가라 네 아들이 살아 있다 하시니 그 사람이 예수께서 하신 말씀을 믿고 가더니

만일 이 왕의 신하가 예수님이 말씀하신 것을 믿지 않았다면 어떻게 되었을까요? 그의 아들은 치유를 받지 못하였을 것입니다. 그러나 왕의 신하는 예수님이 말씀하신 것을 믿었고 성경은 왕의 신하의 아들은 치유함을 받았다고 말합니다!

> 요 4:51-53
> 51 내려가는 길에서 그 종들이 오다가 만나서 아이가 살아 있다 하거늘

52 그 낫기 시작한 때를 물은즉 어제 일곱 시에 열기가 떨어졌나
이다 하는지라
53 그의 아버지가 예수께서 네 아들이 살아 있다 말씀하신 그때
인 줄 알고 자기와 그 온 집안이 다 믿으니라

  이 왕의 신하는 그 아들이 예수님이 말씀하신 대로 '살아 있다'는 것을 볼 수 없었습니다. 왜냐하면 그 사람이 집으로 돌아가기 전날에 그 일이 일어났기 때문입니다. 그러나 왕의 신하가 예수님이 하신 말씀을 믿으며 예수님을 떠나갔던 것입니다. 그리고 그 사람이 집에 돌아갔을 때, 그의 신하는 뛰어나와 그를 맞으며 말했습니다. "당신의 아들이 나았나이다!"
  그리고 왕의 신하는 그의 하인들에게 언제 그의 아들이 낫기 시작하였나를 물어보았습니다. 그들은 "어저께 7시경부터 낫기 시작하였습니다"라고 말했습니다. 그것은 요즘 시간으로 오후 한시쯤 됩니다.
  왕의 신하는 그의 아들이 치유를 받은 증거를 예수님이 "가라 네 아들이 살아 있다"(요 4:50)라고 말한 다음날에야 확실히 알게 된 것입니다. 왜냐고요? 왜냐하면 그는 그의 아들로부터 하루 길을 떠나 있었기 때문입니다. (그는 예수님을 보기 위하여 그렇게 멀리 갔던 것입니다.)
  왕의 신하의 아들은 치유함을 받았습니다. 그러나 예수님은 그 사람의 아들을 만지지도 않았습니다. 예수님은 그에게 손을 얹지도 않았습니다. 그러므로 우리는 여기에서 어떤 능력의 이동이 없었다는 것을 알 수 있습니다. 그렇다면 무슨 일이

일어난 것입니까? 왕의 신하는 예수님이 말씀하신 것을 그냥 믿었던 것입니다. 그리고 그의 아들은 치유받았습니다!

하나님을 제한하여 당신의 축복을 놓치지 마십시오!
Don't Limit God and Miss Your Blessing!

 우리는 사람들이 치유를 받는데 어떤 정해진 방법이 있는 것이 아니라는 것을 알아야합니다. 성경 말씀에도 기록된 치유를 받는 여러 가지 방법들이 기록되어 있습니다. 그 모든 방법들이 다 역사하므로 하나님께 감사합니다.
 이 책에서, 우리는 주로 치유의 기름부음을 강조하고 있습니다. 그러나 다른 편에서 보면 당신이 치유의 능력으로 기름부어진 사람으로부터 사역을 받아야만 하는데 당신이 그 사람으로부터 조금 멀리 떨어져 살기 때문에 그곳에 갈 수가 없다면 당신은 정말 불리한 위치에 있게 될 것입니다. 만일 그것만이 당신이 치유를 받을 수 있는 유일한 길이라면 당신은 상당히 불리한 입장인 것입니다.
 그러나 하나님께 감사합니다. 당신은 하나님의 말씀만 믿음으로 당신 자신이 치유를 받을 수 있습니다. 그것이 우리가 계속하여 믿음을 가르치고 있는 이유입니다!
 그러나, 모든 사람이 같은 수준에 있는 것은 아닙니다. 모든 사람이 다 말씀을 따라서 하나님의 말씀을 믿는 것으로 자신이 치유를 받을 만한 믿음의 수준에 있는 것은 아닙니다. 그러므로 우리는 치유의 모든 면을 가르치고 설교하도록 노력을 해야 합니다. 그래서 모든 종류의 치유의 방법으로 모든 수준의 믿음에 있는 사람들을 도울 수 있어야 합니다.

그러므로 나는 여러분에게 치유 사역에 대하여 치유의 기름부음만이 유일한 길이라는 인상을 남기기를 원치 않습니다. 나는 이것도 치유 사역을 하는 하나의 방법이라는 것을 분명히 하기를 원합니다. 그리고 그것은 성경적이기도 합니다.

당신은 치유를 여러 가지 방법으로 받을 수 있습니다. 우리는 어떤 능력의 전달이 없이 말씀을 믿는 믿음으로만 단순하게 치유를 받는 것에 대해 이야기했습니다. 그리고 우리는 치유의 기름부음으로 치유를 받는 것도 이야기했습니다.

그러나 치유의 기름부음을 통하여 치유를 받은 것에 대하여 내가 이미 말한 아래의 말들을 잘 주목해 보시기 바랍니다: 치유의 기름부음이 혼자서 그 남자나 여자를 치유한 것이 아닙니다. 다른 무엇이 기름부음과 연합하여 치유를 불러온 것입니다. 그 다른 무엇이 무엇입니까? 그것은 믿음이었습니다.

믿음과 능력을 연합함
Mixing Faith With the Power

나는 벌써 마가복음 5장의 혈루병 앓던 여인에 대하여 자세하게 이야기했습니다. 그러나 예수님께로부터 나와 그녀에게로 흘러간 기름부음을 향하여 그녀가 잘 협조한 사실을 주목하십시오. 그리고 그 여인은 치유를 받았던 것입니다.

> 막 5:27-30, 32-34
> 27 예수의 소문을 듣고 무리 가운데 끼어 뒤로 와서 그의 옷에 손을 대니
> 28 이는 내가 그의 옷에만 손을 대어도 구원을 받으리라 생각함일러라
> 29 이에 그의 혈루 근원이 곧 마르매 병이 나은 줄을 몸에 깨달으니라
> 30 예수께서 그 능력이 자기에게서 나간 줄을 곧 스스로 아시고 무리 가운데서 돌이켜 말씀하시되 누가 내 옷에 손을 대었느냐 하시니
> 32 예수께서 이 일 행한 여자를 보려고 둘러보시니
> 33 여자가 자기에게 이루어진 일을 알고 두려워하여 떨며 와서 그 앞에 엎드려 모든 사실을 여쭈니
> 34 예수께서 이르시되 딸아 네 믿음이 너를 구원하였으니 평안히 가라 네 병에서 놓여 건강할지어다

치유의 기름부음이 예수님의 옷을 통하여 흘러 혈루병 앓던 여인에게로 갔던 것입니다. 그러나 예수님은 그녀에게 "네 믿음이 너를 구원하였다"라고 말씀하셨습니다. 치유의 기름부음이 혼자서 이 여자를 치유한 것이 아니라는 말입니다. 그녀의 믿음이 치유의 기름부음을 통하여 그 여인을 치유한 것입니다. 또는 그녀의 믿음과 치유의 기름부음이 그 여인을 치유했다고 말할 수 있습니다.

우리는 하나님의 치유의 능력, 혹은 치유의 기름부음은 실제적으로 느낄 수 있는 것이라고 배웠습니다. 이것은 천국의 물질인 것입니다. 그것을 믿으십시오. 그러면 그것은 당신에게 역사할 것입니다.

사실, 당신이 기름부음으로 사역을 받게 되면 당신은 치유의 기름부음을 믿어야 하고, 만일 믿지 않으면 치유의 기름부음은 당신에게 역사하지 않을 것입니다.

치유와 기적이 자동적으로 능력을 따라오는 것은 아닙니다
Healing and Miracles Don't Automatically Follow the Power

특별히 오순절 계통의 많은 사람들은, 만일 하나님의 능력이 임재한다면 사람들이 믿든지 말든지 상관없이 저절로 나타날 것이라고 생각해 왔습니다. 만일 어떤 나타나심이 없다면 그들은 '능력이 여기 없구나'라고 생각하며 이렇게 찬양하기 시작합니다. "오 주여, 능력을 지금 보내 주소서."

기름부음을 보지도 못하고 나타나심을 느끼지도 못하면 그들은 능력이 그곳에 없다고 생각합니다. 그러나 하나님의 능력은 언제나 어디서나 임재하십니다. 하나님은 그의 대부분의 능력을 다른 주에 두시고 당신이 있는 곳에는 조금만 남겨두는 그런 하나님이 아닙니다! 아닙니다. 하나님이 계신 곳은 어디에나 하나님의 모든 능력과 하나님의 모든 권능과 그리고 하나님의 모든 가능성이 항상 같이 있습니다.

그러므로 당신은 능력이 혼자 일을 해내는 것의 문제가 아니라는 사실을 알 수 있습니다. 아닙니다. 사람이 능력을 활성화하고 이용하여 그 자신을 위하여 일할 수 있게 해야 하는 것입니다.

확실히 "이는 힘으로 되지 아니하며 능력으로 되지 아니하고 오직 나의 영으로 되느니라"(슥 4:6)라고 하신 말은 진리입니다.

그러나 축복을 받기 원한다면 우리는 하나님을 믿음으로 하나님의 영과 협조해야 합니다. 우리는 그 능력과 우리의 믿음을 합하는 것을 배워야 합니다.

사도행전 6장을 살펴봅시다. 그러면 당신은 내가 말하는 것이 하나님의 말씀으로 증명되는 것을 알게 될 것입니다.

> 행 6:3-6
> 3 형제들아 너희 가운데서 성령과 지혜가 충만하여 칭찬 받는 사람 일곱을 택하라 우리가 이 일을 그들에게 맡기고
> 4 우리는 오로지 기도하는 일과 말씀 사역에 힘쓰리라 하니
> 5 온 무리가 이 말을 기뻐하여 믿음과 성령이 충만한 사람 스데반과 또 빌립과 브로고로와 니가노르와 디몬과 바메나와 유대교에 입교했던 안디옥 사람 니골라를 택하여
> 6 사도들 앞에 세우니 사도들이 기도하고 그들에게 안수하니라

여러분에게 배경과 역사를 설명한다면, 여기 사도행전 6장에서는 초대 교회의 모든 믿는 자들은 그들이 가진 모든 것들을 공동으로 소유하였습니다(행 2:44).

초대 교회 초기에는, 믿는 자들에게 목사라고는 제자들, 즉 열두 사도가 전부였습니다. 방금 시작된 교회는 유아기였고, 다른 곳에는 교회가 전혀 없고 오직 예루살렘에만 있었습니다.

예수님께서 세상에 나가서 복음을 모든 사람들에게 전파하라고 하신 것을 기억하시지요(막 16:15). 그는 사도행전 1장 8절에서도 이렇게 말씀하셨습니다. "오직 성령이 너희에게 임하시면 너희가 권능을 받고 예루살렘과 온 유대와 사마리아와 땅 끝까지 이르러 내 증인이 되리라 하시니라." 그러나 믿는 자들은 아직 예루살렘 외에는 다른 아무 곳에서도 증거를 하지 않았던 것입니다.

그래서 예루살렘에서, 믿는 자들은 모든 물건을 공동 소유하였습니다. 그러나 그들 중 몇이 매일의 사역에서 경시되고 있다고 생각하였습니다. 그래서 열두 사도는 이렇게 말했습니다. "형제들아 너희 가운데서 성령과 지혜가 충만하여 칭찬 받는 사람men of honest report 일곱을 택하라 우리가 이 일을 그들에게 맡기겠다"(행 6:3).

그들이 찾는 사람들은 세 가지 자격을 갖추어야 했습니다. (1) 정직하다는 평이 있어야 하고 (2) 성령 충만하여야 하고 (3) 지혜가 충만해야 했습니다.

어떤 사람은 성령 충만 하지만 지혜가 없을 수도 있습니다. 그렇다면 그들에게 돈을 취급하는 것을 맡기는 일은 현명하지 않습니다. 그리고 어떤 사람들은 성령 충만 하지만 정직하다는 평을 듣지 못할 수도 있습니다. 그들이 정직하다는 평을 듣지 못하므로 그들에게 돈을 취급하는 일을 맡기는 것은 현명하지 않습니다.

그러므로 여러분은 누군가를 뽑아서 사업상의 일을 맡길 때 이 세 가지 자격을 다 갖춘 사람을 뽑아야 합니다. - 정직한 평이 있는 사람과 성령이 충만하고 지혜가 충만한 사람입니다.

목사로서 사업상의 문제를 취급하려고 하는 것이 옳은 일은 아닙니다. 왜냐하면 목사들은 대개 좋은 사업가의 자질을 갖추고 있지 않기 때문입니다. 하나님은 그들을 사업가로 부르시지 않고 목사로 부르셨습니다. 그러므로 그들이 사업가가 되려고 하다가 대개는 문제만 일으킵니다.

목사로서, 그는 양을 영적으로 돌볼 수 있는 눈을 가지고 있지만 반드시 사업적인 눈도 가지고 있는 것은 아닙니다. 그것이 사도행전 6장의 초대 교회의 경우였습니다.

> 행 6:4
> 우리는 오로지 기도하는 일과 말씀 사역에 힘쓰리라 하니

나는 목사들이 그들의 시간을 모두 교회의 사업적인 일로 사용하여 기도와 말씀 사역이 경시되었기 때문에 그들의 목회 사역이 무너지는 것을 많이 보아왔습니다. 그들의 영적 생활은 크게 실패하였던 것입니다. 기도와 말씀 사역이 경시된다면 그런 일은 조만간에 항상 일어납니다.

행 6:3-5
3 형제들아 너희 가운데서 성령과 지혜가 충만하여 칭찬 받는 사람 일곱을 택하라 우리가 이 일을 그들에게 맡기고
4 우리는 오로지 기도하는 일과 말씀 사역에 힘쓰리라 하니
5 온 무리가 이 말을 기뻐하여 믿음과 성령이 충만한 사람 스데반과 또 빌립과 브로고로와 니가노르와 디몬과 바메나와 유대교에 입교했던 안디옥 사람 니골라를 택하여

5절에 매일 사역을 총괄하기 위해 뽑힌 일곱 명의 사람들의 이름이 주어지고 있습니다. 그 일곱 명은 모두 성령 충만한 사람이었습니다. 그들이 성령 충만한 사람이어야 된다는 것이 그들의 자격 조건 중 하나였습니다.

그리고 성경은 스데반에 대하여 믿음과 성령과 능력이 충만하였다고 말하고 있습니다. 그리고 스데반이 믿음과 능력을 연합하면 어떤 기사와 이적이 따랐다고 말합니다.

행 6:8
스데반이 은혜와 권능이 충만하여 큰 기사와 표적을 민간에 행하니

만일 당신이 성령이 충만하다면 당신은 권능이 충만한 것입니다. 당신 안에 능력의 집이 있다는 말입니다. 이 일곱 명이 모두 권능이 충만하였지만 이 일곱 명이 모두 믿음 충만한 것은 아니었습니다.

성령 충만함을 받고 성령 충만한 삶을 사는 모든 믿는 자

들이 능력으로 가득차 있다는 사실에 대해 생각해 본적이 있습니까? 그 사람은 충만하게 할 필요가 없습니다. 그는 벌써 충만하니까요.

> 엡 5:18
> 술 취하지 말라 이는 방탕한 것이니 오직 성령으로 충만함을 [계속하여] 받으라

사도 바울을 통하여 성령은 에베소에 있는 교회에게 성령으로 충만함을 유지하라고 격려하고 있습니다. 당신은 신약 성경은 원래 헬라어로 쓰여진 것을 알 것입니다. 그리고 헬라어 학자들은 위에서 사용한 '충만하라'는 뜻의 헬라어는 계속적인 행동을 의미하고 있다고 말합니다. 그러므로 원어에 더 충실한 번역은 "오직 성령으로 충만함을 계속하여 받으라"라고 할 수 있습니다.

그러나 자연계에서 사람이 어떻게 술로 충만하여 지는지 아시지요? 계속하여 마시면 그렇게 되는 것입니다. 당신은 그가 취하였다는 것을 어떻게 압니까? 그가 취하면 취한 행동을 하기 시작합니다!

그래서 에베소서 5장 18절은 여러분에게 성령으로 충만함을 받으라고 합니다. 그러면 어떻게 우리가 충만한 것을 알 수 있다는 것입니까? 사도행전 2장 4절은 이렇게 말합니다. "그들이 다 성령의 충만함을 받고 성령이 말하게 하심을 따라 다른 언어들로 말하기를 시작하니라."

엡 5:18-19
18 술 취하지 말라 이는 방탕한 것이니 오직 성령으로 충만함을 받으라
19 시와 찬송과 신령한 노래들로 서로 화답하며 너희의 마음으로 주께 노래하며 찬송하며

성령으로 충만하다는 것은 권능으로 충만한 것입니다. 예수님은 사도행전 1장 8절에서 "오직 성령이 너희에게 임하시면 너희가 권능을 받고 예루살렘과 온 유대와 사마리아와 땅 끝까지 이르러 내 증인이 되리라"라고 말씀하셨습니다.

그리고 우리는 사도행전 6장 3절에서 사도들이 이렇게 말한 것을 읽습니다. "형제들아 너희 가운데서 성령과 지혜가 충만하여 칭찬 받는 사람 일곱을 택하라 우리가 이 일을 그들에게 맡기리라."

능력만으로는 역사할 수 없습니다
당신의 믿음이 능력을 활성화해야만 합니다!
Power Alone Won't Get the Job Done-
Your Faith Must Give Action to the Power!

사도행전 6장 5절에 적혀있는 일곱 명이 모두 성령 충만하였습니다. 그것은 이 일곱 명이 모두 능력으로 충만하였다는 의미입니다. 그러나 그 중의 하나만 사람들 중에 기사와 이적을 행한 것이 분명합니다. 그것은 스데반이었습니다.

그들 모두가 기사와 이적을 행할 권능이 있었습니다. 그렇다면 왜 그들은 그것을 행하지 않았을까요? 왜냐하면 믿음이 있어야 권능이 활성화되기 때문입니다!

당신은 우리 순복음과 오순절 사람들이 특히 지난 날에 어디서 틀렸는지 알 수 있을 것입니다. 우리는 권능이 있으면 기사와 이적은 자동적으로 오는 것이라고 생각했습니다.

그러나 그렇지 않습니다. 우리는 사도행전 6장에서 그것을 보았습니다. 그 일곱 명이 모두 권능이 충만하였지만 그 중의 하나만 기사와 이적을 행하였던 것입니다. 그것은 스데반이었습니다. 그리고 스데반은 열두 제자 중의 하나도 아니었던 것입니다. 그는 목사도 사도도 혹은 복음 전하는 자도 아니었습니다. 사실 그는 복음 전하는 자도 사도도 혹은 목사도 되어보지 못했습니다. 그는 집사로 살다 죽은 것입니다.

> 행 6:8
> 스데반이 은혜와 권능이 충만하여 큰 기사와 이적을 민간에 행하니

스데반이 기사와 이적을 행한 것은 권능 충만으로만 한 것이 아닙니다. 그는 믿음도 충만하였고 권능도 충만하였습니다. 그래서 우리는 권능이 홀로 일할 수 없다는 것을 알 수 있습니다. 당신이 믿음과 능력을 연합하여 권능이 일할 수 있게 하여야 하는 것입니다.

개인의 치유의 경우에도 그렇다는 것을 눈치 채셨습니까?

예를 들어서, 혈루병 앓던 여인의 경우, 예수님은 능력이 그에게서 나간 것을 순간적으로 알았습니다. 그러나 예수님은 "딸아 나의 능력이 너를 구원하였다"라고 말씀하지 않았습니다. 아닙니다. 예수님은 "딸아 너의 믿음이 너를 구원하였다"라고 말씀하셨습니다. 그녀의 믿음이 능력과 연합하여 그 여인이 치유를 받았던 것입니다.

그리고 예수님과 그의 제자들이 갈릴리 바다를 건너서 게네사렛 땅에 갔을 때 마태복음 14장에서 사람들이 "예수님에 대하여 알고" 아프고 병든 사람들을 모아서 예수님께 데려온 것에 주목하셨습니까? 그리고 아프고 병든 사람들이 예수님의 옷 가장자리만 만져도 그들은 모두 나았습니다(35, 36절).

그러나 게네사렛 사람들이 "예수님에 대한 것을 알고" 그렇게 한 것에 대하여 주목하시기 바랍니다. 그들은 예수님에 대하여 들었기 때문에 예수님에 대하여 알게 된 것입니다. 우리는 믿음은 들음에서 나며 들음은 하나님의 말씀으로 말미암는(롬10:17) 것을 압니다. 여기서도 믿음이 연결되어 있었습니다.

그런데 누가복음 6장에서 큰 무리가 예수님의 말씀도 듣고 병고침도 받기 위하여 왔다고 말합니다. 성경은 무리들이 예수님을 만지려고 한 것은 그에게서 능력이 나가서 사람들을 치유하였기 때문이라고 말하고 있습니다. 그러나 그들이 듣기 위하여 또 고침 받기 위하여 왔던 것에 주목하시기 바랍니다. 그들은 먼저 들었기 때문에 믿음이 생긴 것입니다. 그래서 그들은 예수님을 만지려고 했습니다.

사람들은 치유의 기름부음을 이해해야만 합니다. 사람들은 치유의 기름부음이 있는 것과, 그리고 무엇보다도 중요한 것은, 어떻게 기름부음이 역사하여서 그들의 삶에 결과를 맺게 하는지 알아야합니다. 그들은 하나님의 치유의 능력을 믿고 또 그것에 대한 믿음을 가져야 합니다.

나는 가끔 스미스 위글스워스의 이야기를 치유의 능력과 기름부음과 관련하여 이야기 합니다. 위글스워스가 미국에 잠깐 있다가 영국으로 다시 돌아갔습니다. 한 여인이 암이 있는 것을 발견하고 위글스워스에게 그녀의 손수건을 보내어 손을 얹고 기도해 달라고 하였습니다.

이 병상에 있게 된 여인은 위글스워스가 기름부음을 받은 것을 알았습니다. 그래서 그 여인은 그 언니를 통해 손수건을 보내달라고 청했던 것입니다. 위글스워스는 손수건에 손을 얹고 기도한 후 그 언니에게 도로 건네주었습니다. 스미스 위글스워스는 그녀의 가족들 중에 믿는 자들이 병든 여인의 침대에 둘러서서, 손수건을 그 여인에게 얹고 그녀의 치유를 주장하라고 지시하였습니다.

그 언니는 아픈 동생의 머리 옆, 베개 위에 손수건을 놓아두고 다른 식구들을 기도하러 모이게 하려고 나갔습니다. 그 언니가 다른 식구들을 모으고 있는 동안 그녀는 어떤 사람이 소리를 지르고 펄쩍 펄쩍 뛰면서 그의 여동생이 있는 방 앞에서 춤을 추는 소리를 들었습니다. 그러나 그녀는 이것이 자기 동생일 수는 없다고 생각했습니다. 왜냐하면 자기 동생은 병상에 누워 있었기 때문입니다. - 동생은 침대에서 나올 수가 없었습니다!

그래서 식구들은 앞에 있는 침실로 뛰어 갔습니다. 거기에는 동생이 침대에서 나와 펄쩍 펄쩍 뛰면서 소리 지르고 있었습니다. "나는 치유를 받았어요! 나는 치유를 받았어요! 나는 치유를 받았어요!" 식구들이 기도를 할 필요도 없었던 것입니다!

그들은 치유받은 여인과 함께 모두 소리를 지르며 기뻐했습니다. 드디어 그들이 좀 조용해졌을 때 동생에게 물어보았습니다. "어떻게 된 거야?"

"언니가 그 손수건을 내 머리 옆 베개 위에 놓아두었지요."

"그렇지"하고 언니는 머리를 끄덕였습니다.

"언니가 나가자마자 나는 그 손수건에서 무엇이 나와서 내 머리 옆으로 들어가는 것을 느끼기 시작하였어요."

"어떤 느낌이었는데?" 그들은 모두 물어보았습니다.

그녀는 대답하였습니다. "그것은 마치 따뜻한 빛 같았어요. 그것이 손수건에서 나와서 내 머리로 들어와 내 몸을 다 돌고 내 발끝으로 나갔어요. 그랬는데 내가 치유함을 받은 거예요."

그 따뜻한 빛은 무엇이었을까요? 이것은 위글스워스가 기름부음 받았던 그 기름부음이었습니다. 그가 손을 손수건에 얹었기 때문에 그 헝겊은 그의 능력으로 온통 잠겼던 것입니다!

그러나 능력이 자동적으로 나와서 그녀에게 들어간 것은 아닙니다. 그녀는 분명히 믿음이 있었습니다. 그녀의 행동이 그것을 증명합니다. 그렇지 않다면 왜 손수건을 보내달라고 했겠습니까? 그녀는 치유의 능력과 위글스워스가 그 능력으로 기름부음을 받은 것을 믿었음에 틀림이 없습니다.

치유의 기름부음이 임재하고 있고 나타난다 하더라도 아픈 사람의 믿음이 치유에 무엇인가 해야만 합니다.

당신은 내가 예수님이 이 땅에 사실 때 치유의 기름부음을 가지고 사역하시기도 하셨고 혹은 없이도 사역을 하셨다고 말한 것을 기억할 것입니다. 우리는 어떤 때는 예수님으로부터 예수님이 사역을 하시는 사람에게 능력이 이동한 경우들도 있고 때로는 어떤 능력의 이동이 전혀 없는 경우들도 있었다고 말했습니다. 그러나 모든 경우에 있어서, 치유를 받는 사람은 그들의 믿음을 사용하여 원하는 결과인 치유를 얻었습니다.

믿음은 승리를 가져옵니다!
Faith Brings the Victory!

수 년 전에 내가 목회를 하던 교회의 교인이 어느 주일 저녁에 한 장의 편지를 내게 가져왔습니다. 그는 이렇게 말했습니다. "나는 2년 이상이나 병상에 있는 이 여자와 같은 동네에 삽니다. 그녀의 가족은 이 도시에는 지도자급 가정입니다. 그녀의 남편은 죽은 지 오래 되었고 그녀는 지금 70대입니다.

이것은 그녀로부터 가져온 편지입니다. 나는 그것을 읽지 않았습니다. 그녀가 목사님이 와서 기도해 주기를 바라는 것 같습니다."

나는 편지를 뜯어서 읽었습니다. 그리고 편지는 확실하게 이렇게 말하고 있었습니다. "사랑하는 해긴 목사님, 나는 당신을 모르고 당신도 저를 모릅니다. 나는 신문에서 당신이 순복음교회에 목회를 하러 왔다는 것을 본 일이 있을 뿐입니다. 나는 당신의 교회가 치유를 믿는 것을 알고 있습니다. 그래서 나는 목사님이 나의 집에 내일 아침 10시에 오셔서 내게 기름을 바르고 내게 손을 얹어 기도하여 나를 치유해 주시기 바랍니다."

다음 날 아침 10시에 나는 이 여인의 집 문 앞에 서서 문을 두드리고 있었습니다.

집안일을 해주는 여자가 문을 열어주었습니다. 나는 말했습니다. "내가 해긴 목사입니다."

"네, 저희들은 목사님을 기다리고 있었습니다"라고 그녀가 말했습니다. 그녀는 나를 데리고 복도를 지나 어떤 방문을 두드렸습니다. 흰 옷을 입은 간호사가 문을 열었습니다. 그리고 그 간호사는 나를 방으로 데리고 들어갔습니다. 그 방에 편지를 보낸 여인이 있었습니다. 그녀는 머리가 하얀 77세된 여인이였습니다. 그녀는 앉아 있을 수 있게 올렸다 내렸다 하는 병원용 침대에 누워 있었습니다.

그녀는 병상에 누워 있는 지난 2년 동안 전문 간호사를 늘 데리고 있었습니다. 그 가정은 상당히 부자였고 그들은 그 도시의 지도자들이었습니다.

나는 간호사와 함께 그녀의 침대로 걸어갔습니다. 그리고 간호사가 우리들을 소개하였습니다. 나는 그녀의 손을 잡고 악수를 했습니다. 그녀는 말했습니다. "해긴 목사님, 나는 말조심하기에는 너무 늙었어요. 내가 왜 당신을 불렀는지 말씀드릴께요."

"나는 무슨무슨 제일교회의 교인입니다." 그리고 그녀는 자기가 등록한 교회의 이름을 말했습니다. "그러나 나는 그 교회에서 아무도 부르지 않았습니다. 왜냐하면 그 교회에는 어떤 치유도 없기 때문입니다. 그들은 치유를 믿지 않습니다. 그러나 오래 전에 나는 목사님이 담임을 하시는 순복음 교회의 예배에 몇 번 가 본 적이 있습니다. 거기서 나는 그들이 사람에게 기름을 바르고 손을 얹고 기도하는 것을 보았습니다. 나는 성경을 찾아보았는데 성경에 다 있었습니다. 나는 목사님이 내게 기름을 바르고 손을 얹고 기도하면 치유받을 것을 믿습니다."

이 여인은 무엇인가를 믿는 사람이었습니다!

그녀가 "해긴 목사님, 당신이 나에게 손을 얹으면 나는 치유함을 받을 것입니다"라고 말할 때까지 나는 이 여자가 치유에 대하여 무엇을 믿는지 궁금했습니다. 그 집에 가면서 나는 이렇게 생각했습니다. '이 여인은 우리 교회의 교인이 아니고 나는 그녀를 잘 모르는데 아마 내가 그녀와 이야기를 하고 구원을 받게 할 수 있겠지. 그리고 어쩌면, 결국은 그녀를 치유할 수 있을지도 몰라.' 나는 확신할 수 없었습니다.

그러나 그녀가 이런 것을 말하여 주었을 때, 나는 그녀가 준비된 것을 알게 되었습니다. 내가 기름을 바르기 위하여 그녀의 이마에 손을 대기가 무섭게 그녀는 치유를 받았습니다! 그녀는 치유를 자신의 믿음으로 받았던 것입니다.

그 다음 주일날 밤, 이 77세의 여인과 그 딸이 우리 교회에 왔습니다. 그녀는 2년 이상 병상에 있었습니다. 그러나 그녀는 완전히 치유를 받아서 교회에 온 것입니다!

그녀를 치유한 것은 그녀의 믿음이었습니다!

스미스 위글스워스에게 손수건을 보내 안수를 받게 했던 병상에 있던 여인을 치유한 것은 치유의 기름부음에 대한 믿음이었습니다. 이 두 아픈 사람들은 모두 무엇을 받을 것을 기대하고 있었던 것입니다! 치유받을 것을 기대한 것입니다.

기름부어진 손수건을 보냈던 여인의 경우에 그 손수건의 능력을 활성화시킨 것은 그녀의 믿음이었습니다. 믿음이 능력을 활성화시킨 것입니다. 그리고 치유는 그 결과였습니다!

능력과 믿음은 대단히 중요합니다
The Vital Importance of Power and Faith

혈루병 앓던 여인의 경우에, 결과를 불러 온 것은 두 가지 중요한 요인이 있었다는 것을 기억하십시오. 이것은 능력과 믿음입니다. 그들은 손과 장갑같이 잘 맞았습니다. 우리들은 이렇게 말할 수 있습니다: 능력은 믿음이 있기 전까지는 역사하지 않습니다.

나는 치유에 대해 60년 이상 공부해 오고 있습니다. 사실대로 말씀드리면 60년이 지난 지금 나는 이 주제에 대하여 별로 아는 것이 없다는 것을 발견하였습니다.

우리가 젊었을 때 나는 어떤 주제들을 공부하기 시작하였습니다. 그리고 우리는 그 다음주 화요일쯤 되어서 그 주제에 대하여 우리가 알 것을 다 배웠다고 생각했습니다. 우리는 그 주제에 전문가가 된 줄 생각하는 것입니다!

그러나 나는 더 많이 배우면 배울수록 나는 정말 모른다는 것을 발견하였습니다. 그러나 치유를 공부하는 사람들에게 한 가지는 확실합니다. 가끔 하나님의 치유의 능력은 병든 사람에게 사역되어서 그 사람이 천국의 전기로 놀랍게 충전될 수 있게 합니다. 그러나 진정한 혹은 마지막 치유는 개인의 믿음을 풀어놓는 어떤 일이 일어날 때까지 일어나지 않는다는 것입니다.

나의 경험
My Own Experience

내가 어린 나이에 치유를 받았을 때 나는 하나님의 권능에 대하여 아무것도 몰랐습니다. 나는 기름부음 같은 것에 대하여 아무것도 느끼지 못했습니다. 나는 내 속에서 내가 거듭났다는 것을 알았지만 나의 몸은 아직도 마비된 상태였습니다. 심장에도 문제가 있었습니다. 내가 거듭 났을 때, 나는 병상에 16개월간 있었습니다. 그리고 나는 아직도 병상에 있었습니다. 나는 여러분이 구구단을 외우고 둘 곱하기 둘은 넷이라고 믿는 것같이 느낌도 없이 영감도 없이 마가복음 11장 24절에 따라 행동을 하였던 것입니다!

나는 그냥 성경 마가복음 11장 24절을 읽었습니다. "그러므로 내가 너희에게 말하노니 무엇이든지 기도하고 구하는 것은 받은 줄로 믿으라 그리하면 너희에게 그대로 되리라"

내가 이 구절을 따라 행동하기 시작하였을 때 나는 아무것도 느끼지 못했습니다. 사실 나는 나의 삶에서 가장 영적이지 않다고 느끼고 있을 때였습니다! 나는 어느 때보다도 더 무디고 건조한 느낌이었습니다.

나는 우리가 어떤 특별한 느낌을 가져야 한다는 것이나 보통과 다른 어떤 것을 느껴야 한다는 것을 몰랐습니다. (어떤 사람들은 특별한 느낌이 없으면 응답이 없다고 생각합니다.) 내가 속하였던 교단에는 실제로 느낄 수 있는 어떤 기름부음도 없었습니다! 그래서 나는 어떤 느낌을 느낄 것을 기대하지 않았습니다. 나는 성경이 하나님의 말씀이기 때문에 그것에 따라 행동하였을 뿐입니다.

나는 '네가 기도할 때 받은 줄로 믿으라 그리하면 너희에게 그대로 되리라' 라고 한 "마가복음 11장 24절에 따라 행동하며 말하기 시작하였습니다. "나는 치유받은 것을 믿습니다."

그래서 나는 크게 말하기 시작하였습니다. "나는 치유를 받은 것을 믿습니다. 나는 나의 심장 기형이 치유받은 것을 믿습니다. 나는 마비도 치유받은 것을 믿습니다. 나는 불치의 혈액병이 치유받은 것을 믿습니다."

그때 나의 속의 한 음성Inward Voice이 내 안에서 아주 세미한 소리로 말했습니다. "너는 네가 진정 건강한 것을 믿느냐?" 이것은 내 영에 계신 성령님의 세미한 음성이었습니다.

나는 말했습니다. "나는 물론 건강한 것을 믿습니다."

바로 이 부분이 사람들이 믿음에 대하여 혼동되는 곳입니다. 그들은 이렇게 말합니다. "나는 그것을 고백했는데 나는 건강하지 않습니다."

그러나 당신이 보고 느끼는 것을 믿는 것과 하나님이 말씀을 통하여 말씀하시는 것을 믿는 것과는 큰 차이가 있습니다.

나는 나의 느낌으로 내가 건강하다고 믿는다고 고백하지는 않았습니다. 만일 그랬다면 나는 거짓말을 하는 것이었을 것입니다. 나는 내가 건강해 보여서 건강하다고 말한 것이 아닙니다. 만일 그랬다면 나는 거짓말을 하는 것이었을 것입니다. 아닙니다. 나는 말씀을 따라 행동하느라고 내가 건강하다고 믿는다고 말한 것입니다!

나의 속에서 영의 소리Inward Voice가 말했습니다. "너는 네가 건강하다고 믿지." 이 음성은 "너는 건강하다"라고 말하지 않고 "너는 네가 건강하다고 믿지"라고 말했습니다. 그리고 나는 이렇게 말했습니다. "네, 나는 건강하다고 믿습니다."

그 영의 소리는 내게 이렇게 말했습니다. "그러면 일어나라. 건강한 사람은 아침 10시 30분에 일어나 있어야 한다." 정상적인 사람이라면 그랬어야 합니다. 건강한 사람은 아침 10시 30분에 일어나 있습니다.

성령님이 그렇게 말씀하셨을 때, '어떻게 내가 일어나지? 마비된 사람은 걸을 수가 없는데' 하는 생각이 내 머리를 스쳐 지나갔습니다. 그러나 나는 일어나려고 애를 썼고 아직도 아무 느낌도 없었습니다. 그래도 나는 계속하여 일어나려고 애를 썼을 때 나는 나의 상반신의 기능이 삼분지 이쯤은 돌아온 듯싶었습니다.

나는 애를 써서 침대에서 앉은 자세를 하려고 했습니다. 그때까지도 나는 아무 느낌이 없었습니다. 그러나 내가 계속하여 애를 쓰고 말씀에 따라 행동하려 하자 위에서 무엇인가 내려오는 느낌이 있었습니다. 그것이 내가 무엇을 처음으로 느낀 때입니다. 그것은 따뜻한 빛과 같은 느낌이었습니다. 무엇인가 내 머리 꼭대기를 친 것 같았습니다. – 마치 어떤 사람이 내 위에 서서 꿀이나 당밀 같은 것을 내 머리에 부은 것 같았습니다.

그 따뜻한 느낌은 내 머리에 부어져서 내 어깨로 나의 팔로 나의 몸으로 흘러내려와 내 발끝으로 나갔습니다. 그리고 나는 똑바로 섰습니다. 그리고 마비는 사라졌습니다! 나의 심장의 문제도 없어졌습니다! 그리고 나는 그때부터 치유가 된 것입니다!

당신이 받았다고 믿기만 하십시오!
Just Believe You Receive!

　어떤 사람은 '나는 해긴 목사나 혹은 다른 특별한 기름부음을 받은 사람에게 손을 얹고 기도를 받아서 치유를 받아야지'라고 생각합니다. 그리고 하나님은 믿음이 아직 낮은 사람들을 도와주기 위해 그렇게 하시기도 합니다. 그러나 사실은 당신은 특별한 기름부음을 받은 사람이 손을 얹고 기도를 할 필요가 없는 것입니다.

　내가 치유를 받았을 때 나는 하나님이 어떤 사람에게 기름부음을 주는 것과 같은 기름부음, 그 능력으로 치유를 받았습니다. 나는 내게 와서 나를 위해 기도해 줄 수 있는 권능으로 기름부음을 받은 사람을 아무도 알지 못했습니다. 그러나 같은 기름부음이 내 방에 있었습니다. 성령님이 거기 계셨던 것입니다!

　당신은 특별한 기름부음이 없어도 치유를 받을 수 있습니다. 왜냐하면 성령님이 계시기 때문입니다! 내가 말씀에 따라 믿음으로 행하였을 때 내 몸에 흘러내린 따뜻한 느낌과 동일한 그 기름부음이고 동일한 성령입니다. 그와 동일한 기름부음이 나를 건강하게 하였던 것입니다!!

　그러나 무엇이 그 능력 혹은 기름부음을 활성화시켰을까요? 나의 믿음입니다! 그 능력은 계속하여 그곳에 매일 있었습니다. 그러나 이것은 내가 믿음으로 행하기까지 활성화되지 못하였던 것입니다!

내가 설교하기 시작한 후, 나는 사람들에게 믿음을 가르쳤습니다. 가끔 우리에게는 성령 혹은 기름부음의 나타나심이 있었습니다. 그러면 사람들은 그들의 믿음과 하나님의 능력이 연합함으로 치유를 받았습니다. 그러나 나는 아무런 느낌이 없을 때에도 많은 사람들을 치유받게 하였습니다. 우리는 그냥 믿었고 그리고 이런 일은 일어났던 것입니다!

그러나 다른 편으로 보면 그 오래 전에도 내가 기도해준 사람들이 가끔 "내게 무엇이 덮였어요!"라고 말했습니다. 나는 그들이 내가 치유를 받았을 때 내게 일어난 일과 같은 일을 말하고 있다는 것을 알았습니다. 그리고 그런 사람들은 그분이 임재 하셨기 때문에 치유를 받았습니다! 그 동일한 성령이 오셨던 것입니다. 그리고 그들은 그들의 믿음과 능력을 연합하여 치유를 받았던 것입니다!

자, 그러면 나는 여러분께 믿음과 능력을 연합하여 치유를 받는 것이 어떤 것인지 보여드리겠습니다. 나는 이 이야기를 가끔 합니다. 그리고 내가 과거에 이 이야기를 할 때는 매우 유머스럽고 우습게 하곤 했습니다. 그러나 나는 내가 말하려는 의도가 정확하게 전달되기 위하여 그렇게 우습게 말하지 않으려고 합니다. 나를 오순절 계통으로 옮겨오게 하였던 것은 그들이 치유를 믿었기 때문이었습니다. 나는 믿음과 치유를 위한 모임에 그들과 같이 모이곤 하였는데 그들은 성령 세례를 받고 다른 방언으로 말할 수 있다고 가르쳤습니다. 나는 처음에 그들이 잘못하고 있다고 생각했습니다. 나는 그들과 말다툼하고 쓸데없이 떠들어 대지는 않았지만 그냥 나 혼자서 '내가 치유와 믿음과 같은 것을 믿는 사람들과 친하기 위해서는 약간의 지나침과 광신적인 것도 참아야지'라고 생각했습니다.

그러나 이것은 동부 텍사스 출신의 사람이 한 말과 같았습니다. "이것은 미끄러운 강둑 같은 것입니다. 당신이 그 곳에서 어물쩍거리다 보면 그곳에 빠져 버리고 말 것입니다!" 그래서 나는 빠졌고 성령 세례를 받게 되었고 방언으로 말을 하게 되었습니다. 그래서 나는 내가 속했던 교단에서 냉대를 받게 되었던 것입니다.

그것은 1937년입니다. 그리고 1939년 6월에 나의 아내와 나는 텍사스 주 중북부 흑토 지역에 있는 작은 순복음 교회에 목사직을 받게 되었습니다.

침례교의 젊은 목사일 때도, 그리고 순복음 교회 목사일 때도 나는 항상 내 주머니에 작은 기름병을 가지고 다녔습니다. 이것은 작은 향수병이었습니다. 사실 열쇠보다도 길지 않은 병에 올리브 기름을 담았습니다. 그리고 나는 그것을 사람들에게 바르고 손을 그들에게 얹고 기도했습니다. 그러면 그들이 치유를 받곤 했습니다.

그것은 야고보서 5장 14절과 15절 말씀과 일치하는 것입니다. "너희 중에 병든 자가 있느냐 그는 교회의 장로들을 청할 것이요 그들은 주의 이름으로 기름을 바르며 그를 위하여 기도할지니라 믿음의 기도는 병든 자를 구원하리니 주께서 그를 일으키시리라 혹시 죄를 범하였을지라도 사하심을 받으리라."

어느 날 나의 아내와 내가 우리 순복음 교회의 목사관에서 얼마 되지도 않는 우리의 물건들을 정리하고 있었습니다. 결혼한 지 6개월 밖에 되지 않은 때였습니다. 탁자 하나와 의자 하나 그리고 나무로 만든 사과 상자하나 외에는 가구들이 없었습니다. 나의 아내는 의자에 앉고 나는 사과 상자에 앉아 있었습니다.

우리가 정말 크게 시작을 하였지요. 그렇지요! 우리는 식구들이 사용할 식탁용 칼과 포크도 없었습니다. 식구는 우리 둘 뿐이었습니다! 우리는 컵과 접시도 없었습니다. 우리에게는 손잡이가 부서진 컵이 있었습니다. 교회의 훌륭한 성도들이 우리들에게 그것을 가져와서 이렇게 말했습니다. "우리는 이것을 사용할 수 없지만 목사님께서 사용하실 수 있을지도 몰라서 가져왔습니다." 그것은 정말로 있었던 이야기들입니다!

하여간, 우리가 얼마 안 되는 세간들을 정리하고 있었는데 누가 밖에서 문을 두드리는 것이었습니다. 나는 문을 열었고 목화솜 같은 머리의 일곱, 여덟 살쯤 되어 보이는 어린 소년이 서 있었습니다.

당신은 내가 말하는 목화솜 같은 머리라는 것이 무슨 뜻인지 아십니까? 그의 머리는 금발이었습니다. 이것은 너무 연한 금발이라 백금색이나 하얀 색이라고 할 수 있었습니다. 그의 머리는 목화솜 같이 흰 색이었습니다. 나의 머리도 내가 열두 살 될 때까지 그런 색이었는데 해가 가면서 짙어지기 시작하였습니다.

내가 문을 열자 그 소년은 그냥 소리를 쳤습니다. "엄마가 와서 기도를 해 달라고 해요!"

내가 말했습니다. "누구지?"

"엄마가 아파요"라고 소년이 말했습니다.

"네 엄마가 누군데?" 나는 그의 엄마가 누구인지도 그리고 그 소년이 누구인지도 몰랐습니다.

"아무개 자매요"라고 그는 엄마의 이름을 불렀습니다.

그가 그의 엄마의 이름을 말하자 그녀가 교회의 주일학교 교사 중 하나인 것을 알았습니다. 그래서 나는 말했습니다. "얘야, 내가 웃옷을 입고 넥타이를 맬 동안 여기 잠깐 서 있거라. 네가 나를 너의 집까지 데리고 가야만 해." 그래서 그는 기다렸습니다.

내가 집에 갔을 때 그의 어머니가 침대에서 병이 들어 누워 있었습니다. 나는 작은 병을 꺼내어 뚜껑을 열고 나의 손에 조금 묻혀서 그녀의 이마에 발랐습니다. 그리고 나는 침대 옆에 무릎을 꿇고 기도했습니다. 기도가 끝난 후에 나는 일어나서 "아멘"이라고 말하고 기름병을 내 주머니에 넣고 떠나려고 몸을 돌렸습니다.

능력이 내려오도록 하는 기도
Praying the Power Down

내가 돌아서서 나가려 하자 그녀는 말했습니다. "기다리세요.

해긴 목사님." 그리고 그전 목사님의 이름을 거론하며 그녀는 말했습니다. "아무개 목사님은 항상 능력이 내려오도록 기도를 했습니다." 그렇다면 그 목사님도 이 여자의 치유를 위하여 기도를 한 것이 분명하지요.

나는 오순절 계통에는 아직 낯설은 상태였습니다. 나는 금방 한 전통 교단의 교회에서 나왔습니다. 나는 '능력이 내려온다'는 것이 무슨 말인지도 모르는 상태였습니다. 기도하면 능력이 나타나게 되는 것입니다.

나는 하나님의 권능이 비같이 내리는 것을 알고 있었습니다. 사실, 성경에 이른 비와 늦은 비를 말하고 있습니다(약 5:7). 호세아는 주님이 우리 가운데 비같이 오시리라고 예언을 하였습니다(호 6:3). 그리고 성경은 베드로가 고넬료의 집에서 설교를 할 때 하나님의 영이 그곳에 있는 모든 사람에게 내려왔다고 말하고 있습니다(행 10:44).

> 행 10:42-45
> 42 우리에게 명하사 백성에게 전도하되 하나님이 살아 있는 자와 죽은 자의 재판장으로 정하신 자가 곧 이 사람인 것을 증언하게 하셨고
> 43 그에 대하여 모든 선지자도 증언하되 그를 믿는 사람들이 다 그의 이름을 힘입어 죄 사함을 받는다 하였느니라
> 44 베드로가 이 말을 할 때에 성령이 말씀 듣는 모든 사람에게 내려오시니
> 45 베드로와 함께 온 할례 받은 신자들이 이방인들에게도 성령 부어 주심으로 말미암아 놀라니

성경은 성령이 고넬료의 모든 식구들에게 내려 오셨다고 말하고 있습니다. 그리고 45절에는 성령을 부어 주셨다고 했습니다.

비와 물은 내리거나, 혹은 부어지게 됩니다. 그리고 때로 우리는 하나님의 영의 부어 주심을 비가 오는 것이나 물이 부어지는 것과 비교하기도 합니다. 그래서 나는 능력이 내려오는 것을 알았습니다.

그래서 그녀가 "아무개 목사님은 권능이 내려올 때까지 기도를 했습니다"라고 말할 때 나는 다시 무릎을 꿇으면서 이렇게 생각했습니다. '나는 이제 순복음 교회 목사지. 아마 이 사람들은 이렇게 하는가 보군.'

그래서 나는 한 시간 반 쯤 기도했습니다. 내가 능력이 나타나게 하는데 그렇게 오래 걸렸습니다. 능력은 항상 거기 있었습니다. 그러나 이 사람들은 권능이 나타나지 않으면 없다고 생각하는 것이었습니다. 그래서 한 시간 반쯤 걸려서 능력이 나타났습니다. (결국 나는 이 일에 '전문가'가 되었고 나는 훨씬 빨리 할 수도 있게 되었습니다.)

한 시간 반쯤 기도한 후 능력이 내려왔습니다. 이것은 마치 비가 방 안에 있는 우리들한테 내리는 것 같았습니다. 그녀는 떨었고 침대도 떨렸고 집도 떨렸습니다. 밖은 화창한 날씨였습니다!

여름 내내, 나는 한 주일에 적어도 두 번씩 그녀에게 가서 권능이 내려오도록 기도를 해야 했습니다. 그래도 그녀는 전혀 치유를 받지 못했습니다. 그러나 나는 그녀에게 여러 번 권능을 내려주었습니다!

내가 그녀를 위하여 기도를 시작한 것이 6월이었습니다. 같은 해 8월의 어느 날 한 번은 권능을 그녀에게 내리게 기도를 했습니다. 마치 폭풍이 부는 것같이 그 침실의 창문이 흔들리며 소리를 냈습니다! 하나님이 나의 증인입니다! 이것은 8월의 맑은 날이었고 구름도 한두 점 정도 밖에 없는 날이었습니다.

밖에는 잎사귀도 하나 흔들리지 않았습니다. 그러나 하나님의 능력이 이 여자에게 임하였을 때 그녀는 거의 침대에서 떨어질 것같이 흔들렸습니다. 그렇지만 그녀는 치유를 받지 못했습니다. 내가 그녀를 위하여 기도를 할 때마다 그녀는 권능을 느낄 때만 치유를 받았다고 생각하는 것이었습니다. 그녀가 권능을 느끼지 못하면 치유를 받지 못했다고 생각하는 것이었습니다.

하루는 오후 2시쯤, 문을 두드리는 소리가 났습니다. 이것은 목화솜 같은 머리를 한 그 소년이었습니다. 그는 말했습니다. "엄마가 목사님이 오셔서 기도를 해 달래요."

나는 그 아이의 엄마를 위해 그날 이미 기도를 하러 갔다온 상태였습니다. 그래서 나는 그 소년에게 말했습니다. "나는 엄마가 치유를 받았다고 생각했는데."

그는 말했습니다. "엄마도 치유를 받았다고 생각했어요. 그런데 지금은 상태가 더 나빠요."

그래서 나는 그들의 집으로 가서 능력이 내려오도록 기도를 했습니다. 그녀는 떨었고 침대도 떨렸고 집도 떨렸습니다. 그리고 나는 집으로 왔습니다.

다음 날 아침 10시 15분쯤에 또 문을 두드리는 소리가 났습니다. 나는 문으로 갔습니다. 그리고 그 소년이 또 와 있었습니다. "엄마가 목사님이 오셔서 기도를 해 달라고 합니다."

나는 말했습니다. "나는 어제 엄마가 다 나은 줄 알았는데."

그는 말했습니다. "그랬어요. 그런데 오늘은 더 상태가 안 좋아요. 엄마가 너무 아프대요."

"그래 내가 몇 분 안에 그리로 갈께"라고 내가 말했습니다. 그리고 나는 넥타이를 매고 겉옷을 입고 그들의 집으로 갔습니다. 나는 그녀에게 기름을 바르고 권능이 내려오도록 기도를 하였습니다. 능력은 그녀에게 내려왔습니다. 그녀는 떨었고 침대도 떨렸고 집도 떨렸습니다. 그리고 창문도 소리를 냈습니다. 그래서 나는 집으로 돌아왔습니다.

그날 오후에 문을 두드리는 소리가 또 났습니다. 내가 문으로 갔을 때 거기 그 소년이 또 서 있었습니다!

나는 말했습니다. "알았어. 알았어. 엄마가 나한테 와서 기도를 하라는 것이지. 그렇지만 나는 엄마가 이미 세 번이나 치유를 받았다고 생각했는데."

그는 말했습니다. "그랬어요. 그렇지만 지금 엄마는 더 아프고 목사님께서 오셔서 기도를 해 주시래요."

내가 말한 대로 이것은 여름 내내 계속 되었습니다. 나는 그 집에 매일 가지는 않았습니다. 그러나 나는 일주일에 두 세 번은 그 집에 갔습니다. 그것은 1939년이었습니다.

하나님의 말씀으로 하나님을 대하는 것을 배우십시오
Learn To Take God at His Word

1941년과 1942년을 넘겨서 1943년으로 갑시다. 나는 아직도 그녀의 집으로 가고 있었으며 권능이 내려오도록 기도를 하고 있었고 그녀는 아직도 치유를 받지 못했습니다! 그렇습니다. 그녀는 임시적으로 낫는 것 같았습니다. 그녀는 얼마동안 교회에 나왔습니다. 그러나 그녀가 받은 일시적인 치유는 곧 없어지는 것이었으므로 그녀는 다시 쓰러졌습니다. 이런 일이 계속 반복되었습니다.

나중에, 우리 목사관에 방을 두 개 더 지어 붙이느라 늦게까지 방들을 도배하며 마무리 작업을 하고 있었습니다. 교회에 몇 사람의 목수가 있어서 그들이 거의 모든 일을 하였지만 나도 마무리 하는 일과 허드레 일들을 하고 있었습니다.

우리는 부흥회를 하는 중이었고 전도자인 강사 목사님이 오셔서 설교를 하고 있었습니다. 그 다음날 일을 하지 않아도 되도록 그날 나는 새로 꾸민 방에서 늦게까지 더 많은 일을 하고 있었습니다. 사람들이 벌써 부흥회를 위하여 오고 있었고 나는 집회에 가기 위해 준비하는 데에도 시간이 이미 부족한 상태였습니다.

나는 나의 아내가 문을 열고 누구를 맞이하는 소리를 들었습니다. 나는 내 아내가 "목사님은 뒤에 있는 화장실에서 일을 하고 계셔요"라고 말하는 것을 들었습니다. 내가 눈을 들어 보니 그 하얀 머리의 소년이 와 있는 것이었습니다.

이 작은 소년과 나는 4년 동안이나 같이 일을 해 왔으므로 나는 실제로 그의 마음을 읽을 수 있을 정도였습니다!

그는 아무 말도 하지 않았습니다. 나는 "그래, 알았다. 너희 엄마가 나보고 와서 기도하라는 거지?"라고 말했습니다.

예배를 시작하기까지 10분밖에 남지 않았습니다. 어떻게 내가 권능이 내리도록 하는 기도를 10분 만에 할 수가 있겠습니까? 나는 "혹시, 예배가 끝날 때까지 기다리면 안될까?"라고 말하기 시작하였습니다. 그러나 내가 한 말은 겨우 "혹시…"까지였습니다. 그런데 그 소년이 "안돼요. 엄마가 예배 시작하기 전에 지금 빨리 오래요. 엄마가 많이 아프대요"라고 말했습니다.

이 소년과 나는 너무 오래 같이 일을 하다보니 먼저 상대방이 할 말을 알았던 것입니다! 차이라고는 그 소년은 그때 9살이었다는 것뿐입니다. (그때까지도 그의 머리는 목화솜 같이 흰 색이었습니다.)

"알았다." 그래서 나는 면도를 하고 집회에 입을 옷을 입고 뒷문으로 뛰어 나갔습니다.

나는 그때 목사관 뒷문에 차를 세워놓고 있었습니다. 그러나 내가 차를 타고 갔다면 시간이 오히려 더 걸릴 것이었습니다.

그래서 나는 목사관 뒷문으로 뛰어나가 뒷길로 달려갔습니다. 그리고 다른 길을 따라 좀 더 뛰어가서 길을 하나 건너고 또 다른 길을 뛰어가서 그녀의 집에 도착했습니다. 나는 옆문을 두드렸고 집 안에서 음성이 "들어오세요"라고 말했습니다. 내가 안에 들어갔을 때, 나는 벌써 그 기름병 뚜껑을 열고 있었습니다!

나는 너무 뛰어갔기 때문에 숨이 찼습니다. 나는 기름을 그녀에게 바르고 이렇게 말했습니다. "오, 하나님, 예수 이름으로 이 여자를 치유하십시오. 당신이 예수님의 이름으로 구하면 시행하시겠다고 하셨습니다. 그래서 당신은 이미 하셨습니다. 아멘."

내가 "아멘"이라고 말할 때, 나는 그 병의 뚜껑을 덮고 문으로 나가고 있었습니다. 나는 문을 열려고 하였습니다. 그러자 이 여인이 무엇을 말하려고 하였습니다. 그러나 나는 이 여자와 같이 거의 4년 동안이나 일을 하였기 때문에 나는 그녀가 무슨 말을 하려고 하는지 알고 있었습니다.

때로 나는 내가 무슨 말을 하는지 알지 못합니다. 내가 하는 말에 다른 사람도 놀라지만 나도 놀랍니다. 이 여자가 무슨 말을 시작하려고 하자 나는 그녀에게로 돌아서서 말했습니다. "알아요. 알아요. 당신은 내가 들어오기 전보다 지금 더 많이 아프지요. 그러나 예수님은 우리가 그의 이름으로 구하면 하시겠다고 하셨습니다. 그래서 예수님은 벌써 하신 것입니다. 그렇습니다. 그것은 이미 끝난 일입니다. 다음에 당신이 또 나를 보게 될 때는 그렇게 되었다고 말할 거예요. 안녕히 계세요."

그리고 나는 뛰어 나와 그 길을 따라 달려가고, 길을 하나 건너고, 다시 다른 길을 따라 달려서 다른 길로 접어들어 달려서 교회로 돌아 왔습니다. 나는 숨이 차서 헐떡이며 교회 문에 들어섰습니다. 내가 시계를 보았을 때 예배를 시작해야 하는 정시였습니다!

나는 강단에 올라가기전 워밍업도 할 필요가 없었습니다. 나는 이미 더웠으니까요. 우리는 예배를 시작하였습니다.

우리는 찬양과 경배, 특송들 그리고 헌금 이 모든 순서를 하였습니다. 한 45분 쯤 지났습니다. 그리고 나는 말했습니다. "강사님으로 아무개 목사님이 우리를 위하여 설교를 하시기 전에 이 집회를 통하여 구원받은 사람들 중 한 줄에서 한 사람 씩 세 사람만 일어나서 간증을 하시면 좋겠습니다." (구원을 받은 지 얼마 안 되는 사람이 일어나서 이야기하는 것은 참 유익합니다. 이것은 그들의 믿음을 강하게 합니다.)

그래서 한 사람이 일어나 간증을 하였습니다. 그리고 다음 사람도 일어나 간증을 했습니다. 그리고 셋째 사람이 일어나 간증을 하려고 할 때 예배당 뒷문이 활짝 열리면서 내가 방금 기도해 주었던 이 여인이 들어오는 것이었습니다.

아마 그녀는 우리가 간증 집회를 하고 있다고 생각을 했나 봅니다. 왜냐하면 세 째 사람이 앉자마자 그녀는 자신의 간증을 말하면서 통로를 걸어오고 있었습니다.

그녀는 말했습니다. "해긴 목사님, 나는 목사님이 말씀한 대로 완전히 치유받았습니다. 목사님이 내게 기름을 바르고 기도한 후 나는 전보다 두 배나 더 아프기 시작했습니다. 목사님이 나가실 때 내가 그것을 말하려고 한 것입니다. 그러나 목사님은 이렇게 말씀하셨습니다. "자매님, 우리는 예수의 이름으로 기도했습니다. 예수님은 '너희가 내 이름으로 구하면 내가 시행하리라' 라고 말씀하셨습니다. 그러니까 예수님은 벌써 자매를 고치신 것입니다. 다음에 나를 만날 때는 예수님이 고치셨다고 말하게 될 거예요."

그녀는 계속하였습니다. "목사님이 나간 지 10분도 안 되어서 나의 모든 증상이 사라졌습니다. 그래서 나는 일어나 준비를 하고 교회에 온 것입니다!"

우리들은 권능이 내리도록 기도하느라 4년을 보냈습니다. 권능을 느끼고, 권능아래 떨었고, 권능아래 쓰러졌습니다. (이것이 믿음과 연합되기만 한다면 이 모든 것들은 좋은 것입니다.) 그러나 하나님의 권능이 그녀를 다시, 또 다시, 또 다시 충전시켰던 것입니다. 그러나 그녀의 믿음이 풀어놓아질 때까지는 아무런 결정적인 치유가 나타나지 않았습니다.

내가 마지막으로 그녀에게 기도한 후 한 말이 그녀로 믿음을 풀어놓게 하는 계기가 되었던 것입니다. 그리고 나는 다시는 그녀에게 기도하러 가지 않아도 되었습니다. 그녀는 만성적인 질환을 가지고 있었습니다. 그녀에게 무슨 일이 있으면 그녀는 교회로 와서 기도를 받았습니다. 그녀는 "해긴 목사님,

목사님이 예수님의 이름으로 나를 만지는 순간 나는 나을 것입니다"라고 말했고 그녀는 나았습니다!

그 후에 한번은 전염성 독감이 유행하였고 이 여자는 너무 아파서 침대에서 일어날 수가 없었습니다. 그래서 우리는 그녀를 위하여 기도하러 그 집으로 갔습니다. 그러나 그때 한번뿐이었습니다. 뛰어가서 기도하는 것은 중지되었습니다. 그녀는 믿음을 어떻게 풀어놓는지 배웠던 것입니다!

이와 같이 치유의 권능이 사람에게 사역을 했다하더라도, 또 그 사람이 하나님의 능력으로 충분히 충전되어 있다 해도, 그 개인의 믿음이 풀어놓아지는 무슨 일이 일어날 때까지는 확실하고 결정적인 치유는 일어나지 않습니다.

성경은 히브리서 4장 2절에서 이렇게 말합니다. "그들과 같이 우리도 복음 전함을 받은 자이나 들은 바 그 말씀이 그들에게(이스라엘을 말하고 있음) 유익하지 못한 것은 듣는 자가 믿음과 결부시키지 아니함이라."

친구들이여, 당신들이 당신을 위한 치유가 있다는 것을 믿지 않으면 하늘로부터 치유를 받을 수 없습니다. 당신이 현명하게 잡아서 받기 전까지 당신은 절대로 그것을 상황에 적용을 하여 유익을 얻을 수 없습니다!

치유의 능력을 받는 한 방법은 물론 손을 얹어서 받는 것입니다. 혹은 기름부음으로 잠겨진 손수건이나 헝겊으로부터도 받을 수 있습니다. 그런 식으로 치유를 받는 것은 치유를 받는 단 한 가지 방법에 불과합니다.

치유의 기름부음으로 치유를 받는 것이 치유를 받는 유일한 방법은 아닙니다. 내가 여러분에게 말했던 것과 같이, 하나님의 말씀을 단순하게 믿는 믿음에 따라 행동함으로 치유를 받는 방법을 기억하실 것입니다.

그리고 우리가 하는 모든 집회에 성령님이 계십니다. 그리고 성령님이 계시므로 그분이 가지신 모든 권능으로 그곳에 와 계신 것입니다! 당신은 단순히 믿음으로 당신의 필요를 채울 수 있습니다. 당신은 그곳에 있는 권능과 함께 권능이 나타나든지, 나타나지 않든지 당신의 믿음을 연합할 수 있는 것입니다.

당신은 천국으로부터 당신의 환경을 변화시키는 능력을 받을 수 있습니다
You Can Receive Power From Heaven
To Change Your Circumstances

결론으로, 하나님의 치유의 능력에 관하여 요약하겠습니다. 우리가 기름부음에 대하여 좀 이해를 한다면 우리는 이 능력을 우리 자신을 위하여 우리의 삶에 유익하게 사용할 수 있습니다.

치유의 기름부음은 실제로 느낄 수 있는 물질입니다. 그리고 하나님의 말씀은 그 기름부음이 작동하는 모든 법과 규칙을 우리들에게 보여 주고 있습니다.

주 예수 그리스도께서 성령의 법, 즉 치유의 능력이 실제로 느낄 수 있는 재질이며 천국의 물질이라는 사실을 보여주셨습니다.

그러나 만일 당신이 이런 치유의 능력이 있다는 것을 믿지 않으면 당신은 이런 어떤 능력도 받지 못할 것입니다. 당신이 치유의 능력이 있다는 것을 믿지 못하면 당신은 당신의 삶의 환경에 그것을 적용하여서 당신에게 유익이 되게 할 수 없습니다. 하나님의 치유의 능력은 당신이 그것을 믿고 현명하게 잡아서 믿음으로 단순하게 받을 때까지는 당신에게 유익이 될 수 없습니다.

그러나 하나님께 감사합니다. 기록된 거룩한 말씀을 믿는 믿음을 통하여 그리고 하나님의 놀라운 능력으로 당신은 치유를 받을 수 있습니다! 하나님의 말씀이 치유의 기름부음에 대하여 하신 말씀을 믿음으로, 당신은 오늘날 당신에게 허락된 하늘로부터 온 이 능력의 축복과 유익을 다 누릴 수 있습니다.

믿음의말씀사 출판물

구입문의 : 031-8005-5483 / 5493 http://faithbook.kr

■ **케네스 해긴의 「믿음 도서관」 책들**
- 새로운 탄생 | 값 1,000원
- 재정 분야의 순종 | 값 1,000원
- 나는 지옥에 갔다 왔습니다 | 값 1,000원
- 하나님의 처방약 | 값 1,000원
- 더 좋은 언약 | 값 1,000원
- 예수의 보배로운 피 | 값 1,000원
- 하나님을 탓하지 마십시오 | 값 1,000원
- 네 주장을 변론하라 | 값 1,000원
- 셀 모임에서 성령인도 받기 | 값 1,000원
- 안수 | 값 1,000원
- 치유를 유지하는 법 | 값 1,000원
- 사랑은 결코 실패하지 않습니다 | 값 1,000원
- 하나님께서 내게 가르쳐 주신 형통의 계시 | 값 1,000원
- 왜 능력 아래 쓰러지는가? | 값 1,000원
- 다가오는 회복 | 값 1,000원
- 잊어버리는 법을 배우기 | 값 1,000원
- 위대한 세 단어 | 값 1,000원
- 하나님의 은사와 부르심 | 값 1,000원
- 그 이름은 "놀라우신 분" | 값 1,000원
- 우리에게 속한 것을 알기 | 값 1,000원
- 성령을 받는 성경적인 방법 | 값 1,200원
- 하나님의 영광 | 값 1,200원
- 은혜 안에서의 성장을 방해하는 다섯 가지 | 값 1,200원
- 사랑 가운데 걷는 법 | 값 1,200원
- 바울의 계시: 화해의 복음 | 값 1,200원
- 당신은 당신이 말하는 것을 가질 수 있습니다 | 값 1,200원
- 그리스도 안에서 | 값 2,000원
- 말 | 값 2,000원
- 방언기도의 능력을 풀어 놓으라 | 값 2,000원
- 옳은 사고방식 틀린 사고방식 | 값 2,000원
- 속량 – 가난, 질병, 영적 죽음에서 값 주고 되사다 | 값 2,000원
- 네 염려를 주께 맡겨라 | 값 2,000원
- 예언을 분별하는 일곱 단계 | 값 2,000원
- 절망적인 상황을 반전시키기 | 값 2,000원
- 당신의 믿음을 풀어 놓는 법 | 값 2,000원
- 진짜 믿음 | 값 2,000원
- 믿음이란 무엇인가 | 값 2,000원
- 그리스도께서 지금 하고 계시는 일 | 값 3,000원
- 충분하고도 넘치는 하나님 엘 샤다이 | 값 2,500원
- 금식에 관한 상식 | 값 2,500원
- 하나님의 말씀 : 모든 것을 고치는 치료제 | 값 3,000원
- 가족을 섬기는 법 | 값 3,000원
- 조에 | 값 4,000원
- 당신이 알아야 하는 신유에 관한 일곱 가지 원리 | 값 5,000원
- 여성에 관한 질문들 | 값 6,000원

- 인간의 세 가지 본성 | 값 5,500원
- 몸의 치유와 속죄 | 값 6,000원
- 크게 성장하는 믿음 | 값 6,000원
- 하나님 가족의 특권 | 값 6,500원
- 기도의 기술 | 값 7,000원
- 나는 환상을 믿습니다 | 값 7,000원
- 병을 고치는 하나님의 말씀 | 값 7,000원
- 영적 성장 | 값 7,000원
- 신선한 기름부음 | 값 7,000원
- 믿음이 흔들리고 패배한 것 같을 때 승리를 얻는 법 | 값 7,000원
- 믿음의 선한 싸움을 싸우는 법 | 값 9,000원
- 하나님의 계획과 목적과 추구 | 값 8,000원
- 예수 열린 문 | 값 8,000원
- 믿음의 계단 | 값 12,000원
- 당신을 향한 하나님의 계획 | 값 8,500원
- 역사하는 기도 | 값 9,000원
- 기름부음의 이해 | 값 9,000원
- 내주하시는 성령 임하시는 성령 | 값 11,000원
- 재정적인 번영에 대한 성경적 열쇠들 | 값 9,000원
- 어떻게 하나님의 영으로 인도받을 수 있는가? | 값 13,000원
- 마이더스 터치 | 값 10,000원
- 치유의 기름부음 | 값 13,000원
- 그리스도의 선물 | 값 16,000원
- 방언 | 값 12,000원
- 믿는 자의 권세(생애기념판) | 값 13,000원
- 믿음의 양식 | 값 13,000원
- 승리하는 교회 | 값 15,000원

■ E. W. 케년

- 십자가에서 보좌까지 무슨 일이 일어났는가? | 값 16,000원
- 두 가지 의 | 값 7,000원
- 놀라우신 그 이름 예수 | 값 9,000원
- 하나님 아버지와 그분의 가족 | 값 12,000원
- 나의 신분증 | 값 4,000원
- 두 가지 생명 | 값 11,000원
- 새로운 종류의 사랑 | 값 6,000원
- 그분의 임재 안에서 | 값 13,000원
- 속량의 관점에서 본 성경 | 값 20,000원
- 두 가지 지식 | 값 4,500원
- 피의 언약 | 값 4,500원
- 숨은 사람 | 값 16,000원
- 두 가지 믿음 | 값 9,000원
- 새로운 피조물의 실재 | 값 16,000원

■ 스미스 위글스워스

- 스미스 위글스워스의 천국 | 값 11,000원
- 스미스 위글스워스의 매일묵상 | 값 20,000원
- 위글스워스는 이렇게 했다 | 피터 J. 매든 지음 · 값 9,000원
- 스미스 위글스워스의 능력의 비밀 | 피터 J. 매든 지음 · 값 7,000원

■ T. L. 오스본
- 행동하는 신자들 | 값 4,500원
- 기적 – 하나님 사랑의 증거 | 값 4,500원
- 새롭게 시작하는 기적 인생 | 값 8,000원
- 좋은 인생 | 값 13,000원
- 성경적인 치유 | 값 10,000원
- 능력으로 역사하는 메시지 | 값 16,000원
- 100개의 신유 진리 | 값 1,000원
- 24 기도 원리 7 기도 우선순위 | 값 1,000원
- 하나님의 큰 그림 | 값 5,500원
- 긍정적 욕망의 힘 | 값 10,000원

■ 잔 오스틴
- 믿음의 말씀 고백기도집
- 하나님의 사랑의 흐름
- 견고한 진 무너뜨리기
- 초자연적인 흐름을 따르는 법
- 당신의 운명을 바꿀 수 있습니다
- 어떻게 하나님의 능력을 풀어놓을 수 있는가?

■ 크리스 오야킬로메
- 방언기도학교 31일 | 값 2,500원
- 여기서 머물지 말라 | 값 2,500원
- 이제 당신이 거듭났으니 | 값 1,500원
- 당신의 인생을 재창조하라 | 값 2,000원
- 이 마차에 함께 타라 | 값 5,000원
- 그리스도 안에 있는 당신의 권리 | 값 2,500원
- 당신의 치유를 유지하기 | 값 500원
- 성령님과 당신 | 값 2,500원
- 방언의 능력 | 값 1,000원
- 성령님이 당신 안에서 행하실 일곱 가지 | 값 3,500원
- 성령님이 당신을 위해 행하실 일곱 가지 | 값 3,000원
- 기적을 받고 유지하는 법 | 값 2,500원
- 하나님께서 당신을 방문하실 때 | 값 3,500원
- 올바른 방식으로 기도하기 | 값 2,500원
- 당신의 믿음을 역사하게 하는 법 | 값 5,000원
- 끝없이 샘솟는 기쁨 | 값 1,500원
- 기름과 겉옷 | 값 4,000원
- 약속의 땅 | 값 8,000원
- 하나님의 일곱 영 | 값 5,000원
- 예언 | 값 4,000원
- 시온의 문 | 값 4,000원
- 하늘에서 온 치유 | 값 10,000원
- 효과적으로 기도하는 법 | 값 6,500원
- 어떤 질병도 없이 | 값 6,000원
- 주제별 말씀의 실재 | 값 15,000원
- 마음의 능력 | 값 8,000원

■ **앤드류 워맥**
- 당신은 이미 가졌습니다 | 값 14,000원
- 은혜와 믿음의 균형 안에 사는 삶 | 값 14,000원
- 하나님은 당신이 건강하기 원하십니다 | 값 12,000원
- 영·혼·몸 | 값 10,000원
- 전쟁은 끝났습니다 | 값 11,000원
- 믿는 자의 권세 | 값 12,000원
- 새로운 당신과 성령님 | 값 6,500원
- 노력 없이 오는 변화 | 값 10,000원
- 하나님의 충만함 안에 거하는 열쇠 | 값 9,000원
- 더 좋은 기도 방법 한 가지 | 값 9,000원
- 재정의 청지기 직분 | 값 10,500원
- 하나님을 제한하지 마라 | 값 8,500원

■ **기타「믿음의 말씀」설교자들**
- 성령의 삶 능력의 삶 | 데이브 로버슨 지음 · 값 20,000원
- 복을 취하는 법 | R.R. 쏘아레스 지음 · 값 5,500원
- 주는 자에게 복이 되는 선물 | R.R. 쏘아레스 지음 · 값 6,000원
- 믿음으로 사는 삶 | 코넬리아 나훔 지음 · 값 6,000원
- 붉은 줄의 기적 | 리차드 부커 지음 · 값 10,000원
- 당신이 말한 대로 얻게 됩니다 | 돈 고셋 지음 · 값 10,000원
- 예수-치유의 길 건강의 능력 | 윌포드 H. 리트 지음 · 값 11,000원
- 믿음과 고백 | 찰스 캡스 지음 · 값 12,000원
- 임재 중심 교회 | 테리 테이클/린 폰더 지음 · 값 11,000원
- 성령충만한 그리스도인의 지침서 | 데릭 프린스 지음 · 값 30,000원
- 열정과 끈기 | 조엘 코미스키 지음 · 값 8,000원
- 제자 만들기 | 랄프 무어 지음 · 값 11,000원
- 어떻게 교회를 배가하는가 | 랄프 무어 지음 · 값 15,000원
- 초자연적으로 타고난 | 채드 곤잘레스 지음 · 값 12,000원
- 운명 | T. D. 제이크스 지음 · 값 16,000원
- 모든 사람을 위한 치유 | 커리 R. 블레이크 · 값 9,000원
- 그렇지 않습니다 | 윌포드 라이트 · 값 5,000원

■ **김진호·최순애**
- 왕과 제사장 | 김진호 지음 · 값 6,500원
- 새로운 피조물의 실재 | 김진호 지음 · 값 9,000원
- 믿음의 반석 | 최순애 지음 · 값 22,000원
- 새 언약의 기도 | 최순애 지음 · 값 8,000원
- 새로운 피조물 고백기도집 | 최순애 지음 · 값 5,000원
- 성령 인도 | 최순애 지음 · 값 7,000원
- 복음의 신조 | 최순애 지음 · 값 9,000원
- 존중하는 삶 | 최순애 지음 · 값 8,000원
- 성경의 세 가지 접근 | 최순애 지음 · 값 3,000원
- 말씀 묵상과 고백 | 최순애 지음 · 값 3,000원
- 그리스도의 교리 | 김진호 지음 · 값 10,000원
- 영혼 구원 | 김진호 지음 · 값 8,000원
- 새로운 피조물 | 김진호, 최순애 지음 · 값 10,000원